Consiga un trabajo ecluso antes

Un plan de acción reali_ _a para encontrar el puesto de trabajo ideal

Si está interesado en recibir información sobre
libros empresariales, envíe su tarjeta de visita a:

Gestión 2000
Departamento de promoción
Comte Borrell, 241
08029 Barcelona
Tel. 93 410 67 67
Fax 93 410 96 45
e-mail: info@gestion2000.com

Y la recibirá sin compromiso alguno por su parte.

Consiga un trabajo en 30 días o incluso antes

Un plan de acción realista para encontrar un puesto de trabajo ideal

Mattew J. DeLuca
Nanette F. DeLuca

 **GESTIÓN 2000**

Título original: *Get a Job in 30 Days or Less: A Realistic Action Plan for Finding the Right Job Fast*
Edición original en inglés publicada por McGraw-Hill, Inc., 11 West 19th Street, New York, NY 10011.

© McGraw-Hill, 1999
© de la edición en lengua castellana: Ediciones Gestión 2000, S.A.; Barcelona, 2001
Traducción: Esther Gil

Primera edición: marzo, 2001
ISBN: 84-8088-525-4
Dep. legal: B. 13.099-2001
Fotocomposición: LatrOupE
Impreso por Talleres Gráficos Vigor
Impreso en España - *Printed in Spain*

Índice

Agradecimientos

Cuantos más libros escribimos juntos, más apreciamos la ayuda que recibimos a lo largo del proyecto. En este libro sobre todo agradecemos los oportunos comentarios relativos al proceso de búsqueda de trabajo de una extraordinaria profesional de recursos humanos, una seleccionadora con talento y una gran amiga, Palma Braks, de Titan Sports, S.A. El ver cómo era capaz de entusiasmar en las ferias inspiró la escritura del presente libro. Asimismo es relevante mencionar al equipo de Nueva York líder en selección de personal ejecutivo Korn Ferry's, dirigido por la dinámica Michele James.

Del mismo modo, debemos dar las gracias a otros profesionales del Departamento de Recursos Humanos de Titan, a Sarah Troy y a Giovanna Ruggerio, que demostraron día a día su compromiso profesional, resaltando su responsabilidad y entusiasmo para encontrar a las personas adecuadas para determinados puestos de trabajo vacantes en una de las organizaciones más importantes a nivel mundial.

El resto de nuestras ayudantes, nuestras hijas Christine, Michelle y Lauren, apoyaron y respaldaron nuestro esfuerzo al inspeccionar pacientemente los recursos disponibles en la web, cotejando y redactando textos para ayudarnos a cumplir con las fechas de entrega impuestas, demostrando, una vez más, que un buen equipo es un recurso fundamental.

En una categoría propia, se contarían los amigos y ayudantes que han respondido tantas preguntas por correo electrónico, que han compartido sus historias de búsqueda de trabajo con nosotros y que incluso han redactado algunas secciones de este libro en las que se requería contenido técnico. Un enorme *"gracias"* a las aportaciones del viejo grupo de noticias "pipeline" y del actual c.20.0056 grupo de noticias (un agradecimiento especial a Angelmoon por su rápida redacción y a todos los "loonie moonies" —lunas solitarias— por su incondicional apoyo en otro libro más).

Por último, nos gustaría dar las gracias al equipo de McGraw-Hill, que hizo posible que este volumen pasase de concepto a producto, y a los redactores por excelencia: Betsy Brown, Eileen Regan, Diana Sanguedolce y Fred Dahl de Inkwell Publishing Services.

Matthew J. DeLuca
Nanette F. DeLuca

Introducción

¿Por qué está leyendo este libro?

- ¿Está empezando su carrera profesional? ¿Es usted una persona recién diplomada o licenciada buscando su primer empleo?

- ¿Ha perdido recientemente su puesto de trabajo? (Bueno, puede que *perdido* no sea la palabra adecuada... usted sabe dónde está el trabajo, pero no es suyo).

- ¿Se siente inmovilizado, lamentándose todavía por haber perdido su puesto de trabajo e intentando deshacerse de la rabia, miedo, ansiedad y decepción acumulada?

- ¿Está preocupado por las condiciones económicas y la inestabilidad de su puesto de trabajo? ¿Le tocará a usted en la próxima reducción de plantilla, remodelación de la empresa o cualquier otro eufemismo que quiera utilizar para indicar que puede que se quede sin trabajo pronto?

- ¿Está considerando cambiar de estilo de vida? ¿Cambiar a otro ámbito laboral? ¿Cambiar completamente de profesión?

- ¿Se siente ahogado en su situación actual? ¿Hay pocas o lentas oportunidades para ascender? ¿Quiere una remuneración mayor, más beneficios en general, mayor prestigio o un puesto de trabajo más cercano a su hogar?

- ¿Sólo quiere ir "de escaparates", resguardándose en el puesto de trabajo que tiene, o cree que quizás consiga la motivación suficiente para cambiarse a un puesto mejor?

Si ha respondido "Sí" a alguna de estas preguntas, éste es su libro.

Puede que usted ya haya empezado su búsqueda de trabajo o que haya obtenido algunas respuestas sin estar satisfecho. Si se basa en sus propias experiencias, puede pensar que hay algunos "secretos" o una fórmula mágica para encontrar un trabajo que desconoce. En cualquier librería se encuentran innumerables libros sobre la materia, por lo que es sencillo asumir que hay algún secreto para encontrar un puesto de trabajo: *Haga esto, entonces le ocurrirá aquello y ¡Eureka! Un nuevo puesto de trabajo... perfecto para usted.*

O puede que se encuentre con opiniones más negativas:

"El mercado de trabajo es extremadamente competitivo. Hay que comer, beber y dormir buscando empleo. Esté preparado para trabajar más duro que nunca: 24 horas al día durante 7 días a la semana".

"Su única oportunidad para encontrar un buen puesto de trabajo es explorar el mercado laboral oculto. Para ello necesitará unas tácticas de guerrilla para abrirse paso".

La verdad seguramente no resida en ninguno de los ejemplos expuestos, en todos o en algunos. Todo depende de su posición, y de ahí el reto y la frustración. Cada búsqueda de empleo es única, ya que es un proceso que se construye a partir de una serie de factores y circunstancias individuales a la persona que busca empleo y a las personas que se encuentran en el mercado laboral y con las que tiene que tratar.

¿Quién es usted?

Marque todas las descripciones del Ejemplo I-1 con las que se identifica.

❑ Le confunden constantemente con un/a modelo.

❑ Usted es socio fundador de Mensa y les ayuda a redactar sus pruebas de admisión.

❑ Usted se licenció en una Ivy League School y se encontraba entre el 10% de los mejores de su clase.

❑ A usted le han hecho un reportaje en una revista o periódico nacional al menos dos veces en los últimos seis meses.

❑ Usted es una persona que ha sido galardonada con los premios más importantes de su ámbito profesional.

❑ Usted está emparentado con algún magnate de los medios de comunicación.

❑ Uno de sus compañeros de trabajo de un rango superior con posibilidades de ascender a empleados ha reconocido que "le debe una".

❑ Usted tiene un talento natural para vender (el viejo refrán de que sería capaz de vender neveras a los esquimales definitivamente le va que ni pintado).

Ejemplo I-1

Si usted no ha seleccionado ninguna de las opciones ¡felicidades! Entonces se encuentra entre el 98% de la gente que busca trabajo. Hay mucha gente que, como usted, son muy respetados en las organizaciones para las que trabajan, saben hacer bien su trabajo y no son conocidos fuera de ese pequeño círculo. Tampoco tienen en su agenda apuntados los números de teléfono de los "ricos y famosos" para que les faciliten contactos de trabajo. Sin embargo, estos trabajadores anónimos encuentran trabajo cada día sin tener que perder el juicio.

Incluso más importante es mencionar que algunos han tenido gratas experiencias durante su búsqueda de empleo. El objetivo de este libro no es otro que intentar convencerle a usted, querido lector, de que no hay una pócima mágica para encontrar un puesto de trabajo y de que lo que usted necesita es un plan de acción efectivo, eficiente, que no le haga perder la chaveta para poder encontrar el trabajo que busca en 30 días.

Los "no lo quiero"

Búsqueda de trabajo. ¿A qué le recuerdan estas palabras?

No quiero hacer esto.

No puedo volver a hacerlo.

Estaré buscando un trabajo durante meses para acabar haciendo *cualquier* cosa.

Todos los buenos puestos de trabajo están ocupados.

No puedo buscar un trabajo ahora.

Cambie su manera de pensar. Hágase a la idea de "explorar empleos" o "reinventar trabajos". ¿Cuántas veces en su vida puede reinventarse a sí mismo y volver a empezar de nuevo en una tabula rasa? Ésta puede ser una oportunidad para cambiar de rumbo, volver a definir sus objetivos, recordar viejos sueños o delimitar sus metas.

Sin embargo, si hay algo que la gente odia incluso más que buscar un nuevo trabajo es examinarse a sí mismos. La idea de la autoevaluación puede provocar pavor en la mayoría de personas; ¿por qué? Porque si ve cosas que no le gustan usted tiene que empezar a disculparse y encontrar excusas para explicar por qué no puede cambiar. Y ahí se encuentra hablando consigo mismo, diciendo cosas como: *soy demasiado mayor para cambiar, he dejado pasar mi oportunidad, no sé por dónde empezar* o *no me puedo permitir correr riesgos.*

Pero, ¿de verdad *no* se puede permitir aprovechar la oportunidad que se le presta en este momento? Si quiere puede permanecer en el mismo puesto de trabajo que no le gusta, con ese salario insuficiente o con nulos retos o incentivos. Puede aceptar el primer trabajo que le ofrezcan y estar satisfecho porque su búsqueda de empleo ha dado resultados, o puede decidirse a explorar el mundo laboral y seguramente aprenderá algunas cosas que le serán útiles para afrontar un futuro diferente.

Si usted está determinado a aceptar *acción* y *responsabilidad* para encontrar un trabajo, este libro le aportará las herramientas necesarias para conseguir su meta siguiendo un plan de 30 días que le conducirá hasta su nuevo puesto de trabajo.

¿Por qué necesita un libro para explorar el mundo laboral?

Si usted ha estado disfrutando sólo de pensar en un nuevo puesto de trabajo o ha estado indagando en el mercado laboral ¿ha establecido el compromiso necesario para completar el proceso? No hay ningún misterio en encontrar un trabajo, ya que es un proceso incompleto. Puede que se pase la vida buscando o deseando un puesto de trabajo. Da igual que su puesto actual sea fabuloso, porque siempre queda ese pensamiento de "quizás haya un puesto mejor" dando vueltas dentro de su cabeza.

Usted quiere acabar el proceso de forma satisfactoria y para eso necesita un plan que tenga un inicio, un desarrollo y un fin. *Éste es el inicio* y usted ya conoce el fin: conseguir un nuevo trabajo. Lo más agotador y aburrido es todo el proceso del medio con la resultante presión, estrés, problemas financieros y dudas sobre uno mismo. Lo desconocido. Este proceso puede despertar en usted los antiguos miedos de su primer día de colegio: *¿Le gustaré al profesor? ¿Haré amigos? ¿Quién querrá sentarse conmigo en el comedor?*

Aun así, explorar sus oportunidades laborales puede ser un proceso gratificante si lo percibe como una oportunidad. En el supuesto de que lo que desconoce *pueda* perjudicarle, es mejor atravesar el proceso con el máximo de información posible: información sobre sí mismo, sobre su profesión y sobre el puesto de trabajo. Para que estas experiencias no le desborden y, mucho menos, arruinen esta vida intermedia, necesita controlar al máximo el proceso de búsqueda de trabajo.

Consiga un trabajo en 30 días o incluso menos le ahorrará tiempo, energía y exasperación al ayudarle a diseñar un plan de acción de 30 días para:

- Para transformar el pasivo en activo.
- Para cambiar su forma de pensar.
- Para centrarle en los objetivos adecuados.
- Para lograr que se organice.
- Para poner en marcha un "calendario de acción".

Usar *Consiga un trabajo en 30 días o incluso menos* le aportará la "experiencia instantánea". En Estados Unidos existen más de ocho millones de empresas privadas (sin contar las empresas públicas y las que no tienen ánimo de lucro). Por ello, no basta con que usted sea eficiente haciendo las cosas adecuadas (el *proceso* de mandar currículums, escribir cartas de presentación, etc.), sino que también debe ser efectivo haciendo las cosas (consiguiendo *resultados*).

> **Eficiente = hacer las cosas adecuadas**
>
> **Efectivo = hacer las cosas de forma adecuada**

Consiga un trabajo en 30 días o incluso menos le enseñará a trabajar bien sin soportar más estrés. Con una guía detallada y un calendario de acción, este libro le permitirá acceder a todo cuanto usted necesita para explorar el mercado laboral y encontrar el puesto de trabajo que desea.

- Si usted está convencido de su búsqueda de trabajo y está dispuesto a poner en práctica todo cuanto se requiere para encontrar ese puesto, éste es un libro que le interesa.

- Si usted ha buscado empleo sin resultados y necesita cambiar de rumbo en sus estrategias, este libro le interesa.

- Si usted está dispuesto a "seguir avanzando" y siente que no sabe por dónde empezar en esta vasta tarea, este libro le interesa.

- Si usted está considerando abandonar su actual puesto de trabajo y quiere saber qué es lo que ofrecen en otras partes, este libro le interesa.

¿Y ahora qué?

¿Qué necesita hacer para empezar esta exploración de empleo? En toda búsqueda de trabajo hay cuatro requisitos básicos que deben cumplirse antes de que se pueda valorar el seguir adelante.

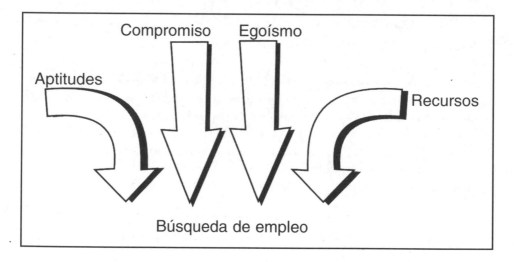

El primer requisito: el compromiso

¿Qué grado de compromiso ha adquirido usted con este proyecto? ¿A quién se lo ha explicado? ¿A quién se lo puede explicar? ¿A quién no debería explicárselo?

Depende de en qué punto de su profesión esté (empleado, parado, todavía terminando sus estudios), la cantidad de tiempo que puede dedicar a buscar trabajo variará. También existe el factor de desesperación.

¿Cuánto necesita hacer esta búsqueda? ¿Necesita dejar su trabajo inmediatamente? ¿Necesita encontrar un nuevo trabajo tan pronto, si considera la cuantiosa indemnización por despido que recibió? ¿Cómo se siente sin tener trabajo?

El segundo requisito: el egoísmo

Usted tiene que ponerse el primero. Debe cuidar de sí mismo en todos los sentidos de la palabra. Es cierto que seguramente recibirá cientos de consejos de los demás (tanto si lo pide como si no) sobre qué debería hacer, pero tiene que juzgar por sí mismo sus objetivos y metas. Ahora le toca a usted hacer lo que *quiere* hacer. Si no se centra en sí mismo, su búsqueda de trabajo corre el riesgo de no contar con tanta dedicación y concentración como requiere. Puede que se encuentre con que no le ofrecen ofertas de trabajo porque, lógicamente, si usted no está convencido de sí mismo, ¿cómo puede convencer a los demás? También podría acabar en un puesto de trabajo que no le gusta sencillamente por no haberse centrado en lo que quería. Debe preguntarse: *¿Qué tipos de trabajo me gustan? ¿Qué tipos de trabajo no me gustan? ¿Por qué?*

Incluso si tiene importantes problemas financieros, la búsqueda de trabajo sólo será efectiva cuando se centre en *sí mismo*. Usted quiere conseguir un trabajo en el que se sienta a gusto, en el que pueda progresar y conseguir logros profesionales y financieros, y en el que no se tenga que arrepentir de haber aceptado el trabajo y ponerse a buscar otro inmediatamente.

Tercer requisito: las aptitudes

Las aptitudes y habilidades necesarias para que la búsqueda dé resultado se pondrán a prueba prácticamente en cada trabajo.

- **Conocimiento** que usted posee. Lo que sabe hacer, lo que le gustaría hacer, lo que ya ha hecho, lo que quiere hacer y lo que no quiere. Usted debe conocer su producto: ¿está vendiendo habilidades, experiencia o potencial?

- **Investigación** o trabajo detectivesco será necesario para descubrir posibilidades, ámbitos e información sobre la empresa, el mercado, la profesión y las organizaciones particulares que tiene como objetivo.

- **Comunicación** significa compartir sus ideas y pensamientos por escrito, en persona, por teléfono, sabiendo escuchar también y siendo coherente e interesante.

- **Marketing y ventas** implican venderse a sí mismo a través de currículums, cartas de presentación y entrevistas. Usted es su propio equipo y personal, y debe saber desarrollar bien el producto, diseñar el envoltorio, definir el mercado, dirigir la distribución y ¡cerrar el trato!

Cuarto requisito: los recursos

Todos tenemos cuidado en cómo gastamos nuestro dinero, un dinero que al fin y al cabo puede ser reemplazado. Sin embargo, tenemos que prestar mucha atención a cómo gastamos nuestro único e irremplazable bien: el tiempo. ¿Cuánto tiempo puede invertir en una búsqueda de empleo? ¿Cuándo dispone de tiempo? ¿Una hora por aquí y otra hora por allá que le deje su trabajo actual? ¿La hora de la comida? ¿Después del trabajo? ¿Los fines de semana? ¿Tiene disponible todo el tiempo que quiere? Para la mayoría de nosotros, la respuesta está en un punto intermedio.

Debe dedicarle a este proyecto el tiempo que requiere: tiempo para planificar, tiempo para redactar un currículum y cartas de presentación, para explorar vínculos y metas, para telefonear, insistir y ser constante en la búsqueda.

Debe considerar los recursos que tiene disponibles (de personas y tiempo) y determinar sus prioridades: cada día debe reforzar los puntos clave, volver a comprometerse con sus metas y revisar sus prioridades. Debe ser capaz de evaluar su propio progreso y de efectuar los cambios que necesita. Tiene que ser realista y saber que si quiere sacar el máximo provecho de su tiempo y conseguir su objetivo en 30 días, tiene que dedicar el tiempo y la atención necesarias a esta tarea. ¿Cuánto tiempo se necesita diariamente? Hay gente que hace en tres horas lo que otros hacen en cinco ¡y lo hacen mejor! Sólo usted conoce sus aptitudes y su habilidad para dirigir y llevar a cabo una tarea.

Además, tiene que prepararse una minioficina con todo el material necesario (los detalles se explican en "Ponerse en marcha") y debe tener acceso a un ordenador, una impresora, un teléfono y un contestador. Aunque son opcionales, también se recomienda un MODEM de alta velocidad y acceso a Internet.

¿Qué es lo que está buscando?

Al principio de su búsqueda de trabajo necesita dirigirse hacia el fin: ¿Hacia dónde va? ¿Cuáles son sus objetivos? No se trata de un lujo, sino de un requisito esencial, ya que necesita definir la próxima fase de su carrera profesional y determinar por qué resulta importante para usted. De la misma manera que no existen dos personas idénticas, tampoco existen dos metas laborales idénticas. Para situar este concepto en un contexto apropiado, al intentar definir sus objetivos debe considerar las siguientes cuestiones:

■ **¿Vive usted para trabajar o trabaja para vivir?** ¿Está el vaso medio lleno o medio vacío? Usted pasa x horas semanales viajando hasta su lugar de trabajo, x horas pensando sobre su trabajo y x horas trabajando físicamente. ¿Qué papel juega un trabajo, una profesión, en su vida? ¿Hasta dónde quiere llegar? Es su respuesta *Me conformo con cualquier trabajo... necesito un sueldo ya* o *mi trabajo ideal sería...* o incluso *sólo cambiaría de trabajo si...*

Debe determinar su grado de resolución respecto a ¿dónde quiere estar de aquí a un mes? y ¿de aquí a un año? y ¿de aquí a cinco años? Si los trabajos sólo son peldaños en su carrera profesional, ¿en qué peldaño quiere situarse ahora?

■ **¿En qué momento de su círculo profesional se encuentra ahora?** ¿Se acaba de graduar o licenciar? ¿Es usted nuevo en la profesión, ya que ha cambiado de ámbito laboral? ¿Es usted un trabajador temporal? ¿Es un soñador que espera su trabajo ideal? ¿Cuántos años tiene? ¿Cuál es su nivel educacional? ¿Cuál es su situación familiar? ¿Tiene que afrontar dificultades financieras? ¿En qué punto de la búsqueda de empleo se encuentra en este momento? ¿Es la primera vez que busca trabajo? ¿Teme tener que empezar este proceso otra vez? ¿Cómo se siente al tener que buscar un trabajo? ¿Qué es lo que ha hecho hasta ahora? ¿Qué es lo que ha evitado tener que hacer? ¿Por qué?

■ **¿Qué tipo de trabajo está buscando?** ¿Por qué ahora? ¿Está siendo realista con sus metas y expectativas? ¿Puede permitirse enzarzarse en una búsqueda de empleo ahora? ¿Es usted capaz de relacionar sus necesidades y sus deseos con la disponibilidad? Si usted ha buscado trabajo anteriormente sin éxito, ¿por qué cree que todavía no ha encontrado el puesto de trabajo que busca?

■ **¿Qué puede ofrecer?** ¿Qué soluciones puede usted aportar a un empresario? ¿En qué punto de su carrera profesional se encuentra, tanto cronológica como personalmente? ¿Están algunas de sus habilidades "caducas"? ¿Qué necesita? ¿Cuáles son sus expectativas? ¿Cuál es su "caja de herramientas" que puede ayudarle a aportar valor a una empresa?

■ **¿Cuándo está dispuesto a hacer el salto?** ¿De qué tiempo dispone? ¿Es el tiempo esencial para usted (*No tengo trabajo y necesito un puesto lo antes posible*) o quizás dispone de más flexibilidad (*Me despediré del trabajo actual cuando encuentre el puesto adecuado para trabajar*) ¿Cuándo es el momento adecuado para cambiar de trabajo?

■ **¿Puede permitirse cambiar de trabajo o no?** Las consideraciones financieras no deben ignorarse, ya que hay costes, tanto tangibles como intangibles, asociados a la búsqueda de trabajo. En el lado de los costes intangibles se sitúan las cuestiones relativas a "el camino no tomado":

> *Si hubiese estudiado... en la universidad.*
>
> *Si fuese (más alto) (más rubio) (más delgado).*
>
> *Si tuviese un traje (elegante/de diseño) para llevar.*
>
> *Si viviese en... y no aquí.*
>
> *¿Es esta oferta de trabajo demasiado buena como para dejarla pasar?*
>
> *¿Tanto odio mi puesto actual?*
>
> *¿No debería esperar... para intentar cambiar de trabajo?*

Otros costes intangibles que debe valorar son los emocionales si usted es de los que se toma la búsqueda de empleo básicamente como una cuestión de "ganar o perder". ¿Sabe aceptar bien un rechazo? ¿Está preparado para aprender de sus errores? ¿Es usted un emprendedor que trabaja marcándose su propio horario, agenda y se fija sus metas diarias? ¿Es capaz de trabajar por su cuenta sin tener un equipo de apoyo?

Sin embargo, los costes tangibles resultan más fáciles de calcular. Si usted se marcha de su trabajo actual en este momento, ¿cuál es su situación económica? ¿Cuánto tiempo puede mantenerse con esa cantidad? Calcule cuánto tiempo puede mantener su situación sin un salario. A esta cifra le debería restar de dos a cuatro semanas (el tiempo que tardará hasta que reciba su primera paga) y esa será su fecha límite para encontrar un puesto de trabajo. ¿Ha tenido en cuenta los costes reales de la búsqueda? En ellos se incluye el teléfono, el acceso a ordenador, papel, sellos, transporte, ropa, comidas de negocios, cuotas de miembro de diferentes asociaciones y entrevistas, tarjetas de negocios y un contestador automático.

Hay formas para que sus costes resulten efectivos en su búsqueda, pero un currículum impreso de forma profesional junto con una carta de presentación (generada por ordenador y por impresora láser) es fundamental. No obstante, esto no significa que tenga que ir a un establecimiento comercial y pagar por realizar 500 copias de su currículum. De hecho, no se lo recomendamos, sino que, si usted no tiene un ordenador y una impresora, puede encontrar diferentes locales en los que puede utilizar estas facilidades como, por ejemplo, bibliotecas, colegios o centros municipales. También hay anuncios de personas que cuentan con un equipo profesional y realizan currículums y cartas de presentación a un precio módico.

Para hacer una estimación a grandes rasgos del tiempo que puede permitirse en la búsqueda, complete la Hoja de Cálculo Financiero que se expone en el Ejemplo I-2. Este repaso de su estado financiero es parte de cálculo real en la búsqueda de empleo. Si cree que necesita un trabajo "ahora mismo", este repaso financiero puede reforzar su opinión o darle algún respiro (tras una semana de búsqueda de trabajo, al séptimo día, volverá a revisar su estado financiero, realizará los ajustes que crea necesarios y considerará qué pasos puede tomar para aliviar sus preocupaciones económicas. Si ya está preocupado por su estado financiero y no tiene un sueldo debe leer Séptimo Día, donde encontrará sugerencias).

■ **¿Por qué hace todo esto?** Ahora es el momento adecuado para observar la realidad y volver a examinar su compromiso. Usted es el único que sabe su grado de determinación para cambiar de puesto de trabajo, su nivel de motivación y el grado de realismo que existe en sus objetivos. El propósito de explorar puestos de trabajo es relacionar sus necesidades y deseos con su disponibilidad para trabajar. No existe ningún libro ni ningún profesional que le pueda aportar las respuestas apropiadas, ya que el único experto en sí mismo es usted. Al igual que un vendedor de zapatos debe saber todos los estilos de que dispone, usted debe conocer todas las habilidades y aptitudes que puede ofrecer a su empresario potencial.

Ejemplo I-2

Hoja de cálculo financiero
Formulario abreviado

Gastos de búsqueda de empleo (que no se repiten):

Material	Ptas _____
Cuotas de miembro	Ptas _____
Comidas de negocios	Ptas _____
Suscripciones, periódicos	Ptas _____
Vestimenta profesional	Ptas _____
Transporte, negocio	Ptas _____
Otros	Ptas _____

Subtotal   **Ptas _____ (A)**

Gastos mensuales estimados:

Alquiler/hipoteca	Ptas _____
Gastos de electricidad, agua y gas	Ptas _____
Seguros	Ptas _____
Transporte	Ptas _____
Comida	Ptas _____
Médicos	Ptas _____
Servicios de deuda (tarjetas de crédito, préstamos)	Ptas _____
Otros (cuidado de los niños, manutención)	Ptas _____
Otros	Ptas _____

Subtotal   **Ptas _____ (B)**

Total gastos   **Ptas _____ (A+B)**

Cantidad de ahorros, de dinero disponible	Ptas _____	n°meses antes de
- menos Subtotal (A)	-Ptas _____	que un
Disponible para gastos mensuales	Ptas _____	salario sea ne-
Dividido por el total de gastos mensuales (B)	Ptas _____	cesario

¿Está preparado para empezar?

Complete esta afirmación: *lo que de verdad quiero es un trabajo de...*

¿No está completamente seguro de la tarea que quiere realizar? Es normal y ahora es el momento adecuado para explorar sus opciones. En Primer Día se centrará en sus habilidades, experiencia y otra información interesante para conseguir trabajos que usted habrá decidido explorar.

¿Sigue teniendo dudas persistentes? *No tengo un gran talento ni habilidades. No tengo nada de que estar orgulloso. No puedo impresionar a los empresarios con nada en mi currículum.* Dé gracias de no ser un prodigio que sólo tiene una habilidad. Usted tiene muchas habilidades. Puede ir en bicicleta y mascar chicle (e incluso hacer malabarismos) al mismo tiempo. Muchas de sus habilidades son transferibles y existe gran demanda para ellas.

No soy tan fantástico. Hay muchos candidatos mucho mejores que yo. No esconda sus cualidades debajo de un tonel. No hace falta que sean unas cualidades deslumbradoras para que se vean. Si usted se sitúa a sí mismo por debajo de la media, se está ofreciendo una excusa para fracasar: *Ves, ya te dije que no era tan bueno ni fantástico.*

El único remedio para curar los pensamientos negativos es el *conocimiento*. Escoja sus rasgos más negativos y déles la vuelta:

¿Cabezota? Usted puede ser persistente.

¿Poco convencional? No. Usted es creativo.

¿Demasiado mayor? No. Usted es un profesional experimentado.

En "Ponerse en Marcha", como parte de una autoevaluación, tendrá que examinar sus propias habilidades, incluyendo tener un trato especial para los animales y su extraña habilidad para recordar la letra de cada canción compuesta por su cantautor preferido. ¿Cuáles de sus habilidades son transferibles, es decir, pueden utilizarse en diferentes trabajos? ¿Qué pruebas puede ofrecerle a un empresario de que usted posee estas cualidades?

Recopilar la evidencia de sus habilidades es parte de su envoltorio de venta. Realizar los ejercicios de autoevaluación le servirán para más de un propósito:

> Usted recogerá información útil para elaborar su currículum y su carta de marketing.

> Usted tendrá a mano toda la información que necesite para las entrevistas.

> Por último, y más importante, usted se conocerá a sí mismo.

Como tendrá una idea muy clara de lo que puede ofrecer, se convertirá en un extraordinario y seguro vendedor tanto en su comunicación oral como escrita.

Sea cual sea su situación actual hay un puesto de trabajo para usted y lo encontrará. Puede encontrar un trabajo sin perder el juicio, manteniendo su sentido del humor y su vida en perfecto estado. Puede empezar hoy mismo, puesto que sólo tiene que dirigirse al Capítulo 1 "Ponerse en marcha"

CREDO DE BÚSQUEDA DE EMPLEO

◊ **Comprométase.** Prepare su mente para la tarea de encontrar su puesto de trabajo.

◊ Está bien **ser egoísta.** Debe pensar en lo que quiere, ya que usted es el único que puede encontrar su puesto de trabajo.

◊ **Determine sus objetivos.** Usted es el único que sabe lo que quiere conseguir.

◊ **Esté preparado** para trabajar duro, efectiva y eficientemente.

◊ **Dé y tome.** No espere recibir ayuda de todo el mundo sin entregar algo a cambio.

◊ **Sea agradecido** por toda la ayuda que recibe.

◊ **Sea honesto** con otros y consigo mismo.

◊ **Sonría.** Esté verdaderamente contento de conocer a gente nueva.

◊ **Sea entusiasta y positivo.** Usted está dando forma a su futuro.

◊ **Sea flexible y realista.** Las cosas puede que no salgan como desee. Quizás tenga que poner en práctica el Plan B.

◊ **Tenga siempre un plan B.**

◊ **Pida trabajo.** Si usted quiere el puesto, asegúrese de pedirlo.

CÓMO UTILIZAR ESTE LIBRO

✓ Hojee el libro y los calendarios diarios para familiarizarse con el ritmo.

✓ Lea el índice para ver lo que está planeado para cada día. Diríjase a los temas que pueda necesitar, sin tener en cuenta el calendario.

✓ ¿Hay algunas áreas en las que necesite ayuda especial? Vaya a esas áreas temáticas primero.

✓ Lleve un recuento de todo lo que va haciendo. Escriba sus objetivos y sus logros. Para ellos se ofrecen hojas de cálculo.

✓ Realice los ejercicios y las hojas de cálculo de cada sección. Para aquéllos que tienen acceso a Internet, disponemos de copias de nuestras hojas de cálculo en tamaño de folio en nuestro sitio web http:// members.xoom.com/deluca5 que usted puede imprimir y utilizar.

✓ Guarde las hojas de su sesión y haga un recuento diario sobre lo que ha realizado y lo que estaba previsto.

✓ Realice un seguimiento de su progreso y evalúe semanalmente sus esfuerzos.

✓ Visite nuestro sitio web si desea obtener consejos adicionales: http:// members.xoom.com/deluca5. Los sitios web que se citan en este libro, y en otros, también están citados en nuestro sitio web.

Ponerse en marcha

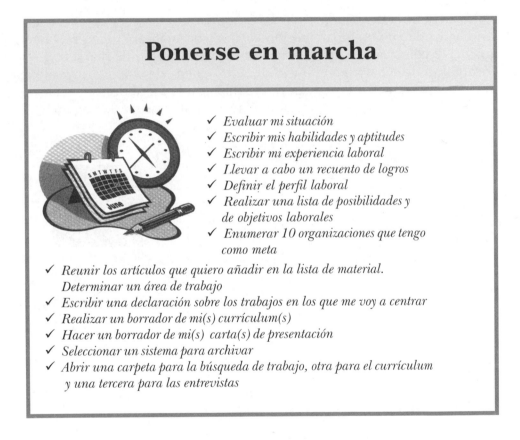

Ponerse en marcha

- ✓ Evaluar mi situación
- ✓ Escribir mis habilidades y aptitudes
- ✓ Escribir mi experiencia laboral
- ✓ Llevar a cabo un recuento de logros
- ✓ Definir el perfil laboral
- ✓ Realizar una lista de posibilidades y de objetivos laborales
- ✓ Enumerar 10 organizaciones que tengo como meta
- ✓ Reunir los artículos que quiero añadir en la lista de material. Determinar un área de trabajo
- ✓ Escribir una declaración sobre los trabajos en los que me voy a centrar
- ✓ Realizar un borrador de mi(s) currículum(s)
- ✓ Hacer un borrador de mi(s) carta(s) de presentación
- ✓ Seleccionar un sistema para archivar
- ✓ Abrir una carpeta para la búsqueda de trabajo, otra para el currículum y una tercera para las entrevistas

¿En qué lío se está metiendo?

No hay una relación directa entre el esfuerzo y el éxito en la búsqueda de trabajo, al igual que ocurre con muchos otros aspectos de nuestra vida. Aún así, normalmente, si no hace nada o hace muy poco lo más probable es que su resultado sea escaso o nulo. Hay gente que parece tener unos trabajos maravillosos que les aparecieron como por arte de magia, mien-

27

tras que otros se pasan el día buscando incesantemente y obtienen resultados insatisfactorios. Por si esto era poco, ahora le aportamos las noticias
más sorprendentes: ningún método de búsqueda de empleo puede ga-
rantizarle un puesto de trabajo. Aún así, puede aumentar las probabilidades de éxito si trabaja de forma más astuta, escoge sus objetivos sabiamente,
se centra en sus metas, establece un plan de acción y es persistente con sus
posibilidades.

Usted tiene que prepararse para la búsqueda de empleo, y en este apartado le ayudaremos y guiaremos en el proceso. Analizará quién es y qué
quiere. El compromiso, el conocimiento y el envoltorio de marketing se
encargarán de situarle en el inicio de su búsqueda de empleo. Estos tres
primeros pasos de su búsqueda de trabajo empiezan ahora, y el cuarto
paso empezará el Primer Día, cuando lance su plan de marketing.

Compromiso

¿Por dónde empezar? Como en la mayoría de las cosas de la vida, es
mejor empezar por el principio: por usted mismo. ¿En qué punto se encuentra usted ahora? Si está empezando a buscar un trabajo es importante saber por qué ha decidido hacerlo en este momento.

¿EN QUÉ PUNTO SE ENCUENTRA USTED?

1. **En la actualidad no ocupo el puesto de trabajo que quiero porque...**

2. **Estoy buscando un trabajo porque...**

3. **Estoy buscando un puesto de trabajo en este momento porque...**

■ **¿Por qué no tiene en la actualidad el puesto de trabajo que desea?**
¿Qué es lo que ha impedido que siguiese avanzando en la profesión o persiguiendo el trabajo que desea? ¿Ha aceptado usted los trabajos que le ofrecían sin realizar una selección? ¿Por qué está trabajando en su puesto actual (si está desempleado en la actualidad, por qué trabajaba en su último puesto)? Utilizando la Muestra 1, empezando por su puesto actual o por el último, escriba las razones que tenía para aceptar el trabajo y las razones para dejarlo.

Muestra 1

¿CÓMO HE LLEGADO HASTA AQUÍ?

Haga una lista de sus puestos de trabajo anteriores y del actual, de por qué aceptó el trabajo y por qué decidió marcharse.

Puesto de trabajo/años como empleado	Razones por las que aceptó el trabajo:	Razones por las que decidió dejar el trabajo:

■ **¿Por qué está buscando un puesto de trabajo?** ¿Está buscando un trabajo diferente? ¿El mismo tipo de trabajo pero en otra empresa? ¿Una zona de trabajo diferente? ¿Un sector diferente?

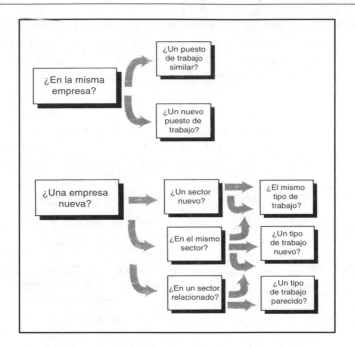

¿Qué razones tiene para buscar un nuevo puesto? ¿Hay elementos de su puesto de trabajo actual, o del último que tuvo, que le gustan o que le desagradan? Volviendo a la lista de trabajos que enumeró en la Muestra 1, escriba lo que le gustaba y lo que le desagradaba de cada trabajo en la tabla de la Muestra 2.

Haga memoria e intente recordar lo que respondía cuando sus amigos y su familia le preguntaban *¿Y qué querrás hacer cuando acabes los estudios?* ¿Cuáles eran sus planes y metas originarias? ¿Sigue persiguiendo los mismos objetivos en la actualidad? ¿Está haciendo algo para conseguirlos? ¿Se ha apartado un poco de sus metas?

Una colega me explicó la siguiente historia:

Cuando acabé el instituto me dieron una beca para ir a una escuela de bellas artes en Cleveland. Necesitaba dinero para vivir allí, así que un amigo me encontró un trabajo en un banco con un horario flexible en el departamento de procesamiento de datos para principiantes. El trabajo era ideal, puesto que requería precisión —que a mí me gustaba—, las horas me iban bien para compaginarlas con mi horario escolar y el salario era muy bueno para alguien que no tenía experiencia en bancos ni informática. Más tarde, cuando decidí ir a vivir a Nueva York para continuar mis estudios, acepté otro trabajo en un banco. Pensé que si ya había trabajado en uno, sería fácil trabajar en otro. El tiempo fue pasando, iba a las clases en horario nocturno porque no podía permitirme trabajar sólo a tiempo parcial. Para abreviar, logré muchos objetivos en el mundo de la banca. Me ascendieron, me animaron a iniciar una carrera universitaria con becas a cargo de la sociedad bancaria. En ese momento, cada vez me era más difícil encontrar encargos de diseño que pudiese realizar como autónomo, así que decidí dedicarme profesionalmente al mundo del banco. Me traspasaron al departamento de concesión de préstamos y, con el tiempo, acabé en el departamento financiero y de producción. Cuando tomé la baja por maternidad al nacer mi primer hijo, fui prolongándola. También decidí asistir a clases de caligrafía. Ahora, además de escribir y diseñar páginas web, también realizo encargos de caligrafía como autónoma. He vuelto al arte.

Muestra 2

CÓMO HE LLEGADO HASTA AQUÍ. SEGUNDA PARTE

Haga una lista de sus puestos de trabajo anteriores y del actual, así como de lo que le agradaba y disgustaba de cada puesto.

Puesto/Empresa:	Lo que le agradaba del trabajo:	Lo que le desagradaba del trabajo:

■ **¿Por qué ahora?** ¿Por qué está considerando buscar un nuevo puesto de trabajo en este momento? ¿Qué razones tiene? Si usted está desempleado y necesita dinero, el punto de vista de su búsqueda será diferente del de alguien que sólo "va de escaparates" hasta ver si encuentra alguna oportunidad. Las personas que cambian de profesión tienen una situación diferente, al igual que los recién licenciados o la gente que quiere volver al mundo laboral tras una larga ausencia. Las razones de su búsqueda pueden ir desde las pragmáticas (usted carece de trabajo y necesita uno) hasta las prosaicas (usted se está preguntando si no sería mejor ir a vivir a un lugar con un clima más frío o cálido).

Sean cuales sean las razones que le han conducido a este punto, si quiere seguir adelante necesita comprometerse ahora mismo. Usted tiene que ser capaz de decirse:

Quiero un nuevo puesto de trabajo porque... Necesito este trabajo (ahora) (pronto) (para el... [fecha]).

También tiene que realizar un compromiso de recursos. ¿Qué puede hacer para respaldar sus esfuerzos de búsqueda? El primer recurso con el que se debe comprometer es el tiempo. Tanto si está desempleado, como si trabaja a tiempo parcial o a jornada completa, tiene que comprometerse y dedicarle las horas necesarias a la búsqueda. Utilice su agenda personal, un calendario o un programa informático para planificar las horas que dedicará exclusivamente a los esfuerzos de búsqueda de empleo.

```
█ = total de esfuerzos de trabajo
█ = resultados obtenidos
```

Se sabe desde hace tiempo que el 80% de cualquier esfuerzo produce el 20% de resultados. En otras palabras, el 20% de lo que hace producirá los mayores resultados. Puede que sean los detalles, la suerte, el currículum que mandó en el último momento o un artículo que leyó lo que le aporte su próximo trabajo. En cuantas más situaciones se vea envuelto, mayores probabilidades tendrá de descubrir oportunidades.

Puede buscar trabajo utilizando el eficaz y tradicional método de contestar anuncios, escribir numerosas cartas y currículums, y esperar una respuesta. También puede explicarle a todo el mundo que conozca que busca empleo para ver si da resultado. La solución más reciente es enviar sus currículums por Internet, lo que se podría comparar con enviar el currículum por teléfono. Utilice todas las herramientas que estén a su disposición. Usted necesita emplear los medios actuales para conseguir un trabajo actual.

Conocimiento

Cuando llegue la hora de escribir su currículum, la carta de presentación o asistir a una entrevista, debe ser capaz de responder a esta pregunta:

¿Por qué debería contratarme esta persona/empresa?

Con la avalancha de candidatos que existen y que desbordan a los empresarios con currículums, cartas, faxes y E-mail, ¿por qué deberían dejar de buscar a alguien y elegirme a mí? Cuando haya terminado de "ponerse en marcha", antes de que lance formalmente su campaña de búsqueda de empleo en el Primer Día, usted será capaz de responder a esta pregunta por sí mismo ante cualquier persona que se lo pregunte.

Esta parte es vital en la planificación y preparación, y debe recordar que el único experto en sí mismo es usted. Usted es el único que puede envolverse, comercializarse y venderse.

¿Cuál es su historia?

Si sigue la analogía de que la búsqueda de trabajo es similar a una campaña de marketing, entonces usted es el producto. ¿Quién es usted? Usted es la suma total de todas sus experiencias, habilidades, logros, fracasos e información que ha ido amasando hasta la fecha. En este conjunto también hay que incluir sus intereses, sus aspiraciones y sus temores.

¿CUÁL ES SU HISTORIA?

1. **Carpeta de habilidades y evaluación**
2. **Historia laboral**
3. **Educación**
4. **Logros**

Su historia se relatará a raíz de los datos de su vida: su experiencia laboral, su educación, su carpeta de habilidades y logros. El punto de color de su historia serán sus metas y aspiraciones, y el medio para relatarla será su envoltorio de marketing: el currículum, la carta de presentación, la entrevista y las actividades de seguimiento.

Para empezar a contar su historia, tiene que recopilar la información pertinente y, más tarde, deberá determinar qué porciones de su vida desea compartir. Usted debe decidir qué es lo que va a vender: ¿sus habilidades? ¿su educación? ¿su experiencia? ¿su creatividad? o acaso ¿su potencial? También deberá decidir cuál será su mercado, ¿a quién quiere vender la historia? ¿a quién está lanzando el producto?

✔ *Carpeta de habilidades y evaluación*

Hay dos tipos diferentes de habilidades: las habilidades técnicas (conocimiento) y las transferibles.

Las habilidades técnicas o de conocimiento son aquéllas propias de una profesión o sector: por ejemplo, el procesamiento de quejas médicas requiere un conocimiento base que es particular a ese tipo de trabajo. Sin embargo, las habilidades organizativas o la capacidad para trabajar en equipo o con precisión son habilidades transferibles. Tener fluidez en una lengua extranjera es una habilidad de conocimiento, pero ser capaz de comunicarse con otras personas (en cualquier lengua) es una habilidad transferible.

Otras habilidades transferibles de las que existe gran demanda son:

Presupuestar	Relaciones públicas
Gestionar prioridades múltiples	Hablar en público
Supervisar	Escribir
Orientar proyectos	Realizar entrevistas
Enseñar	Negociar
Organizar	Coordinar

La característica más positiva de las habilidades transferibles es que todo el mundo cuenta al menos con un par en su "caja de herramientas".

No obstante, hay ciertas habilidades que no le resultarán útiles en su búsqueda de empleo:

■ **Habilidades caducas.** Si la única habilidad relacionada con el secretariado que un candidato posee es saber mecanografía, esta habilidad ha caducado. La habilidad para saber escribir en un teclado es transferible, al igual que el conocimiento de la correspondencia comercial y otras habilidades de oficina. ¿Cuántas de sus habilidades técnicas son actuales y competitivas? Si usted sospecha que puede haberse quedado un poco anclado en el tiempo en relación con ciertas capacidades, ahora es el momento de realizar la formación adecuada para lograr alcanzar un nivel competitivo. A veces, al trabajar para una empresa durante años, uno puede aislarse del progreso y, cuando se inicia la búsqueda de empleo, se da cuenta que todo ha avanzado en gran medida. Muchas empresas prefieren candidatos que poseen habilidades actuales y con un gran potencial y, por lo tanto, no dan gran importancia a la experiencia. Si todo cuanto usted puede ofrecer es experiencia y no posee habilidades actuales, tendrá que iniciar un curso de reciclaje y arreglar su envoltorio.

■ **Habilidades particulares a un sector o empresa.** Usted ha trabajado durante años para una empresa que utilizaba unos programas informáticos a la medida de sus necesidades empresariales. Es un as de las bases de datos, de las hojas de cálculo y de los programas financieros, pero ¿le ocurre que no sabría utilizar rápidamente los programas más comerciales que utilizan muchas empresas de envergadura mediana y grande? Si no está seguro, compre o cargue en su ordenador programas de muestra para adquirir experiencia rápidamente. Si ésta no es una opción adecuada a sus necesidades, asista a un curso.

Otro problema es que usted puede haber estado haciendo las cosas a "su manera" durante años. Si asumimos que no ha estado trabajando para Burger King (ya que su eslogan en inglés es "Have it your way" —hágalo a su manera—) ¿están sus habilidades tan arraigadas a los métodos de una empresa que le resultaría imposible extrapolar y realizar funciones similares en otra? Piense detenidamente en las tareas que ha realizado, las labores fundamentales en su posición y desglóselas en diversas partes.

Identifique aquellos elementos que se pueden vender a varias empresas y ya habrá encontrado sus puntos de venta.

Complete la Carpeta de Habilidades que se expone en la Muestra 3 y aporte evidencias de sus habilidades. Añada cualquier tipo de capacidad técnica o especializada en las casillas en blanco.

✓ *Vida laboral*

En la Muestra 4, Vida laboral, empiece con su puesto actual o con el último que haya tenido y proceda a realizar una lista de su experiencia laboral. Es importante que incluya su(s) supervisor(es), la dirección, las responsabilidades y los logros. Recuerde incluir cualquier trabajo de voluntariado, prácticas o trabajos a tiempo parcial. Este es un buen momento para reflexionar sobre las tareas que realizaba en cada trabajo y para quién las realizaba. ¿Trabajó con clientes de empresas de grandes dimensiones? ¿Con la administración superior? ¿Era responsable de otros trabajadores? ¿De realizar presupuestos? ¿De tomar o rechazar decisiones? Si la empresa para la que trabajaba no es conocida, ¿qué detalles sobre la empresa, la envergadura y el método empresarial podrían reforzar su candidatura? Puede que usted tenga que educar a su entrevistador de forma que sepa otorgar la importancia requerida a su puesto de trabajo actual o anterior.

✓ *Educación*

Utilizando el formato que se expone en la Muestra 5 (Educación), haga una lista de su nivel educativo, indicando los logros más recientes en primer lugar. Si se ha diplomado o licenciado hace más de cinco años, ¿qué ha realizado a continuación para continuar su educación? ¿Ha asistido a cursillos, a seminarios o a clases? No olvide anotar cualquier tipo de formación que haya recibido directamente de las empresas para las que ha trabajado. También debe considerar las actividades extra, tanto desde el aspecto de adquisición de la habilidad como el de una actividad de trabajo que le gustaría realizar.

Mucstra 3

CARPETA DE HABILIDADES

En la columna del medio liste las habilidades específicas que puede ofrecer.
En la columna de la derecha indique muestras de su competencia.

COMPETENCIAS/ HABILIDADES:	ESPECÍFICAS	EVIDENCIAS: Dónde y cuándo las adquirió
Organización Planificación, motivación		
Comunicación Oral, escrita, respuesta		
Dirección Supervisar, responsable dc nuevos empleados		
Financiación Planificación, presupuestar		
Solución de problemas Identificación, evaluación		
Trabajo en equipo Apoyarse, colaborar		
Información directiva		
Investigación Investigación, exploración		
Técnica		
Técnica		
Técnica		

Muestra 4

VIDA LABORAL

Haga una lista de sus últimos puestos de trabajo.
Utilice este formato para cada empresa.

Empresa: **Puesto:**

Dirección: **Inicio/ fin de sueldo:**

Teléfono:

Fechas de empleo:

Departamento/ Sección:

Envergadura de la empresa (número de empleados,
nacional o internacional, volumen de venta anual):

Tamaño del departamento/sección:

¿Para quién trabajaba?

¿Con quién trabajaba?

¿Cuáles eran sus principales responsabilidades?

¿Qué creó/puso en práctica/estableció usted?

**¿Cómo aumentó los ingresos, disminuyó los costes,
mejoró la producción?**

Proyectos especiales (talentos, habilidades técnicas, contratación/
realización de entrevistas/supervisión):

Ascensos/ Recomendaciones/ Logros:

¿Qué habilidades puso en práctica para realizar su trabajo?

¿Por qué aceptó ese trabajo?

¿Cuál fue su primera tarea?

Muestra 5

EDUCACIÓN

Haga una lista de sus estudios situando al principio los últimos logros.
Continúe en una página aparte si es necesario. Incluya los cursillos, los
seminarios y cualquier clase a la que asista en la actualidad.

Institución:

Dirección:

Fecha de asistencia:

Curso(s) estudiado(s):

Logros/Estudios Especiales/Proyectos:

Título:

Habilidades relacionadas con la búsqueda de trabajo:

Actividades extraacadémicas:

Institución:

Dirección:

Fecha de asistencia:

Cursos estudiados:

Logros/Estudios Especiales/Proyectos:

Título:

Habilidades relacionadas con la búsqueda de trabajo:

Actividades extraacadémicas:

✓ *Logros y asociaciones*

Por último, haga una lista de todos los logros que ha conseguido durante los últimos cinco años en la Muestra 6, poniendo en primer lugar
los más recientes. Tenga en cuenta cualquier actividad extraacadémica en
la que su aportación haya sido importante. Puede que no se trate de lo-

gros que se demuestren con placas o estatuas, pero es relevante recordar esos resultados positivos que no han sido tan aplaudidos: todos los halagos que ha recibido de sus clientes, haber sido elegido para liderar equipos en numerosas ocasiones, y para guiar a nuevos trabajadores. Cite cuándo y dónde ocurrieron esos logros.

En la parte de abajo, incluya cualquier asociación profesional, certificados o asociaciones de las que sea miembro que pueda adjuntar a su candidatura (es preferible que no cite grupos religiosos o políticos, a menos que haga una mención general como: "tesorero de Portland, partido político de Oregon, 19XX-19XX").

¿Cuáles son sus sueños?

Si queremos analizar la tarea que desea realizar, debemos examinar también el puesto y la empresa que tiene en mente. Tanto *lo que usted hace* como *dónde lo hace* puede marcar una gran diferencia en su profesión. Lo que usted hace para conseguir sus sueños da forma a su carrera.

¿CUÁLES SON SUS SUEÑOS?

1. ¿Qué quiere hacer?
2. ¿Dónde quiere realizar esta tarea?
3. ¿Qué tiene que hacer ahora para conseguir sus sueños?

✔ *Perfil profesional*

¿Qué quiere conseguir?: ¿Cualquier puesto de trabajo? ¿En cualquier sector? ¿En cualquier empresa?, ¿o tiene usted ya una lista para su futuro puesto de trabajo? ¿Qué le gusta hacer? ¿Qué se le da bien? ¿Coinciden ambas cosas?

¿Le gusta trabajar con gente o prefiere trabajar en frente de un terminal de ordenador, introduciendo códigos? ¿Se sentiría decaído en un puesto que tuviese unos requisitos muy estrictos, en el que no se valorase su lado creativo? ¿Le gusta encontrar nuevas formas para hacer las cosas o se contenta con mirar el manual? ¿Qué tipo de trabajo le gustaría?: ¿a jornada parcial, completa, temporal, voluntariado, interino o prácticas?

Muestra 6

INVENTARIO DE LOGROS

Realice una lista de todos sus logros, escribiendo los más recientes en primer lugar. Relaciónelos con situaciones concretas, empresas o actividades.

Describa su logro	¿Dónde o cuándo ocurrió?

Miembro de asociaciones/certificados

Nombre y dirección	Su función o actividad

✓ *Posibilidades de empleo*

Sin ponerse límites, intente anotar el máximo número de trabajos que podría ocupar. Recuerde sus viejos sueños, sus metas, sus habilidades y planes. Escriba todos esos puestos de trabajo en la tabla de la Muestra 7.

Por ejemplo, si usted es un directivo de un establecimiento de piezas automovilísticas, ¿está buscando dirigir otro establecimiento similar? Éste es un punto de vista viable, pero muy limitado. Intente considerar todos los trabajos para los que posee experiencia y está cualificado.

Muestra 7

POSIBILIDADES DE EMPLEO

Puestos de trabajo que podría ocupar:	¿Por qué? ¿Qué me hace pensar eso?	¿Dónde puedo encontrar ese puesto? (tipo de empresas)

- Dirigir otro tipo de establecimientos (las habilidades directivas son transferibles).

- Vender piezas de automóviles (conocimiento del producto).

- Puesto de directivo y proveedor (conocimiento del producto, además de habilidades directivas).

- Poner en marcha o ser propietario de una franquicia.

- Formación o asesoramiento.

Estas posibilidades se encuentran en un estrecho abanico de experiencia. ¿Qué otro tipo de trabajos podría conseguir? La palabra clave es *podría,* ya que no tiene por qué buscar esos puestos de trabajo, pero podría ocuparlos. A menos que considere todas las posibilidades, podría ignorar o pasar por alto alguna puerta que está abierta para usted.

Un artículo en *The New York Times* (22 de noviembre de 1998) citaba la reciente elección de Jesse Ventura "The Body" (el cuerpo) en el cargo de gobernador de Minnesota como otro ejemplo de gran carrera profesional de los noventa: reinventarse a uno mismo. A partir de sus partes (educación, experiencia y habilidades) apareció una nueva profesión derivada de la anterior. Ventura pasó de profesional de lucha libre a presentador de radio, para acabar como político. Factores como el envejecimiento de la generación del "boom" (que no muestra signos de aminorar el ritmo) y los despidos y reajustes de plantilla de principios de los noventa, combinados con los cambios en las expectativas sociales (ya nadie espera trabajar para una misma empresa durante toda su vida) han provocado que reinventarse a uno mismo de forma creativa sea una tendencia importante.

Evaluar la realidad

Repase la lista que creó en la Muestra 7, Posibilidades de empleo, y pase a la Muestra 8. Con la idea *esto es lo que quiero hacer* en mente y utilizando los puestos de trabajo que incluyó en las posibilidades de empleo, añada los nombres de estos puestos en una escala, basándose en su *atractivo,* desde los aceptables hasta los ideales. A continuación, desde un punto de vista más pragmático, vuelva a observar la misma lista de posibilidades y puntúela desde lo posible hasta lo probable, en función de su grado de realismo y de las probabilidades que usted considera que tiene si considera el mercado actual, su árca de residencia, sus habilidades y su experiencia.

El trabajo que obtenga una mayor puntuación, tanto en atractivo como en probabilidades, deberá convertirse en su meta prioritaria. A continuación se encontrarán las metas secundarias: aquellos trabajos que usted debe considerar si se le presentan.

Ejemplo: En la actualidad es un ejecutivo de ventas publicitarias de una revista local, pero lo que realmente le gustaría sería trabajar para un periódico local o para una revista de ámbito nacional. En su área inmediata sólo hay un periódico local, pero existen muchos periódicos de publicación diaria en una ciudad mayor que está a una hora de su lugar de residencia. Para trabajar en una revista nacional se tendría que mudar de vivienda, una alternativa que podría considerar. Sus metas prioritarias podrían ser:

Muestra 8

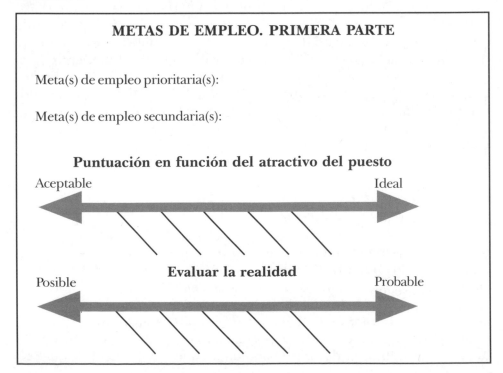

METAS DE EMPLEO. PRIMERA PARTE

Meta(s) de empleo prioritaria(s):

Meta(s) de empleo secundaria(s):

Puntuación en función del atractivo del puesto

Aceptable　　　　　　　　　　　　　　　　　　　Ideal

Evaluar la realidad

Posible　　　　　　　　　　　　　　　　　　　Probable

1. Un periódico local

2. Periódicos (con sede en una ciudad más importante)

Metas secundarias podrían ser:

1._____Revista en_____(ciudad)

2._____Revista en_____(ciudad)

Para comprometerse en conseguir estos puestos, debe pasar a la acción. Para ello, empleará la mayoría de su tiempo apuntando hacia sus objetivos prioritarios, aunque también estará al tanto de los secundarios. A medida que su búsqueda de empleo progrese a lo largo de los próximos 30 días, tendrá la oportunidad de volver a evaluar sus puntuaciones, sobre todo si las probabilidades van cambiando al ir conociendo a particulares en el mundo laboral.

✓ *Planificación de trabajo a largo plazo*

Eche una ojeada a los trabajos que le parecen muy atractivos, pero improbables ¿Por qué le parece que están fuera de su alcance? ¿Puede alguno de estos trabajos convertirse en una de sus metas a largo plazo? Quizás lo que usted verdaderamente desea es explorar el mundo de la redacción para revistas ¿Qué debe hacer para que esta opción sea más probable? ¿Necesita asistir a cursos? ¿Cambiar a una posición de publicación? ¿Debería empezar a escribir artículos? ¿Necesitaría un mentor o un representante? ¿Debería intentar ocupar una posición provisional con el objetivo de conseguir otra para la que necesitará las referencias por las que está trabajando? Una vez identificada la meta a largo plazo, ésta tendrá un impacto en su meta inmediata o a corto plazo. Existen estudios que indican que los hombres, hoy en día, permanecen en una misma posición unos 3,6 años mientras que las mujeres 3,8 años. Si usted cree que sus aspiraciones no pueden satisfacerse en este momento por cualquier razón, deberá tener en cuenta las metas a largo plazo de la Muestra 9, Metas de Empleo, segunda parte-Metas a largo plazo, donde podrá determinar qué pasos intermedios puede tomar en la actualidad.

Si tiene esperanzas y aspiraciones en su profesión, usted es el único que sabe cuáles son y lo que debe hacer para conseguirlas. Quizás lo único que puede hacer ahora es reunir información sobre un posible cambio profesional (requisitos para el nuevo empleo, formación, clases, asociaciones profesionales, etc.). Lo destacable es que, si usted tiene ganas y empeño, debe realizar un esfuerzo para conseguir sus metas, tanto provisionales como a largo plazo.

Sus objetivos

Una pieza clave para conseguir logros es centrarse en un objetivo. De todos los millones de trabajos que están disponibles, usted sólo necesita uno. Por ello, este es el momento adecuado para definir sus objetivos.

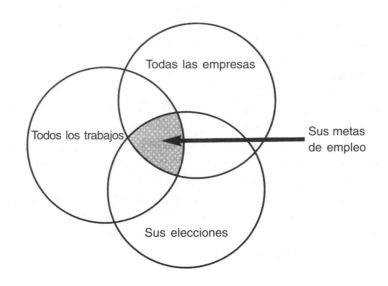

Usted ha establecido metas de trabajo primarias y secundarias. Asimismo, le ha echado un vistazo a todas sus posibilidades. Ya tiene su carpeta de habilidades preparada para poder redactar su currículum y se ha hecho una idea del tipo de ambiente laboral en el que le gustaría trabajar. Lo que debe hacer ahora es decidir qué empresas tendrá como objetivo.

Muestra 9

METAS DE EMPLEO. SEGUNDA PARTE
Metas a largo plazo

Trabajos atractivos poco probables	Razones por las que no son posibles en la actualidad	¿Qué medidas se pueden tomar? ¿Cuándo?

¿Dónde están los trabajos? Si usted está buscando un puesto de trabajo como oceanógrafo, no creo que la mejor idea sea ir a Nebraska, sino que sería más apropiado concentrar la búsqueda en ciudades costeras o situadas cerca de grandes volúmenes de agua. Para la gente interesada en encontrar puestos de trabajo técnicos en Estados Unidos, está Silicon Alley en la parte baja de Manhattan, en Nueva York, y Silicon Valley en California central, así como sus nuevos centros en Austin, Texas y Denver, Colorado.

¿A qué tipo de empresa le interesa sus habilidades? Si usted quiere trabajar como especialista de páginas web, ¿dónde podría emplear sus habilidades? Podría trabajar para una empresa de diseño, creando sitios web para sus clientes. También podría trabajar como diseñador para una compañía que desee tener una presencia en Internet (y existen innumerables tipos de empresas en esta categoría) y también podría enseñar el lenguaje HTLM y diseño en la web en un colegio local. Otra posibilidad podría ser establecerse como autónomo y empezar usted mismo su propio negocio. Se crean continuamente nuevos puestos de trabajo. Seleccionando diversas listas y artículos de reciente publicación, hemos escogido algunos "nuevos trabajos" para el milenio.

TRABAJOS CON FUTURO

- Diseño sensible al medioambiente. Actividades de reelaboración
- Dirección: comercio al por menor, telecomunicaciones y organizaciones sin ánimo de lucro
- Dirección de información empresarial: marketing, financiación, préstamos
- Envoltorio: nuevos materiales y productos sensibles al medioambiente
- Promotor de la salud
- Marketing: clientes poco tradicionales y no productores
- Construcción, constructores de tejados
- Informática y tareas relacionadas con Internet
- Administración de formación y recursos humanos
- Dirección de adquisiciones
- Turismo
- Comunicación técnica y profesional

El Bureau of Labor Statistics (Oficina Norteamericana de Estadísticas de Empleo) publica con regularidad una lista de los puestos de trabajo con un crecimiento más rápido, los cuales representan al sector más técnico del mercado. Presentamos la última publicación en la Muestra 10.

Muestra 10

PROFESIONES DE RÁPIDO CRECIMIENTO
1998-1999 Manual de Ocupación, 1996-2006
Bureau of Labor Statistics

Profesiones	% de cambio de 1996 al 2006
◆ Administradores de bases de datos y mantenimiento informático	118%
◆ Ingenieros informáticos	109%
◆ Analistas de sistemas	103%
◆ Ayudantes personales y del hogar	85%
◆ Asistentes y auxiliares de terapia física y de rehabilitación	79%
◆ Auxiliar sanitario en los hogares	76%
◆ Auxiliar sanitario	74%
◆ Especialistas en autoedición	74%
◆ Terapeutas físicos	71%
◆ Asistentes y auxiliares de reeducación terapéutica	69%
◆ Personas relacionadas con el conocimiento jurídico	68%
◆ Profesores; educación especial	66%
◆ Trabajadores de recursos humanos	59%
◆ Reparadores de equipo de procesamiento de datos	55%
◆ Técnicos en historiales médicos	52%
◆ Logopedas y especialistas en audiometría	51%
◆ Especialistas en higiene dental	51%
◆ Acomodadores recreativos	48%
◆ Ayudantes de física	48%
◆ Terapeutas especializados en el sistema respiratorio	47%
◆ Administrativo de seguros	46%
◆ Directivos en los sectores de ingeniería, ciencia y sistemas informáticos	45%
◆ Técnicos médicos de urgencias	45%
◆ Manicuristas	42%
◆ Contables de cobros y cuentas	41%
◆ Asesores jurídicos inmobiliarios	
◆ Entrenadores de deportes y formación física	41%
◆ Auxiliares dentales	38%
◆ Vendedores de seguros y scrvicios financieros	38%

Se encuentran ofertas de puestos de trabajo en los anuncios clasificados (en los periódicos y revistas, en Internet e incluso hay algunos colgados en la tienda de ultramarinos que tiene en la esquina). Otro tipo de trabajos se pueden inferir si sabe deducirlos: incluso las notificaciones de recorte de plantilla pueden significar una puerta abierta para usted, puesto que se habrán deshecho de personal a jornada completa, pero quizás necesiten trabajadores a jornada parcial o temporal y puede que tengan que volver a contratar trabajadores en el futuro.

"Establecimiento anuncia planes de ampliación"
"New Technology estimula el crecimiento en el sector"
"CEO prevé retirarse en 2 años"
"El lanzamiento del nuevo producto ha sido aplazado"

El truco para descubrir los trabajos que pueden estar relacionados con una noticia es leer. Lea los periódicos, las revistas, los boletines de comercio y de industria, así como la información disponible en Internet. Esté al tanto de todo cuanto ocurre en su círculo inmediato de influencias. Mantenga bien abiertos las orejas y los ojos, siempre al acecho de cualquier oportunidad.

Cuando lea, hágalo más allá de las palabras para poder saber si hay algún problema que puede resolver. Tenga en cuenta que este método no implica esperar a que salga un anuncio de su puesto de trabajo ideal. Usted puede situarse por delante de todos esos buscadores de empleo que no supieron aprovechar la oportunidad.

Ahora que ya conoce cuanto debe tener en cuenta, si tiene alguna preferencia geográfica, éste es el momento de considerarla. Usted debe saber dónde quiere buscar empleo, además del tipo de empleo y de empresa a los que desea dedicar parte de su carrera profesional.

✓ Realice una lista de metas

Antes de nada, ¿está al tanto de alguna oferta de trabajo? ¿Conoce la información referente a la empresa, dirección, o cualquier otro detalle sobre el puesto? ¿Tiene algún contacto directo o indirecto con la organización con el fin de que le recomienden?

En segundo lugar, a partir de su propio criterio de tipos de compañías para las que le gustaría trabajar, mencione al menos 10 empresas que tenga como meta y empiece la tarea investigadora inmediatamente, incluyendo las que cree que tienen ofertas de trabajo apropiadas. Anótelas en la Muestra 11.

Muestra 11

EMPRESAS QUE TIENE COMO META

Empresa. Dirección	Persona de contacto. Posición	Empleo-meta	Contactos/ Recomendaciones	¿Por qué es una meta?	Fecha

A medida que vaya progresando en la búsqueda de empleo, vaya rellenando las casillas que queden vacías de forma que siempre tenga 10 empresas como meta. Diez es un número manejable: tiene que investigar, obtener información y ponerse en contacto con cada empresa por separado. Tener 50 o 60 "empresas-meta" no es una apuesta realista, a menos que las separe por orden de prioridad y vaya trabajando en grupos de 10 en 10. Cuando elimine una empresa-meta, añada otra a la lista. Investigue, recopile información y póngase en contacto.

Plan de marketing

En términos simples, su plan de búsqueda de empleo (plan de marketing) consiste en poner el producto (usted) en las manos del comprador (la empresa). Al igual que Procter&Gamble prevén deliberadamente lanzar su nuevo jabón facial, usted debe planear el momento óptimo para el lanzamiento de su producto. El objetivo de su plan de marketing es igual de sencillo, sólo tiene que obtener un resultado satisfactorio en las entrevistas de ofertas de trabajo aceptables. La palabra clave es *aceptable*. Está claro que usted podría conseguir muchos puestos de trabajo, pero ¿cuáles son los que realmente desea? Por esta razón la planificación es crucial, ya que hará que se centre en sus objetivos.

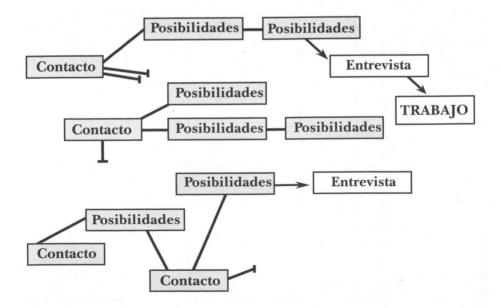

Los puntos básicos del plan de marketing de empleo son:

- Hacer que los contactos se conviertan en posibilidades.
- Hacer que las posibilidades se conviertan en entrevistas.
- Hacer que las entrevistas se conviertan en ofertas de trabajo.
- Hacer que las ofertas de trabajo se conviertan en su nuevo puesto.

Mediante las entrevistas se consiguen trabajos

Los contactos, las cartas de presentación y los currículums no consiguen puestos de trabajo. Sólo mediante una conversación con el (los) individuo(s) que tienen el poder de ofrecerle un trabajo logrará usted ser contratado.

¿Qué es una entrevista? Una entrevista es sencillamente una conversación con un propósito. Sin embargo, existe una información que le puede sorprender: puede que se tope con algunos entrevistadores que son unos perfectos ineptos debido a su falta de formación, atención o información.

Piénselo con detenimiento. El entrevistador debe comprobar su integridad, nivel de habilidades, personalidad y potencial basándose en su currículum (que puede que ni si quiera lo haya podido leer con antelación) y en ciertas notas sobre el puesto de trabajo que debe ir descifrando. Se trata de una tarea desalentadora en la que acostumbra a haber sólo un período de 30 minutos, limitación que sólo consigue empeorar la situación. Lo ideal sería que los entrevistadores estuviesen tan ilusionados como usted en la entrevista y en sus posibilidades para obtener el puesto debido a su responsabilidad en el proceso, pero la realidad dista de este ideal. Lo que hacen es intentar dar la impresión de que las preguntas (y las respuestas) son innovadoras, y el mayor reto se produce cuando deben pensar en algo que decir mientras usted está ahí sentado con las manos en su regazo, esperando impacientemente.

¿Qué es lo que tiene que hacer para salir victorioso en una entrevista? Antes de nada, tiene que acordarse de ser egoísta. Todo este proceso se centra en usted y, por lo tanto, debe ser un experto en sí mismo. Saber lo que le gusta hacer, lo que se le da bien y lo que ha hecho en el pasado. También es necesario que sea consciente de a dónde quiere llegar, cuáles son sus aptitudes y qué nuevas habilidades necesita, así como cuándo y dónde las adquirirá. Asimismo, debe saber lo que la empresa quiere o necesita (a menudo se trata de dos elementos diferenciados) y, lo más importante, debe *solicitar* una entrevista, incluso cuando tenga la suerte de que alguien interceda por usted en el proceso.

Segundo: para conseguir entrevistas tiene que investigar.

- Buscar información sobre distintas empresas.
- Averiguar quién tiene el poder para contratar.
- Descubrir quién conoce en qué consisten los trabajos.
- Aprender a conocer a gente que sabe dónde hay puestos de trabajo vacantes.
- Mantenerse al día en su sector, profesión y sobre noticias recientes de empresas en las que le gustaría trabajar.
- Determine lo que la empresa anda buscando, cuáles son las habilidades necesarias y la experiencia que concuerdan con el criterio de contratación.
- Cuando ya le hayan fijado una entrevista, siga investigando para prepararla.

Tercero: desarrolle un plan de marketing y ventas.

Usted es incapaz de *controlar* la percepción que la gente tiene de su candidatura, habilidades o potencial, pero puede *dirigir* su percepción y la apreciación que tienen sobre usted. Los publicitarios lo hacen a diario al bombardearnos con mensajes que intentan influirnos y dirigir nuestras percepciones hacia sus productos. Un elemento clave de su plan es el tiempo. Por eso necesita un calendario en el que planeará lo que realizará cada día: a quién llamará, qué investigará y lo que hará al día siguiente.

Por último: reúna todas sus herramientas de búsqueda de empleo.

Su "caja de herramientas"

El componente esencial de su caja de herramientas personal es su Carpeta de Habilidades, Muestra 3. El siguiente elemento importante es el conocimiento (del puesto de trabajo que tiene como meta, de la empresa y del mercado laboral). El resto no es más que envoltorio y presentación. Sin los complementos necesarios de habilidades y conocimiento requeridos, el envoltorio no es más que apariencia, es decir, un producto sin sustancia. Por ejemplo, si posee habilidades técnicas pero carece de experiencia comunicativa, tendrá un serio obstáculo en su búsqueda de empleo.

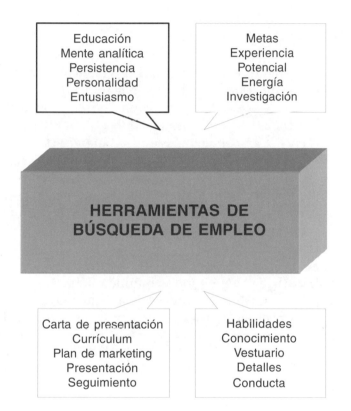

Si a todos estos componentes añadimos el compromiso y el entusiasmo, usted contará con una formidable caja de herramientas. Ahora no tiene más que envolver todas estas herramientas y presentarlas en forma de:

- Cartas de marketing y de presentación
- Currículums
- Entrevistas
- Cartas de seguimiento

El embellecimiento final de su presentación será su vestuario, su conducta, su personalidad y la seguridad en sí mismo. Si junta todos estos elementos y los centra en el puesto y la empresa que ha tomado como meta, tendrá su plan de marketing en sus manos.

✓ Contactos de búsqueda

¿Qué son exactamente los contactos? Los contactos incluyen a cualquier persona o cosa que pueda sugerirle un camino, que le dirija a puestos de trabajo o que le presente a otra gente que le pueda llevar a un puesto de trabajo. Todas las personas que conoce y todas las personas que le conocen pueden ser un contacto. Además, también está el mundo de los desconocidos, es decir, aquellos que usted no conoce y que no le han conocido todavía. Estos contactos apuntan hacia posibilidades y éstas consiguen puestos de trabajo. Nunca puede saber cuál será el contacto o la posibilidad que le indicarán el camino adecuado hacia la entrevista que le conduzca a su próximo puesto de trabajo.

La película _Six Degrees of Separation_ (Seis grados de separación) estaba basada en una historia en la que todo el mundo estaba conectado a través de seis personas. De hecho, también se ha realizado una versión en videojuego alrededor de la figura del actor Kevin Bacon, en la que los jugadores tienen que intentar conectar prácticamente a todo el mundo con Kevin Bacon lo antes posible. Usted debe completar una versión de estos seis grados con su entrevistador.

Sospechosos de ser posibilidades o contactos

Con el fin de descubrir los puestos de trabajo, necesita encontrar a la gente que sabe dónde están esos puestos y debe hacer que estas personas con influencias tenga una buena opinión de usted.

Imagine que usted es una señal de radio. ¿A cuántos oídos llega su señal? Los oídos más cercanos a su persona, aquellos que conoce, son los más fáciles de alcanzar y también los más receptivos, pero ¿son los que pueden ayudarle más?

Básicamente hay tres grupos de gente:

1. Aquellos a quien conoce.

2. Aquellos que le conocen.

3. El resto de la gente.

El truco está en utilizar el primer grupo para llegar al segundo y para hacer que miembros del tercero pasen al segundo. Según sea su personalidad y su educación, puede que ésta sea la parte más difícil de su búsqueda, pero a menudo también es la más efectiva y la clave para su éxito.

Primero, saque todas esas tarjetas de negocio que ha ido recogiendo, sus agendas (tanto de negocios como personales), el Rolodex, agendas de contactos de antiguas empresas para las que trabajó, las listas de clubs o asociaciones de las que era miembro, etc. No olvide las iglesias o sinagogas, las asociaciones de padres, las tarjetas navideñas, los contactos por Internet, ni cualquier lista de nombres con los que no tenga la intención de contactar.

Realice una lista de gente con la que desea contactar, además de las que ya había listado en las empresas-meta, en la Muestra 11. Divida los nombres en tres grupos:

1. Los que parecen ser ya buenos contactos por sí solos

2. Los que seguramente tienen contactos

3. Los que podrían tener contactos

Envoltorio de marketing

Para que sus esfuerzos de exploración de empleo sean óptimos, tiene que tener un doble ángulo de visión: micro y macro. Debe ser capaz de percibir el dibujo globalmente al mismo tiempo que sabe prestar atención a los detalles. No hay ningún sustituto a los puntos centrales en su exploración de empleo.

- La inteligente carta de presentación no le conseguirá el puesto.
- El correcto currículum no le conseguirá el puesto.

- La elección de papel color beige en vez de blanco no le conseguirá el puesto.
- La creativa tarjeta de negocios no le conseguirá el puesto.

Usted puede enviar un currículum perfecto redactado sobre un papel de gran calidad y acompañado de una buena carta de presentación, incluyendo incluso una tarjeta de negocios, y, aún así, lo máximo que puede conseguir es un encuentro, pero recuerde que lo único que puede guiarle hacia un puesto de trabajo es una entrevista. Puede que el puesto de trabajo no lo ocupe el *mejor candidato*, sino el que ha realizado *mejor la entrevista*.

Hay muchos tipos de entrevistas, incluyendo las telefónicas, con las que se encontrará mientras realice el proceso de búsqueda y las subsecuentes llamadas de seguimiento. Un aspecto clave en las entrevistas es que la práctica mejorará su técnica. Usted buscará e intercambiará el mismo tipo de información en la mayoría de las entrevistas y es importante que mantenga la apariencia de frescura y espontaneidad en cada una de ellas.

Cary Grant supo expresar mucho mejor esta idea: "La primera impresión consiste en 500 detalles".

En consonancia con la microvisión, cada detalle de su acercamiento al mundo laboral (ya sea en persona, por teléfono, a través de fax, de E-mail o de cartas tradicionales) debe presentar siempre lo mejor de usted. Hay cientos de oportunidades para hacer las cosas bien o mal.

Todos los pasos preliminares mencionados son requisitos imprescindibles para conducirle a *la* entrevista que le aportará la oferta de empleo que desea aceptar. Imagínese un circuito para canicas en el que éstas se lanzan desde arriba y van deslizándose por los tubos, cambiando de niveles, haciendo que giren ruedas y cayendo por diferentes agujeros hasta que llegan al final del recorrido. Ahora usted es la canica y todo cuanto hace provoca en los demás diversas acciones y reacciones.

Literalmente todo gira en torno suyo. Empieza y termina en usted y usted no se enfrenta a este proceso sin preparación, puesto que tiene diversas herramientas al alcance de la mano. A medida que vaya subiendo los escalones necesarios que le conduzcan a su nuevo trabajo, empleará viejas y conocidas herramientas al mismo tiempo que aprenderá a desarrollar o adquirir nuevas.

Aspectos prácticos

Antes de ponerse manos a la obra en la preparación de currículums, cartas de presentación y entrevistas, tiene que instalar su "oficina de marketing". Tanto si utiliza la mesa de la cocina, una oficina o una esquina de su salón, debe contar con una zona que sea apropiada y de la que pueda disponer en las horas que ha previsto dedicar a esta tarea.

Espacio: Si no puede disponer de una mesa o un escritorio exclusivamente para su búsqueda de empleo, utilice cajas o archivadores para tener organizados sus datos. Usted tiene que poder ir a su zona y ponerse a trabajar sin demora.

Recursos: En su zona de trabajo debe disponer de lo siguiente:

- Teléfono
- Contestador automático, con un mensaje profesional grabado (o contar con una persona de confianza para que tome los mensajes)

Muestra 12

LISTA DE MATERIAL

❑ Papel: 8,5 x 11 (color marfil, crema, beige u otra tonalidad similar)
   para los currículums

❑ Sobres comerciales que hagan juego con el papel

❑ 9 x 12 sobres (en blanco o en el color que haga juego con el papel
   del currículum)

❑ Sellos de acuerdo con la tarifa actual y otros adecuados a las cartas
   con peso superior

❑ Tarjetas de negocios

❑ Material para realizar la carta de presentación y escribir notas a mano

❑ Calendario o agenda

❑ Material general de oficina: tijeras, cinta adhesiva, grapadora, tinta
   para la impresora, discos para ordenador, bloc de notas para el
   teléfono, reloj, lápices y bolígrafos

❑ Archivadores con los siguientes títulos:

   Investigación: sector, empresa;

   Gastos/financiación; currículums; correspondencia;

   Contactos/posibilidades; empresas-meta; anotaciones

❑ Periódicos, boletines, revistas comerciales

❑ Guía de teléfonos y agendas (locales, personales, empresas)

❑ Tarjetas de índice

❑ Pizarra

❑ Caja o cajón para almacenar

También necesitará acceder a:

- Un ordenador
- Un módem
- Un fax

- Una impresora láser
- Un servidor de Internet

Estos artículos son sumamente útiles y casi indispensables en su plan de marketing. Si en estos momentos no puede permitirse su adquisición, puede intentar utilizarlos en bibliotecas, grupos comunitarios o establecimientos comerciales como las copisterías.

Otros materiales adicionales que puede encontrar en la mayoría de papelerías, están listados en la Muestra 12.

Una vez haya organizado su área de trabajo, estará a punto para preparar su envoltorio de marketing: su currículum y su carta de presentación. Estos dos documentos constituyen su tarjeta de reclamo y son literalmente **usted** cuando no está presente ante un individuo al comienzo del proceso de búsqueda de empleo.

Lo que los currículums y las cartas de presentación deberían hacer por usted

Su currículum y carta de presentación deben seguir ciertas normas. Una carta de presentación siempre debería acompañar a cualquier currículum, ya se envíe por correo, por fax o por E-mail.

**Currículums
Cartas de presentación**

- Herramientas de venta y marketing
- Oportunidades de autoevaluación
- Abren puertas
- Invitan al lector a pasar a la acción

- ■ Deben ser **herramientas de venta y marketing** refinadas y adecuadas a las metas y mercados concretos.

- ■ Deben ser **vehículos para la autoevaluación,** haciendo que tanto usted como el lector se centre en sus objetivos inmediatos.

- ■ Deben **abrirle puertas,** captando el interés del lector.

■ Deben **incitar al lector a pasar a la acción,** específicamente a buscar un hueco para realizarle una entrevista.

Los currículums deberían entregarse personalmente en una entrevista. Sin embargo, la mayoría de entrevistas se realizan sólo cuando la persona indicada recibe y analiza los currículums. Cuanto más tarde le pida la persona que puede contratarle el currículum, más posibilidades hay de que pueda obtener el puesto (hay algunos entrevistadores que *no* piden el currículum al entrevistado para demostrar que no tienen ningún interés en contratarle. Esto se considera poco cortés).

Presentación del producto

Imagine que va a un nuevo establecimiento, muy iluminado y con las estanterías llenas de productos de una amplia gama de colores. Cada uno de los productos posee un envoltorio diseñado para atraer al comprador con etiquetas que dicen *cómprame, soy fantástico, puedo cambiar tu vida, nuevo y mejorado* y *mejor que los demás.* Usted se siente intrigado y decide tomar uno de los productos de la estantería para averiguar más sobre él. Ahora ya sabe dónde se ha empaquetado, dónde se ha fabricado, el nombre del productor y otro tipo de información interesante, pero ¿en qué le puede beneficiar ese producto? ¿Puede comerlo? ¿Suaviza su cuerpo? ¿Puede utilizarlo para hacer la colada? ¿Para bañarse?

Esta analogía puede aplicarse a su currículum y carta de presentación (también llamada carta de marketing). Ambos documentos deben ser claros y específicos, puesto que no deben dejar lugar a la imaginación o al juicio del lector. Su resumen y carta de presentación deben atraer al comprador: la persona con el poder de decir *¡está contratado!*

Algunos currículums o cartas de presentación están escritos cual adivinanza: *he hecho esto y lo otro. Soy genial. Adivine qué puedo hacer para usted (sea cual sea la empresa).*

Hay otras, incluso peores, que dicen: *Necesito un puesto de trabajo. Encuéntrenme uno, de lo que sea.* Lo último que podría inspirar a cualquier empresa es un producto que suplica: *Encuéntreme un trabajo creativo y con retos. Necesito crecer. Necesito nuevos horizontes. Necesito... quiero...*

Seguramente el lector no hará el esfuerzo de averiguar cómo puede ayudarle. Usted debe ofrecer las soluciones, en vez de plantear problemas. Si le dice al lector que averigüe cómo puede utilizar sus talentos, no le está ofreciendo ninguna solución. Desgraciadamente, los currículums que no están bien preparados se han convertido en el nuevo correo basura del milenio.

Cuando a esta ecuación se añade Internet, los currículums van circulando a gran velocidad.

Si usted ha estado evitando redactar su currículum o revisar el que ha utilizado hasta ahora, cambie su forma de pensar. Redactar su currículum es una oportunidad para:

■ Revisar y conservar los hechos clave en su profesión.
■ Centrarse tanto en logros pasados como en objetivos presentes.
■ Prepararse para el proceso de entrevista.

No piense en su currículum como un mal necesario. El currículum es una oportunidad que usted tiene para venderse a sí mismo a una empresa. En pocas circunstancias (tan pocas que sólo a los que les ha ocurrido podrían negarlas: la hija del jefe, el hijo del cliente más importante de la empresa o la nueva hijastra del propietario, por poner algunos ejemplos) se ha obtenido una entrevista sin un currículum. A pesar de los múltiples avances en tecnología y de los cambios sociales que se han experimentado, casi todas las empresas solicitan un currículum porque es la forma más rápida para reconocer el perfil profesional de un candidato. El formato es fácil de leer y, además, constituye una herramienta visual en la entrevista. De ahí que la mayoría de las empresas, a la hora de seleccionar personal, lo soliciten.

Un currículum bien redactado y con unos objetivos bien definidos es un resumen profesional de lo que ha hecho hasta la fecha, y debería presentar posibilidades viables para el lector en forma de soluciones que el candidato podría aportar a la organización. Debería leerse como si estuviese escrito pensando en ese lector en particular, es decir, debería estar orientado hacia el cliente. Su resumen y carta de presentación están escritas desde el punto de vista del "cliente" que, en este caso, es la persona que le puede contratar en su búsqueda de empleo.

Un currículum también puede descalificarle sino encaja en el patrón que se espera. Usted necesita hacer un mínimo de investigación para determinar los deseos del cliente y, por consiguiente, para poder intentar complacer sus necesidades. Un currículum genérico que sirva para todo es un obstáculo seguro a los logros. Sea cual sea la calidad del papel, la de la impresión y la elocuencia de las palabras, si su currículum no vende lo que la empresa quiere comprar, estará desperdiciando sus esfuerzos, ya que sólo le habrán servido como un ejercicio de aprendizaje.

✓ Formato borrador de currículum

Un currículum debería empezar siempre conteniendo todos los datos.

Recolectar toda la información y los detalles es una preparación tanto para el currículum como para las entrevistas y, por ello, debe estar preparado para dedicar tiempo en este ejercicio. No toda la información puede ni debe ser incluida en su currículum, pero todo su pasado profesional debería estar contenido al rellenar formularios y realizar entrevistas. Recopilar toda la información en un formato detallado le ayudará a realizar su autoevaluación y la preparación de su entrevista. Quién sabe, puede que incluso descubra cosas sobre sí mismo.

Considere su currículum como una oportunidad para comunicarle al lector lo que quiere de la forma que quiere. Usted decide. Los formularios de empleo le obligan a explicarle a la empresa lo que quiere saber, y en la forma y el espacio que le ofrecen. En este caso, ellos tienen la elección.

INGREDIENTES DEL CURRÍCULUM

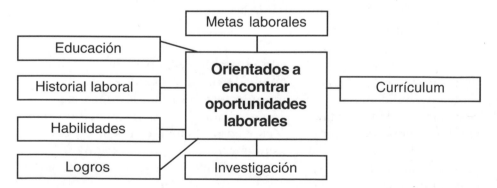

Preparación para redactar un currículum

¿Qué se debe incluir y qué se debe omitir en un currículum? Es sencillo: lo que debe incluirse son los datos que "demuestran" que es un buen candidato, y lo que debe eliminar son todos los artículos que son superfluos. Esto no significa que tenga que omitir los años que se pasó trabajando en el sector de la hostelería cuando le despidieron de su trabajo ni que evite aportar información del puesto del que le despidieron, ya que su currículum debe ser honesto y debe ser un resumen justo de toda su vida laboral. Aún así, puede decidir lo que quiere subrayar y lo que quiere que pase por alto. Asimismo, puede ser dinámico y creativo en la presentación de la información. Usted es el responsable y, si hay elementos de su vida laboral que no respaldan los objetivos laborales que posee en la actualidad, no tiene por qué añadirlos en su currículum (ni situarlos en una parte destacada). Amplíe las áreas que aportan evidencias de las habilidades y experiencia que se requieren para conseguir el puesto de trabajo que tiene en mente, pero debe recordar que toda la información puede discutirse en una entrevista o en un formulario de empleo.

Lo más relevante es que su currículum esté orientado hacia un trabajo específico. Si piensa en la empresa en la que quiere formar parte, su currículum resultará más orientado hacia el cliente.

AÑADA EN SU CURRÍCULUM...

✓ Su nombre (omita los tratamientos de Sr./Sra./Srta., pero si cree que es conveniente añada sus títulos profesionales como Dr., D.).

✓ Cómo puede ser contactado: por correo, fax, teléfono, E-mail.

✓ Resumen del puesto de trabajo que desea u objetivos.

✓ Nombres completos y correctos de empresas para las que ha trabajado anteriormente, organizaciones de las que es miembro, colegios...

✓ Mencione su diplomatura o licenciatura si está relacionada con el trabajo que quiere conseguir.

✓ Afiliaciones a organizaciones profesionales actualmente o en los últimos tres años.

✓ Habilidades e intereses particulares que refuercen sus objetivos laborales.

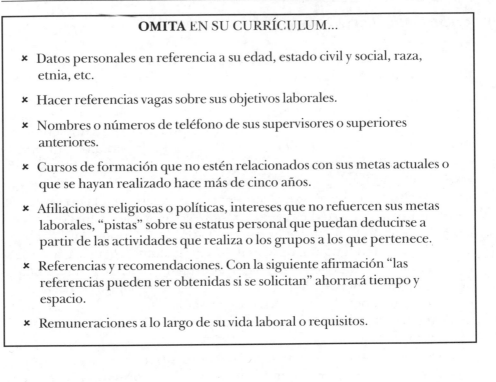

OMITA EN SU CURRÍCULUM...

× Datos personales en referencia a su edad, estado civil y social, raza, etnia, etc.

× Hacer referencias vagas sobre sus objetivos laborales.

× Nombres o números de teléfono de sus supervisores o superiores anteriores.

× Cursos de formación que no estén relacionados con sus metas actuales o que se hayan realizado hace más de cinco años.

× Afiliaciones religiosas o políticas, intereses que no refuercen sus metas laborales, "pistas" sobre su estatus personal que puedan deducirse a partir de las actividades que realiza o los grupos a los que pertenece.

× Referencias y recomendaciones. Con la siguiente afirmación "las referencias pueden ser obtenidas si se solicitan" ahorrará tiempo y espacio.

× Remuneraciones a lo largo de su vida laboral o requisitos.

Enfocar sus habilidades

Con sus objetivos y metas laborales en mente, repase la Carpeta de Habilidades (Muestra 3) y considere qué habilidades se requieren para ocupar el puesto de trabajo. Complete Centrarse en un Trabajo, Muestra 13. Determine sus objetivos laborales, las habilidades que se requieren, las evidencias de que posee dichas habilidades o experiencia, aportando detalles que refuercen sus afirmaciones. Si necesita un recordatorio para ayudarle a centrarse en sus objetivos o para asegurarle que posee los requisitos para presentar su candidatura a determinados trabajos, tome Centrarse en un Trabajo y péguelo en un sitio destacado de su zona de trabajo; así podrá ser su "confirmación diaria". Si usted posee múltiples objetivos laborales, complete Centrarse en un Trabajo para cada objetivo.

Muestra 13

CENTRARSE EN UN TRABAJO

1. Escriba su objetivo laboral

2. Escriba las habilidades que requiere el trabajo y las pruebas de que usted posee dichas habilidades, citando detalles (empresa, circunstancias, etc).

Su objetivo laboral: _____

_____

Habilidades requeridas:	Evidencia:

Ejemplo:

Objetivo laboral: recepcionista

Habilidades necesarias:	**Evidencia:**
Teléfono	Trabajó en atención telefónica para una oficina de 10 personas durante tres años.

Clientes	Trabajó con clientes cuatro años en ventas.
"Gente"	Recibió halagos por su forma de saber tratar las quejas.
Informática	Windows, Word, Access y Outlook.

Formatos tradicionales para currículums

Aunque cualquier currículum que presente debería estar orientado hacia un determinado puesto de trabajo, puede que usted presente su candidatura para diversos puestos similares y, por lo tanto, entregará básicamente el mismo resumen a diferentes (pero compatibles) empresas que tiene como meta.

Supongamos que usted es administrador de restaurantes. Si ha presentado su candidatura a un restaurante muy lujoso y sus experiencias previas han sido de cafeterías familiares, puede que sea mejor resaltar en su currículum las habilidades transferibles de su experiencia que puedan utilizarse en todo tipo de restaurantes. Sin embargo, si usted entrega su currículum en un tipo de restaurante parecido a los que ya ha trabajado, debería acentuar su experiencia en otros lugares "casi idénticos" al que pretende ocupar, ya que sería una sabía decisión de marketing.

FORMA DEL CURRÍCULUM VERSUS CONTENIDO

Contenido = lo que dice en su currículum.

- Resumen u objetivo que quiere conseguir obteniendo el puesto que tiene como meta.
- Su experiencia, habilidades, educación y vida laboral.

Forma =   **cómo dice las cosas en su currículum.**

- Formato
- Papel
- Fuente
- Estilo
- Gramática
- Lenguaje
- Gráficos
- Documentos adjuntos

El contenido de un currículum debe incluirse en apartados separados. Estos apartados pueden presentarse con varios órdenes, pero la mejor forma es aquélla en la que la información más ventajosa se sitúa al principio. Sitúe aquellos puntos fuertes y elementos estrechamente relacionados con los requisitos del puesto de trabajo al principio de su currículum.

La muestra 14 indica las diferentes partes de un currículum.

Muestra 14

PARTES DE UN CURRÍCULUM	
Encabezamiento:	Su nombre Su dirección Su teléfono, fax, E-mail Sitio web
Objetivos laborales o resumen:	
Objetivo:	Cuando sabe a qué puesto de trabajo está presentando su candidatura.
Resumen:	Puntos más destacados de su experiencia y habilidades.
Experiencia laboral:	Nombres de las empresas, fechas (años), área (ciudad), puesto de trabajo, habilidades, responsabilidades, detalles que puedan reforzar el resumen u objetivos. • Resaltar los puntos más importantes con viñetas.
Historial académico:	Nombre del centro educativo, área (ciudad), título obtenido. Los recién diplomados o licenciados (en los últimos 5 años) o estudiantes pueden incluir los cursos que consideren más relevantes para respaldar sus objetivos laborales.
Miembro de asociaciones profesionales:	En la actualidad o en los últimos 5 años.
Honores/Títulos:	Si están relacionados con el puesto de trabajo y se han concedido en los últimos 5 años.
Habilidades particulares:	Resalte otras habilidades para fomentar su candidatura. Haga referencia a publicaciones, artículos, sitios web o muestras de trabajos disponibles.

Encabezamiento: haga que resalte su nombre y acompáñelo de su dirección y su número de teléfono en un tamaño de letra más pequeño.

Objetivo laboral: ¿sabe exactamente a qué puesto de trabajo está presentando su candidatura? De ser así, dígalo.

Objetivo laboral: Diseñador de sitios y páginas web para una empresa con sede en Nueva York, para lo cual cuento con seis años de experiencia en Adobe PhotoShop, Microsoft FrontPage, Java/Java Script/JavaBeans y Corel Draw.

Resumen laboral: Si usted no está seguro de qué puestos de trabajo pueden estar disponibles y sus objetivos son más flexibles, debería incluir una lista resaltando sus puntos más fuertes de venta.

Resumen: diseñador de páginas y sitios web con seis años de experiencia comercial.

- *Sólidos conocimientos de diseño.*
- *Experiencia en Adobe PhotoShop, Microsoft FrontPage, Java/Java Script/JavaBeans y Corel Draw.*
- *Experiencia laboral en un ambiente de grupo dinámico.*
- *Habilidad probada para cumplir con las fechas límite de entrega.*

Vida laboral/Experiencia de trabajo/Experiencia profesional: Aporte detalles sobre dónde ha trabajado y las tareas que ha realizado. Si ha trabajado para "las grandes" de su sector o ámbito, éste es el momento de destacarlo. Si las tareas que realizó son más impresionantes que dónde las hizo, entonces destaque este aspecto.

Experiencia profesional:

Noticias ABC   Nueva York   1995 hasta la actualidad

Redactor de noticias, así como de reportajes y sucesos locales.

- ¿Investigación de historias de corrupción en un colegio local, "Skell School?", enero 1998.
- Dirección de un equipo de reporteros que cubrían las elecciones a la alcaldía, 1996.

Experiencia profesional:

Noticias WKBH   *Hoboken, NJ*   *1995 hasta la actualidad*

Redactor de noticias, así como de reportajes y sucesos locales.

- ¿Investigación de historias de corrupción en un colegio local, "Skell School"?, enero 1998.

- Dirección de un equipo de reporteros que cubrían las elecciones a la alcaldía, 1996.

Historial académico: Al igual que ocurre con la experiencia laboral, si hay una de las "grandes" instituciones en su pasado académico, destáquelo. Si usted se acaba de diplomar o licenciar, amplíe esta sección y sitúela hacia el principio de la página. Subraye cualquier curso o experiencia académica relacionada con el puesto de trabajo que pueda reforzar sus objetivos laborales.

Educación: *Licenciatura en ciencias, 1997*   *Universidad de Boston*

Biología con asignaturas de ciencias informáticas.

Miembro de Asociaciones profesionales, títulos, honores: Si son recientes (en los últimos cinco años) y están relacionados con el trabajo, inclúyalos, a menos que le "etiqueten" de alguna forma: racialmente, políticamente o de cualquier otra manera que no fomente su candidatura. Por ejemplo: *Presidente, Club de Jóvenes republicanos* puede ayudarle o perjudicarle. ¿Quiere arriesgarse a saber las inclinaciones políticas del lector?

Habilidades específicas: Esta sección es muy importante. Si las habilidades son relevantes para abrirle puertas laborales, inclúyalas y sitúelas al principio. Si usted posee otras habilidades que podrían ser útiles o que demuestran que tiene talentos que podrían serle útiles a la empresa en un futuro, añádalas en esta sección.

Habilidades específicas: fluidez en japonés, ruso y gaélico.

Formatos tradicionales para currículums

Hay tres formatos básicos para currículums: el cronológico, el funcional y el combinado.

Cronológico: Lista la vida laboral en orden cronológico inverso. Para las empresas más convencionales, éste es el currículum preferido, ya que es tradicional y sencillo de leer. No obstante, puede exponer saltos en el empleo, al explicar a la empresa todo lo que ha realizado para los demás, sin centrarse en lo que puede hacer si obtuviese este puesto (ver Muestra 15).

Funcional: Se centra en las habilidades actuales, dirigiendo toda su experiencia laboral hacia la nueva empresa meta. Este currículum también es muy aceptado, puesto que relaciona lo que usted puede realizar en la futura empresa y destaca las habilidades y la experiencia pertinente al puesto requerido. Sin embargo, las empresas a las que les gusta buscar saltos en su vida laboral pueden sentirse frustradas y pueden creer que intenta ocultar algo (ver Muestra 16).

Combinado: Puede subrayar habilidades que no resultan aparentes si se observa la vida laboral, y es una oportunidad excelente para las personas que han trabajado para diferentes empresas en el mismo sector, permitiéndoles mostrar una experiencia continua y una progresión a lo largo de diversos trabajos (ver Muestra 17).

Muestra 15

FORMATO CRONOLÓGICO

Nombre
Dirección
Ciudad, Código postal
Teléfono, Fax, E-mail
Sitio Web

Objetivo: Referencia a un puesto de trabajo o posición específica.

Resumen: Calificaciones, habilidades, experiencia relacionada
con el puesto de trabajo específico.

Experiencia profesional:

19xx-Actualidad   **Empresa XYZ**   Ciudad
Título/Posición
Descripción de las responsabilidades claves, resaltar las
que están relacionadas con sus objetivos laborales.
- 2 ó 3 grandes logros

19xx-19xx   **Empresa XYZ**   Ciudad
Título/Posición
Descripción de las responsabilidades claves, resaltar las
que están relacionadas con sus objetivos laborales.
- 2 ó 3 grandes logros

19xx-19xx   **Empresa XYZ**   Ciudad
Título/Posición
Descripción de las responsabilidades claves, resaltar las
que están relacionadas con sus objetivos laborales.
- 2 ó 3 grandes logros

Educación y formación
profesional: **Universidad**   Ciudad
Título universitario
- Seminarios y cursos

Miembro de Asociaciones Profesionales, afiliaciones y
títulos: Miembro de asociaciones, títulos y premios recibidos,
certificados, títulos, actividades.

Habilidades específicas:

Muestra 1

FORMATO FUNCIONAL

Nombre
Dirección
Ciudad, código postal
Teléfono, fax, E-mail
Sitio Web

Objetivo:	Referencias a un puesto de trabajo específico.
	• Calificaciones que refuercen su candidatura/logros
	• Resaltar la experiencia/habilidades

Competencia: Describa las habilidades transferibles obtenidas a raíz de su experiencia.

(habilidad nº 1)   • Logros (cuantificados a ser posible).

Competencia:

(habilidad nº 2)   • Logros (cuantificados a ser posible).

Competencia: Describa las habilidades transferibles obtenidas a raíz de su experiencia.

(habilidad nº 3)   • Logros (cuantificados a ser posible).

Habilidades específicas: Relacionadas con el puesto de trabajo a conseguir.

Vida laboral:

19xx-Actualidad	**Empresa XYZ**	Puesto	Ciudad
19xx-Actualidad	**Empresa XYZ**	Puesto	Ciudad
19xx-Actualidad	**Empresa XYZ**	Puesto	Ciudad
19xx-Actualidad	**Empresa XYZ**	Puesto	Ciudad

Educación y formación profesional: **Universidad**   Ciudad

Título universitario

• Seminarios, cursillos

Miembro de Asociaciones Profesionales, afiliaciones, títulos: Miembro de asociaciones, títulos y premios recibidos, certificados, títulos, actividades.

Habilidades específicas:

Muestra 17

FORMATO COMBINADO

Nombre
Dirección
Ciudad, código postal
Teléfono, fax, E-mail
Sitio Web

Objetivo: Referencias al puesto de trabajo.

Resumen: Calificaciones, habilidades, experiencia relacionada
con el puesto de trabajo específico.

Competencia: Título profesional   19xx-19xx
Empresa XYZ   Ciudad
Describa las habilidades transferibles relacionadas con el
puesto de trabajo que desea conseguir.
• Logros clave (cuantificados a ser posible).

Competencia: Título profesional   19xx-19xx
Empresa XYZ   Ciudad
Describa las habilidades transferibles relacionadas con el
puesto de trabajo que desea conseguir.
• Logros clave (cuantificados a ser posible).

Competencia: Título profesional   19xx-19xx
Empresa XYZ   Ciudad
Describa las habilidades transferibles relacionadas con el
puesto de trabajo que desea conseguir.
• Logros clave (cuantificados a ser posible).

Competencia: Título profesional   19xx-19xx
Empresa XYZ   Ciudad
Describa las habilidades transferibles relacionadas con el
puesto de trabajo que desea conseguir.
• Logros clave (cuantificados a ser posible).

Educación y formación
profesional: **Universidad**   Ciudad
Título universitario recibido
• Seminarios y cursillos

Miembro de Asociaciones Profesionales, afiliaciones,
títulos: Miembro de asociaciones, títulos y premios recibidos,
certificados, títulos, actividades.
Habilidades específicas:

Como se percibe en la Muestra 18, cada formato tiene sus ventajas y desventajas. Seguramente, lo mejor sea contar con varios currículums en su arsenal particular para decidir el formato que conviene a una empresa en particular o a un puesto de trabajo. Una vez más, el elemento clave es que el currículum esté orientado hacia el cliente, coordinando sus habilidades con las necesidades de la empresa.

Muestra 18

TIPO DE FORMATO PARA CURRÍCULUMS

Ventajas del currículum cronológico	Ventajas del currículum funcional	Ventajas del currículum combinado	Ventajas del currículum alternativo
• Subraya los puntos fuertes de su experiencia laboral.	• Se centra en las habilidades actuales; es beneficioso para quienes cambian de trabajo.	• Subraya las habilidades que no son aparentes en la experiencia laboral.	• Una forma innovadora es un buen ejemplo de creatividad.
• Es el más solicitado por las empresas tradicionales.	• Orientado hacia el cliente.	• Destaca las habilidades laborales que se requieren para el puesto de trabajo concreto.	• La norma es incluir fotos, gráficos, etc.
• Suele conducir al solicitante al próximo escalón de su búsqueda.	• Elimina los trabajos que no refuerzan sus objetivos laborales actuales.	• Presentación positiva de una experiencia laboral salteada.	• Oportunidad para llamar la atención de una empresa con amplias miras.
Posibles aspectos negativos:	**Posibles aspectos negativos:**	**Posibles aspectos negativos:**	**Posibles aspectos negativos:**
• Puede mostrar saltos en su experiencia laboral. • Puede revelar la edad. • El lector tiene que buscar las habilidades que resultan relevantes.	• El candidato debe identificar sabiamente las habilidades requeridas. • Oscurece la progresión profesional.	• Podría disimular la experiencia laboral. • Las habilidades pueden no concordar con los trabajos. • Puede ser una perspectiva demasiado limitada.	• Podría parecer un amateur. • Podría parecer un truco de promoción, lo que pudiera suponer un obstáculo para las empresas conservadoras.

Formato electrónico: los currículums entregados por fax, enviados a empresas que los escanearán e introducirán en una base de datos, o que los grabarán directamente de Internet deberán presentarse de forma diferente debido al medio de transmisión empleado. La información y el formato (cronológico, funcional o combinado) pueden ser básicamente los mismos, pero hay que considerar ciertos elementos como el tipo de letra, el papel, el método de entrega..., y hay que tener en cuenta que la información adicional puede ser crucial. Los currículums entregados electrónicamente se tratarán en Segundo Día. En ese capítulo también se examinan las oportunidades que ofrece Internet y le ayudará a determinar qué recursos pueden ser más efectivos para su búsqueda de empleo.

Alternativas creativas: Si usted es un profesional de un ámbito creativo como el teatro, las artes gráficas o la publicidad puede que tenga mayor libertad para preparar su currículum. De hecho, puede que algunas empresas incluso esperen cierto nivel de creatividad y originalidad en los currículums que reciben. Nuestro libro *WOW Resumes for Creative Careers* (McGraw-Hill, 1997) ofrece detalles así como múltiples ejemplos de currículums creativos que podrían considerarse en muchas profesiones. En este libro, en Tercera Semana, ofrecemos unas pautas de presentaciones alternativas para aquellos que creen que ésta podría ser una opción viable para presentarse ante determinadas empresas.

¡Sólo le queda redactarlo!

Cuando haya recopilado todo el material (Muestras 3, 4, 5, 6,11 y 13), deberá subrayar la información (contenido) que desea incluir en su currículum. Tanto si prefiere hacer un borrador con lápiz o crearlo directamente en el ordenador, defina a grandes rasgos qué formato desea utilizar (Muestras 15, 16 o 17) e incluya la información en apartados.

Sea correcto. Los nombres, las fechas y los títulos deben ser precisos. No debe inventarse datos, a pesar de ser usted quien disponga la información de su currículum. En algún momento, ya sea en una entrevista o en un encuentro, puede que le pidan que complete un formulario de empleo para su posible incorporación e incluso puede que le soliciten que amplíe la información de su currículum en una entrevista. Por lo tanto, no haga que su currículum quede destinado a un rincón debido a sus datos insustanciales. Aun así, en el currículum, usted puede destacar lo más positivo de sí mismo y envolver sus habilidades y experiencia para cumplir con los requisitos del puesto. Si busca un puesto de trabajo en una revista cuyos lectores son principalmente familias, subraye cualquier experiencia relacionada. Si se trata de una publicación local, cite las habilidades y experiencia que serían especialmente valiosas para el funcionamiento de una revista de pequeña envergadura. Para más información, vea las Muestras 19 y 20: dos currículums de un mismo candidato para dos trabajos diferentes. En ambos se destacan distintos aspectos de la experiencia del candidato con el fin de realzar el objetivo de cada currículum.

¿YA TIENE UN CURRÍCULUM?
Usted necesita elaborarlo de nuevo si...

✓ No se menciona nada desde hace tres años.

✓ No refleja su posición actual.

✓ No refleja las nuevas habilidades adquiridas.

✓ No subraya sus experiencias y logros más recientes.

✓ Contiene errores tipográficos.

✓ No emplea palabras de acción.

✓ Contiene demasiados tipos de letra diferentes, gráficos, o la información está presentada de forma desordenada.

✓ Contiene frases con "yo".

✓ Ocupa más de dos páginas (a menos que usted sea un directivo con amplia experiencia e, incluso en ese caso, reconsidere las páginas).

✓ Menciona puestos que ocupó hace más de 10 años.

✓ Detalla puestos que no refuerzan sus objetivos actuales.

✓ Identifica actividades escolares, pero usted obtuvo su título académico hace más de cinco años.

✓ No está orientado hacia sus objetivos laborales actuales.

✓ Desea probar otro formato o medio de entrega electrónico.

✓ No le está dando buenos resultados.

Muestra 19

MUESTRA DE CURRÍCULUM Nº 1

B.J. Evans
3995886 Lake Shore Road
Eastlake, Ohio 44060
216-456-7890
Bjevans@lake.com

Objetivo:
Formador de supervisores en una importante institución financiera.

- Cinco años de experiencia dirigiendo programas de formación para un importante banco.
- Dirección de programas de formación para combatir el acoso sexual, ventas y programas de orientación para empleados.
- Propulsor del programa de servicio al cliente "El cliente y usted" que mejoró la satisfacción de la clientela en un 12% en tan sólo seis meses.

Experiencia profesional:
1991-actualidad   **Banco World Bank International**   Nueva York
Vicepresidente, Departamento metropolitano de formación.

- Directivo de una plantilla de 23 personas, manejando un presupuesto de tres millones de dólares.
- Desarrollo de manuales de formación y de centros de formación a distancia.
- Beneficios del tiempo de formación en un 15% sin costes adicionales.

Especialista en Formación, Departamento de solicitudes de crédito.

Educación:
New York University, Stern Business School   MBA
Villanova University   Licenciatura en ciencias

Afiliaciones:
Asociación de alumnos Stern, Vicepresidente.
American Training Association (Asociación nortemericana de formadores).

Habilidades específicas:
Fluidez en japonés, tanto hablado como escrito.

Muestra 20

MUESTRA DE CURRÍCULUM Nº 2

B.J. Evans
3995886 Lake Shore Road
Eastlake, Ohio 44060
216-456-7890
Bjevans@lake.com

Objetivo:
Encargado de operaciones de crédito para un departamento de operaciones crediticias.

- Diez años de experiencia en operaciones crediticias y en formación crediticia.

Experiencia laboral:
1991-actualidad **Banco World Bank International** Nueva York
Vicepresidente, Departamento de formación

- Desarrollo del programa "Case Study" para la formación comercial y crediticia.
- Dirección de seminarios sobre garantías en operaciones crediticias.

Especialista en formación, Departamento de solicitudes de formación crediticia.
Analista crediticio, Departamento de producción y financiación.
1988-1991 **International Trade Corp.** Hoboken, N.J.
Especialista en formación, Departamento de solicitudes de crédito.
Analista crediticio, Financiación comercial.

Educación:
1997-actualidad
New School for Social Research (Institución de Investigación social).
Cursos en ley mercantil, código normalizado de prácticas comerciales.
New York University, Stern Busineess School MBA
Villanova University Licenciatura en ciencias

Afiliaciones:
Asociación de Alumnos de Stern, Vicepresidente.
Miembro del consejo (revisor).

Habilidades específicas:
Fluidez en japonés, oral y escrita.
Quickbooks, Quicken

Corrección ortográfica al 100%. La gramática debe ser correcta. No puede haber ningún margen de error. Un currículum con un formato adecuado, correcto gramaticalmente y orientado hacia un objetivo destacará los aspectos más positivos, pero hay que prestar atención a los detalles. En todos los casos, excepto los currículums entregados electrónicamente (por Internet y escaneados), un elemento clave es la utilización de los verbos. En concreto, deben utilizarse los verbos de acción.

Cada palabra debe tener importancia en su currículum. Cuando los currículums se entregan manualmente (tal y como lo hacíamos hace algunos años, antes de la aparición del fax y el E-mail), el lector debería sentirse atraído para *leer su currículum al completo* y, a continuación, debería sentir el impulso de pasar a la acción: llamarle para concertar una entrevista. No desperdicie espacio, puesto que *éste equivale a tiempo*. Normalmente, se le puede echar un vistazo visual a un currículum en seis segundos. La primera impresión es la que cuenta y, por lo tanto, debería utilizar sus mejores armas al principio. Cite la información y las referencias más impresionantes en el inicio.

Emplee palabras de acción para reforzar sus pretensiones. Sea creativo y evite ser repetitivo. Use diccionarios de sinónimos que se incluyen en su programa informático de procesador de textos o los que existen en formato papel. Haga que su currículum resulte interesante de leer, pero evite emplear palabras que no utiliza normalmente. Escriba su currículum "a su manera". Por ejemplo, no utilice la palabra "incrementado" donde normalmente diría "subido".

Añada detalles cuando sea posible. Los números y las cantidades monetarias pueden respaldar sus logros.

Aumento *de la cuota de mercado en un 8%* en un *período de* nueve meses.

Desarrollo de *un programa de ventas que atrajo 15 nuevos clientes y significó dos millones de dólares en el volumen de ventas en los últimos dos años.*

Contratación y formación *de plantilla técnica de 16 personas responsables de poner en marcha el programa MIS (Sistema de información gerencial).*

Diseño de *presentaciones para la administración superior y para clientes de empresas de grandes dimensiones.*

Deje que el lector sepa las tareas que realizó, cómo afectaron a los negocios en los que participó (ingresos, crecimiento, etc.) y con quién trabajó. Realice un dibujo con palabras que permita que la persona para quien puede trabajar en el futuro le "vea" trabajando en su empresa.

Nota: Para aquellos lectores que tengan un problema o se encuentren en una situación particular en la búsqueda de trabajo, como la gente que cambia de profesión, los recién licenciados, los que cuentan con saltos en su vida laboral, los que vuelven al mundo laboral tras una larga ausencia o los que cuentan con diferentes objetivos laborales, aportamos sugerencias adicionales en Tercera Semana.

Sin parecer que hace trampas o que se está inventando cosas, usted puede añadir ciertos elementos a su currículum para facilitar su lectura y subrayar determinados aspectos. Estos elementos están disponibles sólo si sus currículums están redactados de forma manual y, hasta cierto punto, si se han realizado con escáner.

Sea consciente del estilo. Todos los currículums, sea cual sea su forma de entrega, pueden beneficiarse al dejar espacios en blanco en ciertas áreas. Si su texto se ha realizado a espacio sencillo de interlineado, utilizando espacio doble entre los apartados hará que sea más atractivo a la vista y también más fácil de leer. Piense en la disposición del texto como si se tratase de un dibujo, con zonas oscuras y claras, en el que debe escoger a qué zonas añadir el texto. Si tiene intención de sangrar títulos, asegúrese de que los sangra todos. Si elige redactar el texto utilizando un interlineado sencillo, sea consistente con el conjunto del documento.

Sólo hay dos reglas que se deben seguir a la hora de añadir cualquier estímulo visual:

1. **La forma no reemplaza el contenido:** los estímulos visuales que contenga su currículum no conseguirán que el lector pase por alto su déficit de habilidades, su escaso léxico o la falta de detalles.

2. **Lo poco hace mucho:** no añada más de dos (o como mucho tres) elementos estilísticos a su currículum o carta de presentación. Además, intente que los elementos coordinen. Sean cuales sean las normas de estilo que haya establecido en su currículum (por ejemplo, tipo de letra, cursiva y viñetas) manténgalos en la carta de presenta-

ción de forma que ambos documentos se parezcan y formen parte de una misma presentación.

Hay otro tipo de elecciones estéticas que pueden reforzar o debilitar la presentación de su currículum. A pesar de que no existe un tipo de papel, membrete, color o tipo de letra que le asegure inmediatamente un puesto de trabajo, todos estos factores deben considerarse a la hora de redactar un currículum (los currículums electrónicos, los enviados por fax, escaneados o transmitidos por Internet permiten menor flexibilidad en la elección).

¿QUÉ BUSCA EL PERSONAL DE SELECCIÓN EN UN CURRÍCULUM?

✓ Pulcritud y claridad

✓ Un objetivo laboral bien definido

✓ Experiencia relacionada con el puesto de trabajo que se ofrece

✓ Diversidad de intereses: específicos/habilidades específicas

✓ Título universitario, cursos

✓ Logros, ascensos

✓ *Plantilla borrador para cartas de presentación*

Al igual que llevó a cabo investigación relacionada con las empresas y los puestos de trabajo a los que quería presentar su candidatura, también debe investigar sobre quién debería recibir su currículum. Lo ideal es que el currículum sea entregado en persona, pero en el mercado laboral actual es difícil, y algunos dicen que incluso imposible, obtener una entrevista sin haber entregado anteriormente un currículum.

Los currículums no van solos, sino que deben ir acompañados de una carta de presentación dirigida y orientada hacia el cliente. La carta de presentación le sitúa como candidato al puesto al orientar su currículum hacia la persona correcta, permitiéndole ser más específico en cuanto a las soluciones que puede ofrecer a la empresa e iniciando la acción por su parte.

Muestra 21

CARTA DE PRESENTACIÓN (RECOMENDACIÓN)
(Encabezamiento)

Ms. Evelyn Martínez, Vicepresidente
Management Markets Inc.
456 Main Street
Cleveland, Ohio 44123

Estimada Sra. Martinez:

Como Director del Departamento de Recursos Humanos en Right Corportation, he tenido la oportunidad de trabajar con Ed Harris, Vicepresidente de Formación en Ohio Chapter de SHRM (Sociedad para la Administración de Recursos Humanos). En nuestro último encuentro, el Sr. Harris mencionó que Josephine Janos, su actual directivo de Recursos Humanos, tiene previsto jubilarse de aquí a unos meses y consideró que podría ser una persona excelente para sustituir su puesto.

En los siete años que llevo trabajando para Right Corporation he conseguido:

★ Reducción del movimiento de plantilla en un 22%.
★ Inicio de una contribución definida en un plan de participación en los beneficios empresariales.
★ Dirección de un equipo de 12 personas con un presupuesto anual de tres millones de dólares.
★ Desarrollo de la dirección de la empresa y de programas de formación de ventas.

A pesar de que he disfrutado mucho con las responsabilidades adquiridas en Right Corporation, desearía explorar nuevas posibilidades de trabajar en una empresa internacional dinámica como Management Markets. Debido a mi posición, he realizado numerosos viajes de negocios, sobre todo en Canadá, donde me ha sido muy útil mi fluidez en francés. A partir de recientes artículos publicados en la prensa, soy consciente de que desean ampliar su empresa en esa zona.

El miércoles, día dos de diciembre, le telefonearé para concertar una oportunidad para conocernos y discutir la posibilidad de trabajar juntos.

Atentamente,

Firma

El primer paso para escribir una carta de presentación efectiva es dirigirla a la persona indicada. Hay dos tipos diferentes de carta de presentación:

1. **Utilizando una recomendación:** usted menciona el nombre de una persona como una forma de presentación al destinatario con la esperanza de que le abra alguna puerta (ver Muestra 21).

2. Una llamada de atención: usted no ha podido encontrar a nadie que conoce que, a su vez, conoce a alguien en la empresa y, por lo tanto, escribe una carta con el propósito de atraer el interés de alguien hacia su candidatura (ver Muestra 22).

Muestra 22

CARTA DE PRESENTACIÓN (LLAMADA DE ATENCIÓN)
(Encabezamiento)

Ms. Evelyn Martínez, Vicepresidente
Management Markets Inc.
456 Main Street
Cleveland, Ohio 44123

Estimada Sra. Martinez,

Como directivo de Recursos Humanos en Right Corporation, me he interesado por Managements Markests tras el anuncio de planes de expansión en Louisiana. He tenido la suerte de viajar numerosas veces por esos territorios, tanto por negocios como por placer, lugar donde me ha sido muy útil mi fluidez en francés. Debido a mi experiencia y habilidades, combinadas con mi fascinación por Louisiana, considero que quizás sería la persona adecuada que necesitan para dirigir su nueva oficina en Nueva Orleans.

Durante los siete años que he estado trabajando para Right Corporation, cabe destacar los siguientes logros:

★ Reducción del movimiento de plantilla en un 22%.
★ Inicio de una contribución definida en un plan de participación en los beneficios empresariales.
★ Dirección de un equipo de 12 personas con un presupuesto anual de tres millones de dólares.
★ Desarrollo de la dirección de la empresa y de programas de formación de ventas.

Asimismo, he participado en la Ohio Chapter of SHRM (Sociedad para la Administración de Recursos Humanos). Esta aportación me ha permitido ampliar mi conocimiento y establecer importantes contactos profesionales que me han sido de gran utilidad.

Adjunto a este documento mi currículum, que muestra que poseo la habilidad y la experiencia adecuada para incorporarme a Management Markets. Me pondré en contacto con usted telefónicamente el miércoles dos de diciembre para concertar una cita donde podamos discutir nuestros intereses mutuos.

Atentamente,

Firma

Una carta de presentación tiene que tener cierto "atractivo" y, por ello, deben tenerse en cuenta las mismas consideraciones estilísticas que en la redacción del currículum. Observe ambas muestras de cartas de presentación (Muestra 21 y 22) y fíjese en la disposición. Como puede ver hay un principio (una introducción en la que se explica por qué está escribiendo al destinatario), un punto álgido (donde usted explica que es el mejor, el más rápido y el más económico haciendo lo que hace) y un cierre (que promete una acción futura). En la Muestra 23 se ofrece el perfil de una buena carta de presentación.

Muestra 23

CARTA DE PRESENTACIÓN
Perfil

Fecha:	
Encabezamiento:	Nombre Dirección Teléfono, fax, E-mail Sitio Web
Destinatario:	Nombre, título Empresa Dirección
Saludos:	Estimado Sr./Sra., Sres.
Frase de apertura:	**Llamada de atención** Deje que el lector sepa por qué le escribe.
Cuerpo de la carta:	**Valoración** Por qué puede ser beneficioso para solucionar los problemas de la empresa. Cite brevemente sus calificaciones para reforzar su candidatura y oriéntelas en función de las necesidades de la empresa y de los requisitos del puesto.
Remate:	**El próximo paso** Sea persistente.
Cierre:	Atentamente, cordialmente, esperando recibir noticias suyas.
Firma:	(Siempre escrita a mano).

¿Quién debería leer su carta y revisar su currículum? Lo ideal es que sea la(s) persona(s) que puede(n) ofrecerle trabajos. Si usted ha seleccionado la empresa XYZ y quiere trabajar en el departamento de financiación y auditoria, un paso lógico sería averiguar quién es la persona encargada del departamento, obtener el nombre de esta persona, su título, su número de teléfono y extensión, y su localización. ¿Cómo? Ahora le exponemos distintas opciones:

- Intente conocer a alguien que trabaje en la empresa y que, si bien no puede presentarle en persona (su mejor apuesta), al menos pueda ojear el listín telefónico (lo mínimo).

- Lo más sencillo es llamar por teléfono al número de atención y preguntarle al operador. Puede decir que tiene un paquete para enviarle a la persona encargada del departamento de financiación y auditoria, y que quiere asegurarse de que posee la dirección correcta.

- Los sitios web pueden contener nombres de directivos de los departamentos. Si no es así, puede enviar un E-mail a la empresa solicitando la información.

- Puede que listines telefónicos o recursos en Internet contengan la información que busca. Asegúrese de que utiliza la edición más reciente y, a continuación, lo más apropiado es que confirme telefónicamente que dicho individuo sigue en ese puesto.

- Busque nuevas historias y artículos sobre la empresa, ya sea en Internet o en la zona de investigación de su biblioteca más cercana, e investigue los nombres claves de las personas con las que desea trabajar.

- Escriba "hacia arriba". Diríjase a personal por encima de su nivel: supervisores, directivos, jefes de departamento, administradores o incluso al presidente de la empresa.

- No se olvide del departamento de Recursos Humanos. Envíe una carta directamente al departamento en que le gustaría trabajar, pero no olvide enviar otra al director del departamento de Recursos Humanos, dirigiéndola a su nombre y título.

- Si puede llamar al departamento de Recursos Humanos, no olvide preguntarles si escanean los currículums y los añaden a una base de datos o sistema ATS (Sistema de búsqueda de candidatos). (Para más información sobre entrega de currículums electrónicos ver Segundo Día).

Si usted no se siente animado a realizar la preparación necesaria para enviar su currículum, ¿cómo puede convencer a la persona que le puede contratar en una entrevista de que cuenta con todo el entusiasmo y determinación para solucionar problemas? Y eso asumiendo que consiga una entrevista. ¡Es un concurso! Y usted tiene que solucionar los problemas, ser emprendedor, atacar la cuestión de raíz y trabajar enérgicamente (todos esos clichés que se leen en innumerables currículums y cartas de presentación) para poder preparar su campaña de marketing.

Nota: Nosotros hemos recibido cartas de presentación fotocopiadas con firma también fotocopiada y lo peor era el saludo "Estimado_____" con un hueco en blanco y "Sr. o Sra." estaba añadido a mano. ¿Cuánta investigación, ingenio y esfuerzo cree que el destinatario creerá que ha dedicado a la confección de la carta?

¿Por qué le escribe al lector? ¿Por qué están su carta y currículum en las manos de esa persona? ¿Saben los destinatarios por qué son ellos los elegidos? ¿Ofrece su carta algún indicio de que usted sabe quién es esa persona y a qué se dedica la empresa?

Su carta de presentación debe estar orientada. Utilice la regla de la WWF, si usted puede sustituir "World Wresting Federation" (Federación de Lucha Mundial) por el nombre de la organización a la que se dirige, entonces ha escrito una carta genérica no orientada hacia el destinatario (es sorprendente el número de cartas y currículums dirigidas a la reconocida WWF que muestran no tener ningún conocimiento sobre el negocio ni el producto). Su frase de apertura debería captar la atención del lector y aportarle una idea clara de que su carta no se trata de otro papel de correo basura para tirar. Demuéstrele que ha considerado detenidamente ese puesto de trabajo y que ha obtenido información sobre la empresa para estar por delante del resto de los candidatos.

En un reciente artículo en Modern Grocer, observé que la empresa JP´s Markets prevé ampliar su mercado a Nueva Inglaterra. En los seis años que llevo trabajando para Dyson Advertising he logrado ampliar la gama de productos y, el año pasado, orquesté la triunfante y vasta campaña de marketing para Billings Bakeries. Puesto que en el momento actual buscan un vicepresidente de marketing, considero que mis años de experiencia y mi conocimiento sobre el mercado de ese sector y territorio serían extremadamente valiosos en una empresa como JP´s Markets.

Rachel Weaver, miembro de su departamento de ventas, me recomendó que me pusiese en contacto con usted en relación con un puesto vacante en su departamento de transacciones. Rachel y yo trabajamos juntos en Kleine Cosmetics durante tres años antes de que ella se incorporase en su empresa, y ella considera que mis dotes directivas y habilidades para coordinar el trabajo en equipo son los que Time Sales Inc. necesita durante este período de ampliación.

¿Qué puede hacer por el lector? ¿Qué soluciones puede ofrecer a la empresa? A continuación de la introducción, aporte datos específicos sobre su candidatura. Cite sus logros y habilidades que están particularmente relacionados con la situación.

Como vicepresidente de New England Marketers Association, tengo contacto constante con el mercado. En esta posición he logrado los siguientes objetivos:

- *He aumentado la cuota de mercado en un 12% mientras que he mantenido el nivel de costes.*

- *He introducido sitios web de ventas y marketing en Internet.*

- *He dirigido un equipo directivo que desarrolló una campaña de ventas en México.*

- *He contratado una nueva agencia de publicidad. Su anuncio actual de campaña ganó un Cleo en 1998.*

Habiendo conseguido mis objetivos a plazo intermedio, me gustaría formar parte de una empresa que está experimentando un gran crecimiento y que cuenta con un equipo directivo ampliamente reconocido por formar equipos de trabajo de calidad. Esta empresa en Montpelier, según muchos expertos en mercado, es XYZ Corp.

¿Cuál es el siguiente paso en relación con su interés de trabajar para dicha empresa? No deje que la pelota pase completamente al campo de la persona que puede contratarle.

El miércoles estaré en Boston en una feria de muestras. Le telefonearé para concertar una cita. Si tiene previsto asistir a la feria de muestras "Mercados del Milenio", póngase en contacto conmigo y quizás podríamos hablar mientras tomamos un café.

Cartas de presentación: forma y contenido

La mayoría de las reglas que establecimos para la redacción del currículum se pueden aplicar a la carta de presentación. Todo el paquete (carta, sobre y currículum) debería estar en consonancia. Utilice el mismo tipo de papel y tipo de letra. El tono de escritura también debería ser el mismo. Para ello, evite utilizar lenguaje especializado o palabras grandilocuentes. Debe parecer que usted conoce el negocio y el mercado, pero tampoco debe hacerlo con palabras demasiado básicas.

La corrección ortográfica y gramatical son dos imperativos. Es increíble cuántos currículums se revisan y revisan hasta que no contienen el más mínimo error y después se acompañan de cartas de presentación que presentan el nombre del destinatario de forma incorrecta, contienen errores ortográficos como, por ejemplo, "ha" por "a" o incluyen párrafos que empiezan con "yo".

Si no tiene ni idea de cómo hacer una carta de presentación, no se desespere. La mayoría de los procesadores de textos contienen plantillas de cartas comerciales y también le hemos ofrecido dos ejemplos en este capítulo (Muestras 21 y 22). De igual manera que el formato y la apariencia de la carta (forma) son esenciales, el contendido es incluso más vital. Para obtener ideas sobre cómo redactar una carta de presentación, lea la Muestra 24 (imprescindible en las cartas de presentación).

¿Por qué deberían contratarle? Después de tener en cuenta lo que usted desea, dónde, las habilidades y experiencia que puede ofrecer, su presentación y su investigación sobre la empresa, debería llegar a su punto álgido. Si venden un jabón para que su colada esté "más limpia, blanca, suave y que se impregne de un aroma a lluvia de primavera", ¿qué es lo que *usted* vende? ¿Cuál es su publicidad? ¿Qué es lo que le hace tan especial para que cualquier empresa deba contratarle?

Muestra 24

IMPRESCINDIBLE EN LAS CARTAS DE PRESENTACIÓN

1. Dirija la carta siempre a una **persona concreta**, en vez de "a quien corresponda" o "estimado Sr. o Sra.". Investigue sobre el nombre y la posición de la persona que está encargada de hacer la selección de nuevo personal (Recursos Humanos, Selección de personal) o la persona bajo cuyas órdenes vaya a estar el empleado recién contratado.

2. **Sea correcto al 100%** en ortografía, gramática y datos.

3. **Investigue sobre la empresa que ha tomado como meta** e incluya la información o los datos relacionados con el que puede ser su puesto de trabajo o sector. Demuestre que tiene el interés suficiente como para buscar e investigar.

4. Haga que su carta de presentación sea **atractiva a la vista** y que se corresponda con el estilo de su currículum.

5. **No exagere** los elementos estilísticos. No hay nada malo en utilizar sólo un tipo de letra.

6. **Sea breve** en sus frases. No se trata del lugar adecuado para escribir una autobiografía o para añadir todos los comentarios que desea sobre su currículum.

7. **Busque los "yo" de su carta.** ¿Es así como empieza la mayoría de sus párrafos?

8. **Sangre todos** los párrafos o no los sangre, pero, en este último caso, deje doble espacio entre párrafos.

9. Busque las **palabras de acción**. Utilícelas aquí también.

10. **Haga divisiones.** Utilice espacios en blanco para diferenciar los apartados.

11. **No repita** las palabras y frases de su currículum.

12. Usted no sabe si el lector leerá primero el currículum o la carta y, por esta razón, cada uno de los documentos debería **reforzar y subrayar** el otro.

13. Muestre **entusiasmo** en su carta.

14. Lea la carta en voz alta. **¿Es ese su "tono"?**

15. **Pídale a alguien que lea la carta** y le ofrezca su punto de vista.

Cinco razones para empezar y después añada las suyas:

1. **Usted es el que "abre la puerta".** Usted tiene las respuestas y las soluciones a sus problemas. Usted les ofrece unos servicios mejores, más rápidos y más creativos. A nadie le importa que usted necesite un puesto de trabajo. Ese es su problema, la prioridad de la empresa es resolver sus propios problemas y por eso realizan entrevistas. ¿Cómo puede ayudarles (y al mismo tiempo ayudarse a sí mismo)?

2. **Usted es el único "usted".** Usted es único y puede demostrar que es indispensable para su negocio. 15. Conoce la profesión y el sector, y, además, se ha formado una idea de la empresa (gracias a la investigación que ha realizado).

3. **Perderán si le dejan escapar.** ¡Está claro que no quieren que la competencia se quede con usted! Usted está tan interesado en trabajar para ellos y tiene tantos intereses en mente que sería una lástima dejarle escapar.

4. **Cuando busquen la palabra *dedicación* en el diccionario, le verán a usted.** Usted no sólo busca un puesto de trabajo, sino que está invirtiendo en la empresa y en su profesión. Dependiendo de cual sea su vida laboral (pocos cambios demuestran lealtad en el pasado o muchos trabajos podrían indicar que está buscando un puesto para establecerse) quizás tenga que adornarla para que parezca positiva y atractiva.

5. **Su entusiasmo y nivel de energía son incomparables.** Está impaciente por poder poner sus habilidades en práctica. Sin embargo, no basta con decir que usted tiene "mucha energía", también tiene que demostrarlo:

   ■ Mediante su perspectiva ("Hay posibilidades muy interesantes para los dos").

   ■ Mediante su conducta organizada ("Controlo el proceso hasta el final") y

   ■ Mediante su amplia investigación ("Sé tanto sobre la empresa como si trabajase en ella").

6. (Añada su propia razón) _____

7. (Añada su propia razón) _____

8. (Añada su propia razón) _____

9. (Añada su propia razón) _____

10. (Añada su propia razón) _____

Un poco de trabajo de oficina

Antes de lanzar su plan de marketing en Primer Día, tiene que hacer un poco de trabajo de oficina. Usted ha recopilado un gran volumen de papeles, ha realizado listas y posee numerosos borradores de currículums y cartas de presentación preparadas. Ahora tiene que dedicar unos minutos a ordenar su oficina y a archivar todos estos documentos para poder localizarlos rápidamente durante las próximas cuatro semanas. En la Muestra 25 le exponemos un sistema para archivar que le recomendamos y, si no, puede escoger el que usted prefiera. Lo importante es que tenga todo ordenado y controlado. Si recibe una llamada de teléfono, usted debe poder localizar rápidamente el currículum que les envió. Necesita un sistema que le permita realizar un seguimiento y mantener al día sus contactos y posibilidades, su investigación y las llamadas de teléfono que ha realizado y recibido. Si se prepara su propio sistema, funcionará y así podrá concentrar sus esfuerzos en la investigación. Además de la sugerencia de archivar los documentos, le presentamos diversas plantillas en las Muestras 26, 27 y 28 para que tenga a mano sus contactos, currículums y entrevistas respectivamente. Si usted prefiere hacerlo por ordenador, muchos de estos archivos pueden organizarse en carpetas para recuperar fácilmente la información. No olvide realizar una copia de seguridad.

Muestra 25

SISTEMA PARA ARCHIVAR LO RELACIONADO CON LA BÚSQUEDA DE EMPLEO

Carpeta de investigación

❏ Información recogida sobre el sector, empresas, asociaciones, grupos profesionales, mercados, etc.

Carpeta de currículums

❏ Diferentesobjetivoslaborales/formatos/plantillas

Carpeta de correspondencia

❏ Diferentesobjetivoslaborales/formatos/plantillas

❏ Copias de los currículums y las cartas de presentación enviadas. Respuestas que se esperan y seguimiento. Adjunte los anuncios o la información sobre los puestos de trabajo.

❏ Respuestas recibidas. Notas —verbales u orales— de todas las respuestas. Adjuntar el paquete de marketing que fue enviado en un principio.

Carpeta de anotaciones laborales

❏ Anotaciones sobre la búsqueda de empleo

❏ Anotaciones sobre los currículums

❏ Anotaciones sobre las entrevistas

Calendario/ Plan diario

❏ Detalles sobre quién, qué, cuándo, dónde y por qué

❏ Actividades previstas para el próximo día y para el resto de la semana

❏ Actualización diaria

Gastos relacionados con la búsqueda de empleo

❏ Recibos de todas las compras, transporte, comunicación y alquiler de aparatos relacionados directamente con la búsqueda de empleo

❏ Hojas de cálculo financieras

Muestra 26

CARPETA DE ANOTACIONES LABORALES

Método de contacto y fecha	Con quién me puse en contacto: nombre/empresa	Localización: dirección/n° de teléfono	Recomendado por:	Detalles del puesto de trabajo	Comentario o seguimiento posterior

Muestra 27

ANOTACIONES SOBRE LOS CURRÍCULUMS

Fecha de envío/método	Destinatario: nombre, posición	Localización: dirección/nº de teléfono	Recomendado por:	Detalles del puesto de trabajo:	Seguimiento telefónico	Comentarios adicionales

Muestra 28

ANOTACIONES SOBRE LAS ENTREVISTAS

Fecha de la entrevista	Nombre, posición, empresa	Localización: dirección/nº de teléfono	Detalles del puesto de trabajo	Recomendado por:	Comentarios o seguimiento

Ahora ya cuenta con todo lo necesario para empezar su búsqueda de empleo. Su plan de marketing se lanzará el Primer Día. Usted tiene metas, contactos o posibilidades, una plantilla para elaborar un currículum y otra para la carta de presentación.

Usted tiene un plan:

Investigación: averigüe datos sobre la empresa.

Utilice sus medios: ¿a quién conoce o a quien podría conocer para que le recomendasen en la empresa?

Póngase en contacto: envíe su paquete de marketing.

SABIDURÍA DE LA BÚSQUEDA DE EMPLEO

1. **Prepárese para lo peor:** tenga planes de reserva para cada acontecimiento. Sea consciente de todo cuanto ocurre en su mercado laboral, en su sector y en la profesión que ha escogido. Si hay demasiadas secretarias jurídicas en su zona, ¿qué otras opciones tiene?

2. **Lo que conoce es, al fin y al cabo, más importante que a quién conoce:** puede contactar a todos sus conocidos con el fin de que le aporten contactos laborales y puede difundir a los cuatro vientos que está dispuesto a hacer entrevistas, pero usted es quien tendrá que realizar el trabajo. Si usted pasa sus responsabilidades a los demás, puede que se ate en un futuro y que dependa de sus éxitos o fracasos. Por lo tanto, mantenga sus habilidades al día y los ojos bien abiertos a cualquier oportunidad.

3. **Las oportunidades pueden aparecer cuando uno menos se lo espera:** el camarero de su restaurante favorito puede tener un primo con muchas influencias en su sector. El barbero o el peluquero puede tener la última exclusiva sobre quién va a dejar tal puesto... y puede que ésa sea la oportunidad que andaba buscando.

4. **No sea cerrado de mente:** no se encasille. Vaya a instituciones académicas y recíclese. Incorpore a sus conocimientos nuevas habilidades o nuevas formas de hacer las cosas. Conozca a nueva gente, amplíe sus contactos y sea un aprendiz durante toda su vida.

5. **Sepa dar y recibir:** Déle a los entrevistadores razones para hablar con usted. Ofrezca incentivos por haberle ofrecido contactos, incluso si sólo

se trata de la expresión honesta de su gratitud por haberle dedicado tiempo y haberle proporcionado consejos. Ofrezca ejemplos concretos de cómo podría mejorar la empresa si le contratasen.

6. **Mantenga el sentido del humor:** Aléjese de todos los que le explican lo mal que está la situación, los que desestiman sus esfuerzos o le cuentan una y otra vez sus historias depresivas de guerra. Cuando ha tenido un mal día o una entrevista bastante desalentadora, recuerde todo lo que sabe hacer bien. Mantenga una libreta con sus propias historietas de guerra para los pesados.

Primera semana: primer día

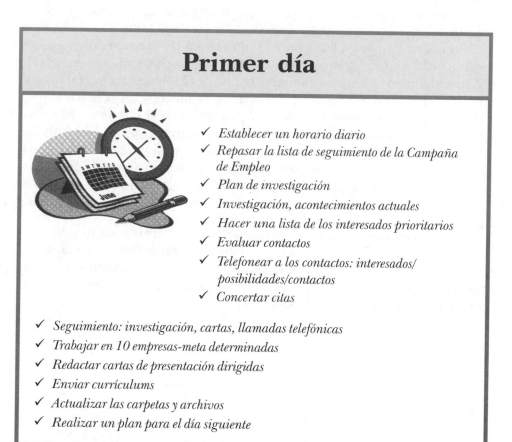

Primer día

- ✓ *Establecer un horario diario*
- ✓ *Repasar la lista de seguimiento de la Campaña de Empleo*
- ✓ *Plan de investigación*
- ✓ *Investigación, acontecimientos actuales*
- ✓ *Hacer una lista de los interesados prioritarios*
- ✓ *Evaluar contactos*
- ✓ *Telefonear a los contactos: interesados/ posibilidades/contactos*
- ✓ *Concertar citas*

- ✓ *Seguimiento: investigación, cartas, llamadas telefónicas*
- ✓ *Trabajar en 10 empresas-meta determinadas*
- ✓ *Redactar cartas de presentación dirigidas*
- ✓ *Enviar currículums*
- ✓ *Actualizar las carpetas y archivos*
- ✓ *Realizar un plan para el día siguiente*

Usted puede buscar empleo mediante los métodos tradicionales que se han probado efectivos, como contestar anuncios o enviar numerosas cartas y currículums, y esperar a que alguien le responda. También puede darle la tabarra a todo el que se encuentre, contándoles que está buscando un trabajo o indagando sobre alguna vacante. La solución más reciente es enviar sus currículums por correo electrónico, lo que sería similar a enviarlo por teléfono. En realidad el método más efectivo es una mezcla de los expuestos anteriormente. Emplee todas las herramientas que tiene a su disposición, ya que debe hacer todo cuanto le sea posible para, mediante los recursos más actuales, lograr un puesto de trabajo actual.

Complementariamente, puede pensarlo desde el otro punto de vista... desde el del empresario. Normalmente, hay una diferencia básica entre la concepción que el empresario tiene del puesto que debe ocuparse y la de los buscadores de trabajo, tal y como se expone en la Muestra 1-1. Es fácil, pero requiere muchos sellos y papel si quiere enviar masivamente su currículum cada semana, tanto respondiendo a anuncios como presentando su candidatura a "Estimado Director de personal". Sin embargo, tal y como muestra el gráfico, el empresario cuenta con muchos otros medios para cubrir un puesto vacante. En primer lugar, el Director del personal intenta cubrir el puesto internamente o mediante recomendaciones, Grupo A. Muchos empresarios ofrecen una bonificación a los trabajadores que recomiendan a candidatos a los que después se contrata. Si no puede ser por esta vía, el Director de personal observa el Grupo B, utilizando un método basado en los costes y en la rapidez con que debe ser cubierto el puesto vacante.

Si usted no concentra todos sus esfuerzos en una sola vía, tendrá muchas más posibilidades de ponerse en contacto con el puesto vacante que desea. No apueste todo a una sola carta. Cuantos más caminos explore, más gente conocerá, más contactos hará y más posibilidades tendrá de encontrar el trampolín que le lance al puesto que quiere.

Muestra 1-1

B	A
• Departamento de selección de personal • Oficina de empleo • Oficina gubernamental de empleo (en España INEM) • Instituciones académicas • Ferias de empresas que ofrecen puestos de trabajo • Ferias de salidas profesionales • Proveedores • Instituciones profesionales • Organismos públicos • Anuncios clasificados	• Puesto cubierto con personal interno • Recolocación de personal • Recomendaciones • Currículums archivados

Los empresarios normalmente empiezan a buscar candidatos por aquí, y si no cubren el puesto recurren a otros recursos

Los buscadores de empleo tradicionalmente empiezan contestando anuncios

Un día normal y corriente

Al igual que si tuviese empleo, usted necesita un horario para planificar el día. Necesita establecer objetivos diarios y llevar un recuento de todo cuanto hace. Es muy fácil perderse en la inmensidad de papeleo y llamadas telefónicas... y también resulta muy fácil alejarse de sus metas. Tanto si busca empleo a jornada completa como si tiene trabajo pero busca algo más para sus horas libres es importante ser organizado. Una de las formas más fáciles para centrarse es determinar un sistema y seguirlo, así hay que "inventar" una cosa menos cada día.

Su calendario o plan diario será su nuevo mejor amigo. Anote cada mañana lo que tiene que hacer durante el día. Al final del día compruebe si ha cumplido sus objetivos y escriba lo que ha dejado pendiente para otro día. A medida que vaya progresando en su plan de marketing, apunte todas las llamadas de teléfono, citas y entrevistas que tiene concertadas. Si ha prometido enviar a alguien un artículo que leyó en el periódico, apúnteselo en su agenda y hágalo. Buena parte de sus logros se fundamentan en su habilidad para realizar un seguimiento y llevarlo a cabo.

En "Ponerse en Marcha" usted midió su compromiso, considerando el tiempo que dedicaría a la búsqueda de empleo. Ahora es el momento para programarlo. Determine qué será un día normal y corriente para usted. Cada día tiene que empezar con la rutina de vestirse para trabajar (vestuario informal es aceptable), en vez de quedarse en pijama o en pantalones de chándal. Estar bien vestido le aportará mayor confianza en sí mismo, incluso cuando hable por teléfono. Estar aseado, vestido y bien peinado hará que le sea más fácil asistir a cualquier cita imprevista que se le presente.

Utilizando un calendario o una agenda, haga una lista de todas las tareas que quiere finalizar hoy, mañana y el resto de la semana. Incluya contactos que debe tener en cuenta, investigación que debe llevar a cabo y cartas que debe redactar. No posponga las tareas que no le gusta realizar hasta el último momento del día. Es preferible que sean las primeras, para quitárselas pronto de encima. ¿No le gusta tener que hacer llamadas de teléfono? Haga algo para arreglarlo. Realice un esquema de cómo se llevará a cabo el proceso telefónico (sin que signifique que lo haya preparado palabra por palabra) para que le sea más sencillo. ¿Aún le da cierta vergüenza hablar por teléfono? Convenza a algunos amigos o familiares a que desempeñen diferentes roles con usted (si realmente cree que no tiene mucha destreza para hablar por teléfono o si las llamadas a las empresas le provocan sudores, le ofrecemos algunas técnicas y sugerencias en el Tercer Día).

Dependiendo del sector, puede que la primera hora de la mañana sea el mejor momento para realizar llamadas. En el caso de los corredores de bolsa, llame antes de que abran los mercados. ¿Cuándo es el mejor momento para llamar a sus empresas-meta? La hora antes de que la oficina esté abierta oficialmente es excelente para recibir y hacer llamadas telefónicas, ya que mucha gente va antes a la oficina para ponerse al día con el trabajo atrasado. Para otros, la hora del almuerzo es muy productiva, sobre todo al principio y al final del tiempo libre para poder coger tanto a los que comen pronto como a los que comen tarde.

Muestra 1-2

RUTINA LABORAL DIARIA

8:00	Internet	Investigación, mandar currículum
8:30	Llamadas telefónicas	Revisar el plan del día/Confirmar las citas del día
9:00	Llamadas telefónicas	
9:30	Investigación	Periódicos diarios
10:00	Llamadas telefónicas	
10:30	Llamadas telefónicas	
11:00	Investigación	Biblioteca
11:30	Investigación	Biblioteca
12:00	Borrador de cartas/currículums	
12:30	Almuerzo	
1:00	Almuerzo	Asociación profesional (los viernes)
1:30	Revisar respuestas/sin respuestas	
2:00	Borrador de cartas/currículums	
2:30	Un paseo, leer revistas	
3:00	Supervisar revistas	
3:30	Buscar artículos/empresas, ejecutivos clave	
4:00	Llamadas telefónicas	
4:30	Llamadas telefónicas	
5:00	Llamadas telefónicas	
5:30	Llamadas telefónicas	
6:00	Reunir para cenar (los lunes)	Asociación profesional
6:30	Revisar el plan de mañana	Completar las entradas en los archivos

Si usted prevé investigar o mandar su resumen por correo electrónico, hágalo en las horas libres, muy pronto por la mañana o por la tarde, antes de que las líneas estén ocupadas. Puede hacer mucho y seguir teniendo prácticamente todo el día para trabajar en otros aspectos como los contactos o las citas. Es crucial que establezca su propia "rutina laboral" para que pueda empezar el día sabiendo qué tiene que hacer (Véase Peligros de la Búsqueda de Empleo en Séptimo Día para acabar con algunos contratiempos que pueden consumir su tiempo y esfuerzos). Si usted está desempleado y le quita el sueño no tener un trabajo regular, establezca una rutina de trabajo inmediatamente, verá como le resulta muy beneficioso. Si sabe que cuando se levante habrá unos quehaceres laborales preparados, se sentirá motivado, organizado y agudo. Las llamadas de teléfono y la investigación son imprescindibles, las citas deben planearse y las cartas deben redactarse. Si no pudo ponerse en contacto con alguien telefónicamente a la primera debería anotar que debe volver a llamar. Lo ideal sería que saliese cada día y que al menos se encontrase con dos contactos. El tener planeadas las citas puede permitirle sacar el máximo rendimiento de su tiempo. Cuando tenga que matar tiempo entre citas, haga una parada en una biblioteca o quiosco para ver qué información puede obtener.

Un plan diario típico para alguien que busca un empleo a jornada completa se expone en la Muestra 1-2. Rellene su propio plan diario que le ofrecemos en la Muestra 1-3. Se trata de un marco que le sugerimos, que se puede adecuar a las necesidades de su búsqueda de empleo. No evite planificar una cita muy pronto por la mañana, por ser la hora en que normalmente se conecta a Internet. Debe ser flexible, aunque le será muy útil aprender que tiene un esquema que seguir cada día, sobre todo cuando se trabaja en casa por primera vez. Es muy fácil "perderse" por la casa, hacer café, leer cartas antiguas, contestar sondeos telefónicos de telemarketing y buscar ese par de zapatos marrones que quiere ponerse. Sin darse cuenta le darán las dos y no habrá hecho nada.

Muestra 1-3

SU RUTINA LABORAL DIARIA

8:00		
8:30		
9:00		
9:30		
10:00		
10:30		

11:00		
11:30		
12:00		
12:30		
1:00		
1:30		
2:00		
2:30		
3:00		
3:30		
4:00		
4:30		
5:00		
5:30		
6:00		
6:30		

Tiempo personal

Durante la búsqueda de empleo, no es el mejor momento para abandonar la vida que llevaba antes completamente. Si tenía la costumbre de ir al gimnasio tres veces a la semana, continúe haciéndolo (a menos que suponga unos gastos que no pueda permitirse). Si usted solía empezar el día corriendo dos millas, siga haciéndolo. Si se reunía con su primo para comer una vez al mes, siga manteniendo esta costumbre. Si lo que le preocupa es la financiación, siempre puede optar por restaurantes más sencillos.

Si usted busca un empleo durante 24 horas al día, siete días a la semana, acabará quemándose y no tendrá ni la energía ni el entusiasmo que debería poder ofrecer a un posible empresario. Se trata de un plan de acción intensivo de 30 días que no debe acabar con su vida. De ser así, usted saldrá perjudicado en este proceso, en vez de realizar con entusiasmo las tareas que conlleva, como explorar nuevos puestos de trabajo y distintas empresas o conocer a gente nueva, que puede ser una experiencia muy positiva. Siempre y cuando sus antiguas actividades no le supongan un gasto desmedido o le absorban demasiado tiempo, debería continuar realizándolas. Los beneficios adicionales, como mantener su buen humor y estado físico, tampoco deben pasarse por alto, ya que, aunque pueden incluso ser una buena forma para proporcionarle contactos, ésta no debe ser nunca la razón principal. ¡Disfrute realizándolas!, e inclúyalas en su horario (Muestra 1-3).

Lanzar su plan de marketing

Hoy será un día orientado a la acción. Usted está preparado para empezar su campaña de empleo. Sabe qué quiere y por qué. Tiene provisiones y recursos apilados y listos para salir (revise la Muestra 1-4, Campaña de Empleo, para asegurarse de que está listo. Si se saltó algún punto en "Ponerse en Marcha", haga el favor de ponerse al día ahora). Puede que el área que requiera una atención adicional sea la investigación.

¿Qué es lo que no sabe?

Puede que usted sea un gran experto en su profesión o sector, pero, a menos que tenga por costumbre leer publicaciones comerciales o periódicos económicos, que haya participado en asociaciones profesionales o comerciales, o que sea muy activo en su mercado laboral, seguramente le será beneficioso realizar investigación adicional. Está claro que si el lugar, el mercado, el sector o la profesión le resultan nuevos, un gran peso recaerá en su conocimiento, que se pondrá a prueba constantemente. Además, necesitará recopilar mucha información para cada una de las empresas que ha seleccionado como meta.

Muestra 1-4

LISTA DE SEGUIMIENTO DE LA CAMPAÑA DE EMPLEO

❏ Prepare su mente: comprometido, apasionado y organizado

❏ Esté listo tanto física como mentalmente

❏ Sea creativo. Esté preparado para realizar procesos de deducción en la investigación

❏ Puestos de trabajo que tiene como meta y sobre los que ha investigado

❏ Empresas que tiene como meta y sobre las que ha investigado

❏ Currículum listo para una revisión final

❏ Carta de presentación terminada y lista para contestar cualquier pregunta que le hagan en una entrevista

❏ Lista de Sospechosos de poder ser contactos y posibilidades

❏ Otros contactos y posibilidades que se pueden desarrollar

❏ Empresas adicionales y puestos de trabajo que puede investigar

Encontrar material para investigar puede ser tan fácil como hacer un pequeño viaje hasta la sede de su periódico local y tomar algunas copias de periódicos, noticiarios nacionales, publicaciones comerciales o de otro tipo dirigidas al mundo empresarial. Otra vía fácil para recopilar información es la sala de lectura de su biblioteca local, donde puede echar un vistazo a diferentes revistas y periódicos, y determinar cuáles son más adecuadas para conseguir sus objetivos laborales.

Existe un gran caudal de información disponible gratuitamente en las bibliotecas, en relación con las empresas que tiene como meta (en Tercer Día trataremos las distintas opciones que le ofrece Internet). ¿Qué clase de información tiene a su disposición? Usted puede averiguar si la empresa es privada o pública, si obtiene beneficios, cuáles son sus productos o servicios, dónde tiene oficinas, y quiénes son los responsables de cada una de ellas. Si se trata de una empresa cuyas acciones cotizan en bolsa, puede determinar qué valor tienen sus acciones últimamente en el mercado y comprobar cualquier artículo que se haya escrito recientemente. Al examinar los artículos escritos hace poco en la prensa sobre la empresa, puede conocer nombres de los directivos y encontrar datos sobre cualquier situación difícil que la empresa esté atravesando o que acabe de superar. En realidad, no hay excusa que valga para no saber lo básico sobre una empresa a la que cita en su carta de presentación y asegura querer trabajar para ella. Si hace ya años que no se pasa por la biblioteca pública, vaya lo antes posible y hágase un carné, puesto que será su acceso a recursos gratuitos.

Muestra 1-5

FICHA

☐ Nombre correcto de la empresa
☐ Situación de la sede principal/sucursales/afiliadas
☐ Productos/servicios
☐ Principales clientes/mercados
☐ Fecha en que surgió la empresa
☐ Breve historia de la empresa: ¿quién la fundó?
☐ Situación financiera general: ¿Beneficios? ¿Incrementos? ¿Volumen de facturación? ¿Pérdidas?
☐ Nombres de la administración superior
☐ ¿Se han llevado a cabo recientes cambios relativos al funcionamiento, administración superior o productos?
☐ ¿Está la empresa sujeta a normativas o controles gubernamentales?
☐ ¿Hay trabajadores sindicalizados?

Rellene una ficha (o cree un archivo en su ordenador en una carpeta llamada Metas, por ejemplo) para cada una de las empresas que tiene como meta y a las que tiene planeado enviar currículums. Las fichas deberían contener la información que se expone en la Muestra 1-5.

Si usted tiene suerte y atrae con su resumen y carta de presentación a alguna persona encargada de selección que decide concertar una entrevista con usted, antes de presentarse a la cita, investigue más y realice la preparación necesaria.

Currículum preparado para la revisión final

Utilizando la lista de seguimiento de la Muestra 1-6, asegúrese de que todos los detalles son correctos y de que ése es el currículum que quiere que le represente. Una vez esté todo listo, imprima una o más copias finales para entregar (incluso si va a enviar el currículum por Internet o por fax, debería tener una copia imprimida junto con una carta de presentación para archivarlas en la carpeta correspondiente y poder acceder a ellas en cualquier entrevista o conversación telefónica de seguimiento).

Muestra 1-6

LISTA DE SEGUIMIENTO DEL CURRÍCULUM

Repase el contenido de su currículum antes de entregarlo.

- ❑ **¿A quién le está vendiendo?** ¿Es su currículum suficientemente orientado? ¿Cumple con los requisitos del puesto? ¿Aporta un resumen u objetivos concisos y claros?

- ❑ **¿Qué vende?** ¿Resalta su currículum sus puntos de venta claves (habilidades, experiencia, formación o potencial)? ¿Por qué debería necesitarle la empresa?

- ❑ **Se subrayan** y priorizan **las habilidades.**

- ❑ **Tecnicismos.** Deben usarse poco con el fin de mostrar conocimientos. De utilizarse, añada entre paréntesis una explicación si ésta no es obvia. Por ejemplo, TQC (Control de calidad total).

- ❑ **Currículum electrónico:** las palabras predominantes deberían ser los sustantivos, pues son palabras clave.

- ❑ **Currículum tradicional:** utilice verbos, pues denotan acción.

- ❑ **Compruebe que la información sea correcta.** El personal encargado de la selección comprobará que usted es un candidato serio.
- ❑ **Cuantifique la experiencia** en la medida que sea posible. Utilice números.
- ❑ **Escoja un formato adecuado** a su experiencia y al puesto vacante.
- ❑ **Evite aspectos que puedan ponerse en tela de juicio:** raza, religión, estado civil, edad, política u opiniones personales.

Si cree que ha cumplido todos los requisitos anteriores, pase a revisar la forma.

- ❑ **Su currículum tiene un aspecto visual positivo.** Limpio y pulcro. Márgenes proporcionados. Espacio en blanco para separar los apartados. Elementos visuales utilizados de forma apropiada.
- ❑ **Papel e impresión de calidad.** Sin manchas.
- ❑ **Sin errores.** Corrección ortográfica y gramatical revisada y requeterrevisada.
- ❑ **Evite los "yo" en su currículum.** Evite el uso de pronombres personales.
- ❑ **Subraye los puntos de venta claves** en el texto mediante la utilización de negrita, sangrías, viñetas, cursiva, símbolos y/o espacios en blanco.
- ❑ **Utilización de títulos normales para los apartados.**
- ❑ **Disposición coherente de la información.** Los apartados más importantes deben situarse al principio.
- ❑ Debe contener **nombre**, **dirección**, número de **teléfono y fax**.
- ❑ Omitir **información salarial**.
- ❑ **Concordancia de tiempos verbales.** Pasado para trabajos anteriores, presente para trabajos actuales.
- ❑ **¿Cuántas páginas? Una o dos** (tres si se trata de miembros de la administración superior. Una página para los que se acaban de licenciar o diplomar).
- ❑ **Formato apropiado al método de entrega** (fax, scanner o e-mail).

Carta de presentación lista para el repaso final

Usted ya ha realizado la mayor parte del trabajo. Ha redactado un currículum orientado hacia el cliente, ha realizado una carta de presentación elogiando sus virtudes personales y profesionales, ha encontrado a la persona adecuada a quién enviar su currículum y carta en la empresa en la que le gustaría trabajar. Asimismo, ha revisado y requeterrevisado los errores ortográficos y gramaticales (ver Lista de Seguimiento de la Carta de presentación, Muestra 1-7). Usted ha imprimido pulcras y limpias copias, y las ha dejado preparadas para enviarlas.

¡No permita que un detalle como el sobre lo eche todo a perder! Tenga cuidado en no caer en estos errores:

- **Enviar duplicados a la misma dirección.** ¿Se trata de un proceso enfocado en el cliente? El remitente ni siquiera se ha dado cuenta que ha enviado dos ejemplares a la misma dirección.

- **Utilización de un tamaño de sobre erróneo.** Necesita contar con diez sobres comerciales o sobres de un tamaño 9 x 12 si quiere enviarlos sin doblar. Lo ideal es que el papel y el color hagan juego con el sobre.

- **Direcciones descuidadas.** Un desventurado candidato parece que (o al menos eso queremos creer) dejó que sus hijos pequeños le ayudasen a escribir la dirección en los sobres. Esta opinión está basada en la apariencia del sobre.

- **Etiquetas de direcciones DELATAN correo masivo.** Si usted no puede imprimir las direcciones pulcramente con su impresora, rescate su vieja máquina de escribir. Una dirección mecanografiada es mejor que escrita a mano y una dirección escrita a mano cuidadosamente es mejor que una imprimida en escasa calidad. Si no puede elegir, escoja a alguien que tenga buena caligrafía para que escriba las direcciones en los sobres (un truco de caligrafía es utilizar una plantilla con líneas rectas —por ejemplo una ficha— y ponerla dentro del sobre para evitar torcerse).

- **Añada la dirección del remitente.** La mejor alternativa es hacer que le impriman profesionalmente de 100 a 500 sobres con su dirección en la parte posterior. A menos que tenga planes de mudarse, siempre puede utilizar los que le sobren para anunciar su nuevo puesto a todos aquellos que le han ayudado. Otra alternativa es imprimir la dirección del remitente directamente con su impresora o comprar pequeñas etiquetas del mismo color del sobre donde se incluya su dirección en una letra legible y clara.

- **Utilizar el papel y el franqueo de su empresa actual.** No inspira confianza ver que usted se está apropiando recursos de su empresa actual mientras busca un nuevo puesto de trabajo, y seguramente el destinatario asumirá que ha realizado la labor consumiendo el tiempo de su puesto de trabajo actual.

Muestra 1-7

LISTA DE SEGUIMIENTO DE LA CARTA DE PRESENTACIÓN

❑ **El papel hace juego** con el currículum y el sobre.

❑ **Su nombre resalta** en el encabezamiento y se incluye su dirección, número de teléfono, fax, y/o dirección E-mail.

❑ **El nombre, el título y la dirección** de la persona y la empresa que ha sido contactada es **correcta.**

❑ **Redactada pensando en una persona concreta.** Verifique que escribe bien nombre y apellidos.

❑ **El primer párrafo debe presentarle a usted** y debe explicar por qué ha contactado a dicha persona/empresa. Si existiese una recomendación, escriba correctamente el nombre y el título de dicha persona. Debe estar orientado, ya que demuestra que conoce a qué se dedica la empresa y la persona que ha contactado en dicha organización.

❑ **Sus puntos de venta deben ser breves y directos.** ¿Qué puede hacer por esa persona? ¿Por esa empresa? Ofrezca ejemplos concretos de lo que vende: experiencia, habilidades, potencial, etc. Muestre lo que el puesto de trabajo requiere ¿Qué habilidades se requieren? ¿Qué experiencia?

❑ **Fuerte cierre.** Indique lo qué hará a continuación, cual será el próximo paso que tome.

❑ **Corrección ortográfica.**

❑ **Correcta utilización de léxico y gramática.**

❑ **Evite los tecnicismos o** acrónimos.

❑ **Incluya cuantificadores** (números, cantidades o tamaño) cuando se refiera a su experiencia anterior o vida laboral.

❑ **No repita frases que haya utilizado en el currículum.**

❑ **Utilice espacios en blanco, viñetas, negrita y subrayado** cuidadosamente para hacer que la carta sea más legible.

❑ **El sobre debe contener la dirección escrita de forma profesional** (impresa con impresora láser, mecanografiada o cuidadosamente escrita a mano).

❑ **El currículum debe presentarse adjunto.**

Hemos repetido una y otra vez que los detalles tienen importancia. Si usted cuenta con unas habilidades extraordinarias, pero no se quiere molestar en investigar, repasar errores o esforzarse en el proceso, no podrá conseguir logros ni en su búsqueda de empleo ni en su profesión.

Si usted envía su currículum por fax, la página de presentación del mismo es importante. Debería ser breve y completa, tanto si incluye una carta de presentación aparte como si aprovecha esta hoja como carta de presentación (siguiendo la plantilla de una carta de presentación).

- Asegúrese de que utiliza **un aparato fax de calidad.** Enviar faxes directamente desde su ordenador eliminará cualquier miedo de copias sucias o rasgadas. Además, contará con un recuento de todos los faxes que ha enviado en su ordenador por si quiere realizar posteriormente un seguimiento.

- Guarde la **confirmación** de sus envíos, en papel, en ordenador o en su servicio fax. No asuma nunca que el fax ha llegado a la dirección enviada.

- Utilice **una página de presentación de fax bien diseñada**, que contenga toda la información imprimida. Su programa procesador de textos seguramente le ofrecerá diferentes plantillas para presentación de páginas de fax y, de no ser así, puede diseñar fácilmente su propia plantilla que haga juego con el resto de su paquete de marketing. Incluso si la plantilla de fax se puede reconocer, no se preocupe: de esta forma observarán que sabe manejar los programas informáticos. Un punto a su favor.

Lista de sospechosos que podrían ser futuros contactos y posibilidades

Usted ya ha identificado a algunas personas que tienen contactos directos con las empresas que tiene como meta o que, al menos, podrían ayudarle a presentarse a éstas. De igual modo, está toda esa gente que le conoce y que usted conoce: gente representada por todas esas montañas de tarjetas de negocios que ha ido acumulando, listas de postales de vacaciones que le han enviado, agendas de su empresa antigua y nombres en hojas de papel de gente que le han recomendado. Una vez más, es un buen momento para trabajar inteligentemente, en vez de duramente. Todos esos nombres son sospechosos porque, en este momento, todavía no sabe a ciencia cierta quién puede ayudarle o serle útil.

¿Con quién puede ponerse en contacto en primer lugar?

Hay dos aspectos que debe considerar al evaluar a quién debe contactar primero, en segundo lugar o a quién debe olvidar: **importancia** y **entusiasmo**. En otras palabras, gente que tiene buenos contactos y gente a la que usted le cae bien. Ambos tienen importancia en lo que a contactos se refiere. Los que tienen buenos contactos puede que no le conozcan a usted o puede que les caiga bien, mientras que la gente que le apoya y le da ánimo puede que no tengan ni idea de cómo ayudarle. También hay que tener en cuenta el factor *"Nunca se sabe a quién pueden conocer"*. Por ello, debería intentar perseguir todos estos contactos a medida que progrese en la búsqueda de empleo, pero, puesto que uno de sus recursos es extremadamente precioso (el tiempo), usted debe ser cauto y debe establecer prioridades en cada una de las actividades de su búsqueda (ver Muestra 1-8).

Muestra 1-8

EVALUADOR DE CONTACTOS		
Importancia:	✓✓✓✓	Tiene control sobre puestos de trabajo vacantes.
	✓✓✓	Sabe dónde se encuentran los puestos vacantes.
	✓✓	No tiene puestos de trabajo vacantes o un conocimiento directo, pero podría aportar orientación.
Entusiasmo:	✓✓✓✓	Sabe mucho sobre usted y sus habilidades.
	✓✓✓	Ha trabajado con usted a nivel profesional.
	✓✓	Le conoce debido a su reputación.
	✓	Le conoce personalmente.
Contacto:	✓✓✓✓	**La mejor apuesta:** principal prioridad Ejemplos: Gestores de las empresas que tiene como meta. Antiguos compañeros de trabajo y supervisores.
	✓✓✓	**Bastantes posibilidades:** su siguiente prioridad Ejemplos: Miembros de organizaciones profesionales. Gestores de sectores relacionados. Proveedores.
	✓✓	**Vale la pena intentarlo:** baja prioridad Ejemplos: Gente de negocios experimentada. Profesionales del mismo sector o de otro.
	✓	**Nunca se sabe:** su última prioridad Ejemplos: amigos, familiares.

¿Qué decir?

Cuando llama a gente que conoce, pero con los que no ha hablado o a los que no ha visto desde hace bastante tiempo, póngales al día de su situación tras hablar sobre diversos temas. No les suelte de repente cuál es su situación. Pregunte primero por la familia, el perro y si es un buen momento para que charlen unos minutos.

> *... He estado trabajando como director general en* Runner's Weekly *durante los últimos seis años. Tenía un buen puesto para el que había trabajado mucho desde mi posición anterior de redactor de noticias interesantes, y nuestra lista de suscripciones estaba aumentando a gran velocidad. De hecho, las cosas iban tan bien que la revista fue comprada por un conglomerado de empresas, FitnessPlus Corp., el año pasado. Desde el principio, el funcionamiento de* Runner's Weekly *fue renovado. Los ejecutivos estaban presentes en todas las reuniones de la redacción y mi trabajo dejó de divertirme. El mes pasado, tras muchas semanas de reflexión, renuncié a mi puesto. Esperaba haber encontrado otro puesto antes de marcharme, pero con mi larga jornada de trabajo y las fechas límites de entrega no me quedaba demasiado tiempo para emprender una búsqueda de empleo. Como sé que...*

> a) *Eres una persona muy ávida, me preguntaba si sabes algo sobre otras publicaciones relacionadas.*

> b) *Cambiaste de puesto el año pasado, me preguntaba si me podrías dar algunos consejos.*

> c) *Pareces conocer a todo el mundo, me preguntaba si tendrías alguna idea sobre por dónde debo empezar.*

Cuando intente ponerse en contacto con alguien o pedirle ayuda, recuerde los puntos clave que se resumen en la Muestra 1-9, Protocolo a seguir con los sospechosos.

Empresas y puestos adicionales que pueden ser investigados

Vuelva a Empresas que tiene como meta (Muestra 11) que usted completó en "Ponerse en Marcha". Revise su lista de Metas de empleo (Muestra 8 y 9). ¿Qué información adicional necesita para encontrar más empresas-meta en la actualidad? Si usted está buscando localmente ¿ha mirado en los listines de las Páginas Amarillas nombres de empresas adicionales? ¿Cuántos nombres de empresas ha acumulado gracias a sus sospechosos o contactos con los que ha hablado?

Muestra 1-9

PROTOCOLO A SEGUIR CON LOS SOSPECHOSOS

- **Sea educado.** Sea breve en sus charlas y asegúrese de que sus sospechosos pueden hablar con usted unos minutos. *¿Es un buen momento o es mejor que le llame más tarde?*

- **Tenga una razón para llamar.** "Siempre has sido tan buen amigo; has tenido tanta vista para los negocios; parece que tenías una bola de cristal que te diese buenas ideas." Especifique por qué cree que la otra persona puede o podría ayudarle.

- **Sea específico con lo que quiere.** Si usted cree que un sospechoso tiene contactos o que le puede presentar a gente apropiada, pídaselo. No intente que la otra persona adivine cómo le puede ayudar. Si usted realmente necesita un amigo que le eche una mano, dígaselo. Haga que sea fácil que el sospechoso le ayude. *Sé que siempre has estado en contacto con la Cámara de Comercio. Estoy intentando que me presenten a diferentes empresas que son miembros. Quizás las conozcas y puede que incluso me puedas presentar a gente.*

- **Sea honesto.** No pida información cuando usted espere que alguien le presente a un vecino que es ejecutivo en una empresa en la que quiere conseguir una entrevista. Pregunte si puede utilizar el nombre del sospechoso. *Me has dado muy buenas ideas. Llamaré a Sam Jones este mediodía. ¿Te parece bien que mencione que sugeriste que me pusiese en contacto con él?*

- **Sea comprensivo.** Si usted se da cuenta de que a la gente no le parece bien proporcionarle nombres o recomendaciones, deje de insistir; puede que después, cuando reflexionen, cambien de idea. *No. No pasa nada. Te he pillado por sorpresa y puede que después te acuerdes de los nombres. Bueno, llámame más tarde si te acuerdas de... del sector con el que puedo ponerme en contacto. Ha sido un placer hablar contigo. Que todo siga bien.*

- **Realice un seguimiento.** Si un sospechoso le proporciona algún nombre, contacte con la persona y haga un seguimiento, volviendo a llamar o escribiéndole una nota de agradecimiento en la que le explica lo ocurrido. *Sólo quería decirte que Sue Jones me envía saludos para ti. Me ha ayudado mucho y me ha hablado sobre una cena de negocios la próxima semana a la que quiero asistir. Me ha dicho que puede que haya otra gente que me pueda ayudar. Gracias.*

Cada día debe encontrar nuevos puestos de trabajo vacantes o empresas que tenga como meta, ya que es la única forma para aumentar sus contactos. Si no cuenta con diez personas a las que investigar (diez empresas como meta) vaya a la biblioteca, al quiosco o llame por teléfono para conseguir más. Este será su *modus operandi* diario: encontrar nuevos nombres a los que investigar y con quien conectar para conseguir información sobre puestos vacantes. Si necesita ayuda para encontrar a gente sospechosa, recurra a la Muestra 1-10 para armarse de inspiración. A continuación, rellene la Lista de sospechosos prioritarios (Muestra 1-11) con nombres que puede contactar hoy y mañana.

Muestra 1-10

¿HA CONSIDERADO HABLAR CON...?

Contactos de negocios:

- ☐ Secretarias, auxiliares de oficina, ayudantes
- ☐ Antiguos clientes
- ☐ Sociedades profesionales
- ☐ Miembros de la Cámara de Comercio
- ☐ Antiguos empresarios
- ☐ Personas con las que solía trabajar
- ☐ Amigos empleados y desempleados

Contactos personales:

- ☐ Religiosos, clero
- ☐ Profesionales (fontaneros, carpinteros, pintores)
- ☐ Propietarios de establecimientos (tintorería, peluquero, barbero)
- ☐ Estudiantes, antiguos compañeros de estudios, graduados
- ☐ Empleados o director del periódico local
- ☐ Personal de orientación profesional, tanto actuales como anteriores
- ☐ Miembros de las fraternidades/hermandad

Familia:

- ☐ Local
- ☐ Fuera de la ciudad/del país
- ☐ Familia política y de su "ex"

Amigos:

- ☐ Vecinos (antiguos y actuales)
- ☐ Amigos de su esposo/a
- ☐ Padres de los amigos de sus hijos
- ☐ Los amigos de sus hijos
- ☐ Grupos de actividades, *hobbies*

Profesionales:

- ☐ Doctores, abogados, contables, banqueros, agentes de seguros...

Muestra 1-11

LISTA DE SOSPECHOSOS PRIORITARIOS

Haga una lista de la información referente a los sospechosos y, a continuación, evalúela según sea su prioridad (tal y como se definía en el Evaluador de contactos, Muestra 1-8).

Nombre, título	Dirección, teléfono	¿Con quién tiene contactos?	Razones para ponerme en contacto	Prioridad

Una presentación a la difusión

La difusión consiste en hablar con gente. Usted ya sabe cómo hacerlo. De hecho, las llamadas telefónicas que haya realizado pueden haber sido una forma de difusión.

Difusión no significa llamar a gente y decir (o implicar):

Dime qué tengo que hacer para beneficiarme.

Necesito que me ayudes ahora mismo (deja lo que estás haciendo ahora y me da igual si no es conveniente o si te acarreará algún coste).

Estoy en una situación muy difícil. Esa empresa de %@&%* a la que he dedicado toda mi vida me ha defraudado. No sé quién se creen que son, dejándome marchar así como así.

Los peores son aquellos buscadores de trabajo que llaman por teléfono para pedir que "les ayudes a buscar". Usted no puede esperar que una persona atareada dedique media hora al día a ayudarle a buscar un trabajo.

¿Con quién debería hablar?

Tal y como subrayamos en la Muestra 1-8, sus compañeros de profesión o sector son las piezas clave con las que debería hablar. Los miembros de asociaciones profesionales son otro ejemplo. A menos que necesite desesperadamente ayuda personal, cualquier grupo de apoyo que esté formado por otras personas que no tienen trabajo y que luchan para conseguirlo no le ayudará a encontrar contactos o posibilidades, aunque hay que recordar que hay algunos grupos ayudados por profesionales que trabajan con buscadores de empleo para ayudarles a hacer currículums, buscar ofertas de empleo y también les ayudan a establecer contactos que puedan serles útiles. Si conoce a alguien que haya asistido a un grupo de ayuda orientado a la acción, en vez de gente que comparte sus penas por no tener empleo, vaya e inténtelo. Aun así, tiene que recordar que existen muchos otros recursos y que éste no es, ni mucho menos, el prioritario.

Final del primer día

¡Ya está preparado! Se ha organizado bien y ha enviado currículums y cartas de presentación. También ha estado haciendo llamadas, intentando conseguir más contactos y buscando más empresas que podría tener como meta. Asimismo, ha realizado investigación adicional (y se ha prometido a sí mismo que hará más, ¿no es así?). Mañana echaremos un vistazo a los currículums electrónicos y a los recursos en Internet.

LAS DIEZ REGLAS DE ORO PARA LOS BUSCADORES DE EMPLEO

1. **Vístase para trabajar cada día** aunque no tenga empleo en estos momentos. No hace falta que se ponga traje y corbata, bastará con ropa informal mientras tenga ropa preparada para cualquier entrevista de negocios en caso de que surja una oportunidad inesperada. Esté duchado, peinado y aseado.

2. **Establezca un horario de trabajo para sí mismo.** Haga las llamadas telefónicas y el papeleo por las mañanas. Quizás sea mejor realizar las entrevistas a primera hora de la tarde. Sea flexible, pero establezca un horario de trabajo apropiado a usted.

3. **Establezca prioridades.** Determine cuál es el mejor momento para ponerse en contacto con la gente. Antes de las nueve de la mañana es ideal para los que les gusta empezar el día energéticamente. También está bien que les intente contactar antes de la hora del almuerzo. A primera hora de la tarde también es un momento apropiado en determinados sectores o profesiones, pero también es cierto que es muy inapropiado en otros. Puede que conectarse a Internet en las horas fuera de oficina sea una solución.

4. **Antes de nada, mire el calendario** cada mañana y también debería hacerlo al finalizar el día. Acostúmbrese a hacerlo a diario. Cualquier cosa que haya dejado pendiente por hacer al final del día debe terminarse al día siguiente.

5. **Lleve su agenda planificadora con usted** en las citas y entrevistas para poder añadir cualquier cita adicional o verificar datos.

6. **Añada nuevos nombres y empresas a su lista.** Esté siempre al acecho de nuevos contactos o posibilidades.

7. **Sea consecuente con sus promesas.** Si acuerda hacer algo, asegúrese de que lo ha anotado en su agenda. No lo tache hasta que lo haya cumplido.

8. **Anote en sus carpetas y archivos todas las fechas** y veces en las que prometió realizar llamadas telefónicas, asistir a reuniones, enviar currículums o cartas de presentación. Anótelo en su calendario o agenda y actualice su trabajo de oficina.

9. **Haga un recuento de sus recursos.** Tenga cuidado de no quedarse sin papel, sellos, tinta o virador. Recuente sus provisiones regularmente y anote en su agenda cuándo debe reponer algo.

10. **Viva su vida.** No olvide cuidar de sí mismo. Haga las cosas por usted. Tómese un descanso para dar un paseo y aclarar sus ideas o sencillamente para estirar las piernas.

Primera semana: segundo día

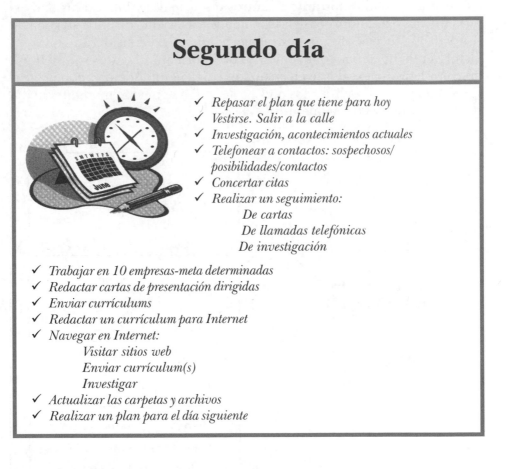

Segundo día

- ✓ Repasar el plan que tiene para hoy
- ✓ Vestirse. Salir a la calle
- ✓ Investigación, acontecimientos actuales
- ✓ Telefonear a contactos: sospechosos/ posibilidades/contactos
- ✓ Concertar citas
- ✓ Realizar un seguimiento:
  - De cartas
  - De llamadas telefónicas
  - De investigación
- ✓ Trabajar en 10 empresas-meta determinadas
- ✓ Redactar cartas de presentación dirigidas
- ✓ Enviar currículums
- ✓ Redactar un currículum para Internet
- ✓ Navegar en Internet:
  - Visitar sitios web
  - Enviar currículum(s)
  - Investigar
- ✓ Actualizar las carpetas y archivos
- ✓ Realizar un plan para el día siguiente

No trabaje más duro, sino de forma más inteligente

Lo último que se espera que haga mientras busca trabajo es reinventar la rueda. Usted debe mirar a su alrededor y determinar qué recursos tiene a su disposición en su búsqueda de empleo y con los que podría aprovechar al máximo su tiempo. Si usted no sabe nada sobre ordenadores, puede que éste sea el momento idóneo para asistir a un cursillo por las tardes sobre informática a nivel básico. Existen algunas cadenas de establecimientos de ordenadores que disponen de clases para sus clientes (los precios de un sistema informático básico con ordenador, impresora y monitor, van a la baja en picado. Se puede obtener un equipo de calidad por 150.000 o 200.000 ptas.). También existen programas de aprendizaje para adultos en las universidades, institutos, centros municipales y bibliotecas. No estaría de más que comprobase las facilidades de las que dispone su zona de residencia. Muchas ofertas de trabajo requieren, o consideran como un factor ventajoso, tener conocimientos de informática, y éstos son siempre un complemento excelente en cualquier currículum. Además, con el oleaje de trabajadores cualificados que existe, usted tiene que mantener al día sus habilidades y conocimientos.

Investigación

- Tendencia económica
- Empresas
- Sectores
- Mercados

Localización

- Puestos de trabajo
- Información sobre salidas profesionales
- Empresas de selección de personal
- Asociaciones

Póngase en contacto con

- Antiguos compañeros de clase
- Profesionales del sector
- Envíe currículums
- Busque ferias de empresas que ofrecen puestos de trabajo

Los conocimientos informáticos pueden facilitar en gran medida sus tareas de búsqueda de empleo:

- Puede hacer modificaciones sutiles a su currículum y a su carta de presentación para cada una de sus metas.

- Puede contar con versiones diferentes de su currículum .

- Puede llevar un recuento de todos los gastos derivados de la búsqueda de empleo, así como de su presupuesto, simplemente utilizando un programa de contabilidad.

- Puede navegar por Internet para investigar posibles sectores, puestos de trabajo vacantes y condiciones de mercado en otras áreas.

- En algunos sitios web puede encontrar vínculos directos con otras direcciones que le pueden conducir a las entrevistas que desea.

Los conocimientos informáticos le resultarán de suma utilidad tanto en la búsqueda de empleo como en su futuro puesto de trabajo y, por ello, **no** debe posponer los esfuerzos de investigación por carecer de estos conocimientos o por no poseer un ordenador. Hay muchas alternativas: establecimientos en los que puede alquilar el ordenador, mecanógrafas que preparan currículums y cartas de presentación para usted. Puede que requiera esfuerzo, pero no hay ningún sustituto para un currículum bien orientado, limpio, pulcro y acompañado de una perfecta carta de presentación. La tecnología va avanzando y, si no le ha ido siguiendo el ritmo, la búsqueda de empleo es un buen momento para impulsarle a hacerlo.

¿Por qué es tan importante saber utilizar un ordenador? La razón principal es que facilita la redacción. Para tener un currículum y una carta de presentación bien orientada, usted debe crear documentos originales para cada ocasión; pero utilizando una plantilla con los datos básicos del currículum y lo esencial sobre la carta de presentación puede ahorrarse mucho tiempo. Sin embargo, algunos candidatos se exceden con sus conocimientos de informática. El peor ejemplo es la fusión de documentos.

En un documento de fusión, el candidato selecciona una plantilla en la que deja campos vacíos para insertar el nombre, dirección, empresa y otros comentarios. A continuación, tiene preparada una lista de direcciones y combina ambos documentos, obteniendo como resultado unas cartas aparentemente "personalizadas". Todos hemos recibido alguna vez este tipo de correo, normalmente de empresas de comercialización masiva que intentan convencernos de que hemos sido seleccionados y de que hay premios esperándonos CON NUESTRO PROPIO NOMBRE. La regla en sus cartas de marketing debería ser que el lector las leyese como si hubiesen sido redactadas teniendo una empresa y un puesto de trabajo específicos en mente. Si usted puede reemplazar el nombre de la empresa objetivo por "Federación Mundial de Lucha", sin que la lectura de la carta varíe, significa que no la ha orientado de forma apropiada.

Deje que sea su ordenador el que camine

Su ordenador puede comunicarse con otros por medio de Internet (para obtener una breve orientación sobre Internet, ver Muestra 1-12).

- Puede acceder a la información desde otros ordenadores de la calle de al lado o de la otra punta del mundo.

- Puede visitar virtualmente otras ciudades y países.

- Puede determinar cuáles han sido los últimos movimientos de la empresa que tiene como objetivo, antes de enviarles la carta.

- Puede examinar la competencia, observando currículums disponibles en Internet en su categoría profesional.

- Puede asistir a sitios web que ofrecen puestos de trabajo u obtener información sobre distintos acontecimientos que tienen lugar en su área.

- Puede leer los anuncios clasificados de la mayoría de ciudades mientras está sentado tranquilamente enfrente de su terminal.

- Puede suscribirse a un servicio web para que le envíen por correo electrónico ofertas de trabajo que concuerden con sus criterios.

- Puede responder directamente a ofertas de trabajo en Internet, tanto enviándolas por correo como enviando su currículum por E-mail.

Para hacer algo de lo anterior, usted necesita tener acceso a:

1. un ordenador,   3. una línea telefónica,

2. un MODEM,   4. un servidor de Internet.

Tenga en cuenta que la palabra clave es *acceso*. A pesar de que es maravilloso ser propietario de toda esta tecnología, usted no tiene por qué realizar la inversión para utilizar los recursos. Puede tener acceso en bibliotecas, colegios, copisterías o cibercafés gratuitamente o a bajo precio.

Muestra 1-12 A

UNA BREVE GUÍA HACIA EL CIBERESPACIO

Para acceder a Internet usted necesita un servidor o proveedor de Internet, que le facilitará un número de acceso y palabras claves. Hoy en día, no es necesario abonar cuotas de conexión, sino que normalmente sólo se abona el tiempo de conexión a precio de la tarifa local de telefonía.

La **web,** también conocida como **World Wide Web (WWW)**, es una rama muy popular de Internet. La web permite a los navegantes visitar sitios web para ver textos, dibujos, vídeos y sonidos. El visitante también puede "hacer clic" en otros documentos vinculados con el sitio por medio de los **hipervínculos**. Puede leer, grabar en su ordenador o imprimir documentos generados en otros ordenadores alrededor del mundo. Estos documentos (que normalmente se llaman **páginas web**) están escritos en lenguaje **HTML** (Lenguaje de producción de hipertexto). Una serie de páginas web unidas forman un **Sitio web.** Cada sitio web tiene una dirección llamada **URL** que tiene una apariencia similar a esta: http://www.members.xoom.com/deluca5. Un sito web también puede contener una palabra clave como "Deluca".

Los **navegadores** son programas informáticos que permiten al usuario acceder a Sitios web. Los más populares son **Microsoft Explorer** y **Netscape**, y normalmente se pueden obtener con otros programas informáticos.

¿Por qué hay tanto revuelo con el acceso a Internet? Antes que nada, es un servicio que puede obtenerse las 24 horas del día. Puede acceder tranquilamente desde su propia casa y el E-mail puede ser instantáneo o, como mucho, tardar varias horas. Además, las copias sobre papel tienen fecha mientras que en Internet puede obtenerse información mucho más reciente. A pesar de estas ventajas, también es cierto que la información puede ser tan errónea, engañosa o desviada como la escrita sobre papel. Por ello, la fuente de información es siempre importante al igual que lo es comprobar que los mismos datos aparecen en diferentes fuentes, para asegurarse de que son fidedignos.

Muestra 1-12 B

UNA BREVE GUÍA HACIA EL CIBERESPACIO

Además de la posibilidad de visitar sitios web y recopilar información, Internet le ofrece las siguientes herramientas:

- **E-mail:** correo electrónico, que se utiliza para enviar mensajes o transmitir archivos desde y hacia una dirección de E-mail destinada a su uso. Además de los programas E-mail que le ofrecen los servidores, hay muchos E-mail gratuitos disponibles en la web.

- **FTP (protocolo de transmisión de archivos):** envía y recibe archivos en Internet; a menudo se utiliza para cargar programas.

- **Grupos de noticias (News):** grupos de discusión en Internet organizados por materias, categorías o jerarquías. Hay más de 20.000 materias disponibles en estos grupos de noticias. Algunos cuentan con un moderador. La mayoría de los grupos de noticias cuentan con **FAQs (Preguntas más frecuentes)** que contienen las reglas del grupo de noticias. Los que leen pero no emiten mensajes se llaman **lurkers** (palabra inglesa para designar a los que se camuflan). Los grupos de noticias se organizan bajo categorías principales como ocio, sociedad, etc.

- **Listas de direcciones:** no están ni controladas ni a la vista, pero le pueden proporcionar información a través de E-mail sobre diferentes temas como *finanzas* o *marketing*.

- **Gophers:** individuos, empresas y sociedades han establecido más de 7.500 ordenadores Gopher (**servidores**) en todo el mundo con información sobre distintos temas. La información se presenta en listas simples, que se llaman menús, y los archivos tienen nombres sencillos. La mayoría de los recursos se hallan en formato de texto, aunque también hay algunos dibujos y sonidos.

- **Motores de búsqueda:** estos sitios le permiten localizar información, gente, empresas o temas generales en Internet.

¿Qué es lo que quiere hacer en Internet? Antes de invertir en su recurso más valioso (el tiempo) en el ciberespacio, decida cuáles van a ser sus objetivos. ¿Va a recopilar o a difundir información en Internet? Entonces es muy importante saber cuánto de su preciado tiempo va a dedicar a este medio. Si usted se puede ensimismar en una librería o en un establecimiento mirando escaparates, eso no es nada comparado con lo perdido que puede estar en Internet. No quiere decir que usted se pierda en el sentido de no saber dónde está, sino de "¿Qué hora es? No puede ser. Sólo he estado unos minutos conectado y el reloj dice que tres horas". Usted puede pasárselo muy bien en Internet, examinando interesantes sitios web, hablando en *chats* y comprando (hay muchos artículos disponibles). Sin embargo, estas actividades no le acercarán a un puesto de trabajo (si usted se encuentra sumergido en "el éxtasis de la "web", conectarse cuando ya haya terminado sus labores puede ser una forma de recompensarse a sí mismo por haber hecho cinco llamadas telefónicas o haber enviado diez currículums).

GUÍA DE INTERNET PARA PERSONAS QUE BUSCAN EMPLEO

A menos que tenga una dirección URL de un anuncio o que haya conseguido por otra fuente, usted tiene que encontrar la información que quiere, tanto si se trata de los grupos de noticias, E-mail gratuito, Gophers o sitios web. Puede encontrar este tipo de información o sitios utilizando los motores de búsqueda o directorios. Si tiene una dirección URL puede teclearla directamente en su navegador y acceder directamente. Si no es así tendrá que indagar primero en los motores de búsqueda o directorios.

Motores de búsqueda: Estos supersitios o portales son el equivalente de supermercados de la información. Son sitios que ofrecen un área en la que usted puede insertar temas o preguntas que quiere plantear. Algunos buscadores literalmente examinan cada palabra de cada página web para dar con el resultado. Otros obtendrán la respuesta según otros criterios económicos. Algunos directorios, como Yahoo o Mining Co., cuentan con personas que examinan los sitios y ofrecen sinopsis de los vínculos. También hay temas generales como *Gobierno, ciencias, empleo* o *salud* que ofrecen vínculos con direcciones subsidiarias. Los **Metabuscadores** le permiten acceder a múltiples motores de búsqueda al mismo tiempo.

Búsqueda versus direcciones: cuando quiere investigar sobre un tema específico como, por ejemplo, los sitios en los que puede enviar su currículum gratuitamente, entonces debería hacer una **búsqueda** siguiendo los criterios que especifique el motor de búsqueda. Cada sitio ofrece instrucciones que explican al usuario cómo emplear "AND" (y) o "OR" (o) o "+" como **operadores** para incluir o excluir información. Por ejemplo, si quiere buscar sitios para mandar su currículum en el sector de la salud, quizás debería incluir las siguientes instrucciones: "currículum" AND "gratuito" AND "Internet" AND "enviar" AND "salud".

Para acceder a las **direcciones,** debe ir bajando en la jerarquía de direcciones desde Empleo a Profesiones a Currículums a Mandar, para ver qué está disponible. Una táctica similar es útil cuando se quieren investigar sectores o profesiones que duda que estén disponibles.

Advertencia: si usted hace una búsqueda para *currículum,* puede que obtenga como resultado cualquier página web que contenga la palabra "currículum" como, por ejemplo, *El currículum de John Jones, Servicio de redacción de currículums* o *Envíe su currículum aquí.*

Recopilar información en Internet

Al teclear palabras clave (*currículums* e *Internet*) o sintagmas (*ofertas trabajo aeroespacio*) puede buscar información sobre prácticamente cualquier cosa. Lo más importante es pensar en la palabra clave para saber lo que está buscando y, a continuación, debe tener en cuenta no alejarse del camino marcado. Hay muchas versiones de directorios de sitios web publicadas en papel en las que se citan URLs (direcciones de páginas web) por cada categoría. Si usted tiene acceso a alguna de estas agendas, puede ahorrarse mucho tiempo, ya que le proporciona directamente sitios y páginas web que puede examinar. Otro grupo de recursos en formato papel son las revistas que se publican en su profesión o sector.

Motores de búsqueda y directorios

Esencialmente, hay dos formas para buscar información en Internet: mediante los buscadores y las agendas.

Los buscadores examinan en la web cada uno de los sitios que contienen la palabra clave o el sintagma que ha especificado y ofrecen una lista de los sitios que "se corresponden" según sus criterios. Los sitios que ha encontrado el motor de búsqueda pueden ser o no ser relevantes y gran parte del éxito de la búsqueda dependerá de que el usuario (usted) proporcione las palabras claves correctas. En muchos motores de búsqueda tiene que incluir "AND", "OR", "NOT", "+" o "-" para limitar la extensión de las respuestas. Usted debe determinar el funcionamiento de cada uno de los motores y seguir las instrucciones al pie de la letra. Por ejemplo, si usted sólo pregunta en una búsqueda por "currículums" porque está interesado en exponer su currículum en Internet, puede que obtenga respuestas para redactar currículums, bases de datos de currículums o el currículum de Joe Smith. Sin embargo, si busca "currículum+gratis+Internet+exponer" o "exposición gratuita currículum" seguramente encontrará más sitios que se corresponden con lo que busca. También hay sitios de búsqueda múltiple (metabuscadores) en los que su pregunta se examina en diversos motores de búsqueda y se ofrece la respuesta de cada uno de ellos.

Los directorios cuentan con la asistencia de personas. Los operadores categorizan los sitios y ofrecen resúmenes de cada URL. Usted puede buscar Negocios, Nueva York y Transporte para buscar empresas con sitios que cubran Nueva York en ese sector. Los sitios aparecen como resultado si los individuos que han revisado el sitio lo han clasificado dentro del tema o materia que ha preguntado.

Metas. Una actividad excelente es examinar en Internet las empresas que ha tomado como meta. Muchas empresas cuentan con sitios web en los que aparece un apartado de ofertas de trabajo. Estas ofertas se actualizan periódicamente y, por ello, merecen visitas regulares. Tener una dirección E-mail puede permitirle pedir material acerca de la empresa, sus productos o su estado financiero. ¿Cómo puede saber si una empresa está presente en Internet? Utilice un motor de búsqueda o un directorio e introduzca el nombre de la empresa. Normalmente estos servicios aparecen subrayados en la barra de herramientas o en los botones del sitio web. La mayoría de empresas incluyen direcciones web en sus anuncios.

Sectores. Tanto si se trata del envasado de carne como del sector cinematográfico, hay muchas probabilidades de que exista un gran caudal de información relacionado con este ámbito en la web. Los gobiernos cuentan con información sobre los mercados de varios sectores así como de estadísticas sobre la tasa de desempleo y las posibilidades laborales. Usted puede investigar sobre qué empresas son las líder en un sector, de forma que tenga posibilidades adicionales y una idea de la competencia a las que sus posibilidades deban enfrentarse.

Las tendencias en los sectores, problemas y acontecimientos actuales también pueden afectar a sus posibilidades y, por ello, usted debería mostrarse interesado. Cuando realice una entrevista, sería sin duda un elemento positivo que pudiese comentar inteligentemente el sitio web de la empresa, así como demostrar sus conocimientos acerca de su mercado.

Asociaciones profesionales. Muchos grupos profesionales tienen asociaciones que llevan a cabo reuniones regulares, tanto en Internet como en su sede. Otras asociaciones tienen establecidas sesiones regulares de *chat* donde los miembros pueden "hablar" en tiempo real en Internet. Éste es otro nuevo nivel para explorar la red.

Existen muchos grupos de noticias en diversos sectores y profesiones. Usted puede "espiar" (leer los mensajes sin desvelar su presencia o sin enviar ninguna respuesta) para determinar si el contenido y los tertulianos pueden serle de ayuda. Por ejemplo, si usted está considerando realizar una entrevista con una empresa de Nueva Orleans, hay un grupo de noticias que cubre esa zona (neworleans.general). Tras leer unas frases, usted podría preguntar qué tal es el sistema de transportes públicos, el tráfico, dónde hay un hotel cerca del lugar donde tiene que realizar la entrevista o incluso podría solicitar algún punto de vista sobre la empresa ("¿Es activa en la comunidad? ¿Es percibida como un elemento positivo?").

Si su sector o profesión tiene un sitio web, puede suscribirse para recibir noticias o periódicos de forma regular. Usted también puede ponerse al día de lo que ocurre en su profesión, de dónde tienen lugar las conferencias o seminarios a los que le gustaría asistir.

Servicios de exposición de currículums. En Internet existen todo tipo de servicios y empresas que aceptarán y enviarán su currículum, tanto gratuitamente como a cambio de una pequeña tarifa. Algunos sólo le pedirán su currículum si alguien en la posible futura empresa ha revisado los datos profesionales que ofreció de forma anónima y cree que existe un interés. Entonces tendrá la oportunidad de enviar su currículum al servicio y de revelar su identidad.

Exponer su currículum en Internet o enviarlo a un servicio puede ser parecido a colgar un anuncio en la verdulería de la esquina, al lado de un anuncio de un perro perdido y de un aparcamiento en venta. Usted no puede controlar quién lo verá. Si usted tiene un empleo y no quiere que su empresa actual sepa que intenta cambiar de puesto, sea muy cauto y tenga cuidado de a dónde envía su currículum (tanto electrónicamente como por los medios tradicionales). Puede que usted trabaje en un ámbito reducido en el que las noticias corren y, sin pretenderlo, gente a la que usted no deseaba comunicar su búsqueda acabe enterándose.

Una alternativa excelente son los servicios que, en vez de aceptar su currículum, llevan a cabo un cuestionario, en el que recopilan detalles sobre su pasado profesional. Tenga en cuenta que los datos, las palabras claves y la utilización de frases breves, que ha estado cultivando últimamente, le serán de extrema utilidad en este tipo de respuestas. En este tipo de cuestionarios hay diversos campos en los que puede introducir información como Objetivos Laborales, Experiencia Profesional o Habilidades Especiales. Hay algunos sitios que utilizan un cuestionario verdaderamente detallado y, a continuación, sus empresas clientes le incorporan en su base de datos. Otros le piden detalles sobre el tipo de trabajo que le gustaría realizar y le mandarán E-mails con las ofertas de trabajo que encuentren que se adapten a sus requisitos. Depende del servicio, ¡puede que reciba de 1 a 185 E-mails al día! Pero, claro, no hay ninguna forma de saber qué tipo de respuesta obtendrá hasta que no lo intente. Si la respuesta no es satisfactoria, siempre puede pedir que le retiren de la base de datos.

Si está interesado en lanzar su cibercurrículum en la búsqueda por Internet, las respuestas a las siguientes preguntas le ayudarán a escoger el mejor servicio. Gran parte de esta información está disponible directamente en el sitio web en el apartado de material de promoción, pero para obtener otras respuestas tendrá que enviar E-mails o realizar llamadas telefónicas.

1. ¿Quiénes son los clientes? Sectores, profesiones y áreas geográficas.

2. ¿Cómo puede dirigirse a una categoría o tipo específico de empresas con la entrega de su currículum?

3. ¿Cuáles son las principales ofertas de trabajo anunciadas? ¿Constituye su profesión una minoría o, por el contrario, está ampliamente representada? En otras palabras ¿vale la pena suscribirse a este servicio?

4. ¿Son recientes sus ofertas de trabajo? ¿Cuándo fue actualizado el sitio web por última vez?

5. ¿Cuánto tiempo permanecerán sus datos en el archivo?

6. ¿Cómo se clasificarán sus datos?

7. ¿Puede modificar sus datos a menudo?

8. ¿Cuál es su tasa de logros? (¿Cuántos puestos de trabajo se ocupan en comparación con el número de currículums que tienen archivados? ¿Publican listados de logros en el sitio web?)

9. ¿Puede revisar las ofertas de trabajo que hay archivadas? ¿Cómo están clasificadas las ofertas de trabajo (por lugar geográfico, profesiones, por sectores...)?

10. ¿Tiene acceso a otros currículums archivados? (Examine a sus competidores).

Ofertas de trabajo y Anuncios clasificados. Las empresas pueden difundir directamente las ofertas de trabajo en sus sitios web, pero también puede obtenerse información a través de los grupos de noticias, que exponen listas de ofertas de trabajo, sitios web que presentan anuncios clasificados de los periódicos y empresas de selección de personal que exponen sus vacantes. Otras fuentes para recopilar información laboral son los grupos de noticias y sitios web que están estrechamente relacionados con una ciudad o un área geográfica. Por poner un ejemplo, si usted está interesado en trabajar en Las Vegas, existen sitos web que cubren esta ciudad, que listan las empresas claves y ofrecen vínculos con otras áreas de interés. También existen grupos de noticias relacionados con diferentes sectores o profesiones (tenga en cuenta que está considerado una falta de educación cotillear o leer los mensajes durante un tiempo extenso antes de determinar si el contenido de los mensajes es lo que andaba buscando. También se debe saber que, en Internet, escribir TODO EN MAYÚSCULAS es el equivalente a gritar, por lo que debería evitarlo. Tendrá que atenerse a las reglas de cada grupo de noticias).

Para buscar algún grupo de noticias que le pueda resultar de interés, vaya a Deja (www.deja.com) o teclee la palabra clave "grupo de noticias" en un motor de búsqueda.

Si una empresa cuenta con un sito web, puede que allí encuentre ofertas de trabajo. Hasta hace poco, la mayoría de las ofertas en Internet estaban relacionadas con el campo de la tecnología, abarcando la informática o los trabajos relacionados con Internet la gran mayoría de las ofertas; pero esta perspectiva ha cambiado radicalmente. De hecho, muchas empresas principalmente dedicadas a la tecnología anuncian puestos vacantes no tecnológicos (como comerciales o ventas) que tienen vacantes. Un artículo publicado en el *New York Times* (3-1-99) afirmaba que la palabra clave más frecuente en las búsquedas de empleo era *directivo* (o *dirección*). Sólo tres de las diez palabras claves más utilizadas estaban estrechamente relacionadas con la tecnología (*ingeniero, informático* y *programador*). Otros términos de búsqueda entre la lista de los diez más utilizados eran *ventas* (nº3), *marketing* (nº4), *finanzas* (nº5), *contabilidad* (nº6), *auxiliar* (nº7) y *recursos humanos* (nº10). Nunca debe pensar que una empresa cuenta con una tecnología demasiado avanzada para usted, puesto que debe considerar las funciones que no están relacionadas con el aspecto técnico que la empresa puede necesitar para reforzar el negocio y, cuando haya dado con las soluciones, ¡no tiene más que examinar su sitio web!

Muchos sectores y profesiones están ampliamente representados en la web. Incluso si la empresa que tiene como meta no ofrece ofertas de empleo, seguramente contará con una dirección de E-mail o un número de teléfono al que puede llamar para pedir cualquier tipo de información (nombre y puesto de la persona a la que quiere enviar el currículum, si escanean sus currículums en una base de datos o si tienen una preferencia particular en cuanto al método de entrega del currículum se refiere).

LO QUE SIGNIFICAN ESAS ·PALABRAS	
.com	Comercial
.edu	Educación/universidad
.gov	Gobierno
.int	Internacional. OTAN
.mil	Militar
.net	Empresa, organización o red de gran envergadura
.org	Organizaciones no gubernamentales

Preparación y entrega de currículums electrónicos

Currículums en Internet

Antes de que tratemos cómo enviar currículums en Internet, usted necesita tener claro si es o no es confidencial.

Si a usted le preocupa que su actual empresa vea su currículum, piénseselo dos veces antes de exponerlo en Internet. Imagínese que usted ha hecho una excelente tarea con su currículum, utilizando las palabras claves adecuadas y su actual responsable busca una persona para cubrir una vacante (¿quizás la vuestra?) cuando se encuentra con su currículum. Algunas empresas, por miedo a perder personal valioso, lo que hacen es asignar personal del departamento de Recursos humanos para que naveguen por los sitios web relacionados con currículums en busca del nombre de su empresa, de forma que encuentren empleados que hayan expuesto sus currículums. ¿Qué sentido tiene hacer esta búsqueda? De esta forma, sabrán qué empleados están descontentos o buscan otros trabajos e intentarán satisfacerles o hacer que se sientan más activos en la empresa.

Cuando le envía su currículum por E-mail a una posible futura empresa, controla quién lo verá. Si decide que su currículum entre en una base de datos, pierde el control. Si para usted es importante la confidencialidad, considere las siguientes alternativas:

1. **Hacer un currículum general.** No aporte detalles como su empresa actual, su puesto de trabajo o la fecha en que empezó. Por ejemplo:

   "Directivo de una importante agencia de publicidad"

   "Vicepresidente de tecnología para una de las principales empresas de electrónica"

   "Directivo de ventas para una importante joyería"

2. **Utilice una dirección de E-mail que no le identifique.** Muchos sitios de búsqueda de empleo y motores de búsqueda ofrecen direcciones gratuitas de E-mail. Regístrese en una de ellas y utilícela como su buzón de correo de búsqueda de empleo.

3. **Ponga fecha a su currículum.** Si su currículum llega a manos de su jefe actual puede remarcar con honestidad que lo envió hace siglos.

4. **Ponga una nota a pie de su currículum si lo envía.** "La transmisión sin autorización está prohibida. Entrega a empresas previo consentimiento del candidato". Aún así, esto no le asegura de que los cazaejecutivos hurten su currículum, pero quizás pueda serle de gran utilidad.

5. **No exponga su currículum en los grupos de noticias.** De hacerlo, sería como poner un anuncio en el periódico difundiendo su búsqueda de empleo.

6. **Utilice los servicios de E-mail de los sitios web que ofrecen ofertas de trabajo.** Regístrese en aquellos sitios de búsqueda de empleo que ofrezcan el servicio de mandarle vía E-mail las ofertas de trabajo que pueden corresponderse con sus criterios. Puede que valga la pena que le llenen el buzón de mensajes.

Si su situación le conduce a pensar que exponer su currículum, es una buena vía, póngase en contacto con los sitios web relacionados con la búsqueda de empleo y plantéeles las siguientes preguntas:

- ¿Controlan todos los currículums que se les entregan? ¿Se intercambian o se venden a otras bases de datos?

- ¿Quién tiene acceso a mi currículum? ¿Está el acceso restringido a los empresarios, cazaejecutivos o empresas de selección? ¿Puede acceder a él cualquier persona que visite el sitio web?

- ¿Hay algún sistema de protección que impida que ciertas personas no accedan a los currículums?

Cuando esté satisfecho con alguno de los métodos para exponer su currículum, puede pasar al siguiente paso. Utilizando la información básica del currículum que ya ha elaborado, deberá cambiar tanto la forma como el contenido con el fin de adecuarlo a Internet. Por ello es tan importante saber realizar currículums en ordenador. Si no cuenta con servicio Internet y tiene que depender de los recursos de algún centro municipal o de un establecimiento, puede grabar su currículum en un disquete y entregarlo, puesto que es muy fácil de transportar.

Contenido. Si un currículum presentado por la vía tradicional debe parte de sus logros a las palabras de acción (verbos), un cibercurrículum se basa en las palabras clave (sustantivos). Piense en las palabras como si fuesen flechas, que se basan en sus habilidades, experiencia y objetivos laborales. Deben ser descriptores que ofrezcan los detalles que el ordenador necesita.

La inclusión de la palabra clave adecuada es imprescindible; tanto si su currículum se envía por E-mail directamente a un servicio o a una empresa como si rellena un cuestionario en Internet, necesita definirse a sí mismo utilizando palabras clave. Es importante que las palabras que emplee sean las que se estén utilizando en la actualidad. A modo de ejemplo, no hable del lenguaje HTML si los últimos programas se realizan en JAVA. Sea cual sea el mercado, usted debe vencer a su rival empleando como armas unas habilidades actualizadas y su capacidad para valorarse.

Usted debe proporcionar suficientes detalles para captar el interés de la base de datos informática que "leerá" su currículum. Las palabras clave son los ganchos que posee y necesita. Usted quiere que su currículum dé una imagen positiva de sí mismo y que se corresponda con el puesto vacante que desea. Para que ello sea posible, debe ser capaz de imaginar qué criterios enumeraría el empresario como requisitos que el candidato debería cumplir y, a continuación, debería listar en su currículum el máximo número que considere que cumple. Otra ventaja del currículum electrónico es que la limitación a una página deja de ser la regla de oro, puesto que lo importante es que refuerce su currículum con datos. No olvide que posteriormente será revisado por una persona responsable de selección.

Normalmente lo ideal es que el currículum ocupe como máximo tres o cuatro páginas, y se suele seguir la siguiente regla:

Recién licenciados o diplomados	1 página
La mayoría de gente	de 1 a 2 páginas
Administración superior	de 2 a 3 páginas

Formato. Puesto que el currículum es "leído" primero por un ordenador, debe estar dispuesto para un programa de base de datos, en vez de para un ser humano. Los elementos que se utilizan en los currículums tradicionales (las viñetas, negrita o subrayado) no están disponibles, ya que usted sólo puede contar con espacios en blanco y con algunos símbolos para distinguir los apartados de su currículum. Más tarde, si las palabras claves son las adecuadas, será leído por una persona, pero hay que tener en cuenta que esa persona verá continuamente multitud de currículums que parecen idénticos visualmente. Aún así, aunque disponga de pocos medios, todavía puede aportar una presentación efectiva.

Si quiere que su currículum esté más avanzado tecnológicamente, y si posee los programas apropiados para realizarlo, guarde su currículum en formato HTML para que el personal de la empresa o encargado de la selección pueda verlo como si fuese una página web. En Resumix (www.resumix.com) un sistema informático (ATS) puede codificar su currículum en lenguaje HTML gratuitamente.

Si va a enviar y exponer su currículum en Internet, debería llevar un seguimiento del sitio (o sitios) que utiliza. Algunos mantendrán su currículum por un período indeterminado, pero otros sitios sólo lo mantendrán durante un cierto número de días. También debe ser capaz de modificar o actualizar su currículum cuando sea necesario. Utilice la Carpeta de currículums en Internet (Muestra 1-13) para hacer un seguimiento de los currículums que ha enviado por Internet. Además, puede que necesite claves secretas para acceder a su currículum o para realizar modificaciones, por lo que es importante que mantenga esta información. Por último, si usted tiene como objetivo más de un puesto de trabajo, mantener copias sobre qué currículum ha enviado a tal sitio y qué palabras claves ha utilizado para definirse a sí mismo puede ser muy útil (cuando empiece a trabajar en su nuevo puesto seguramente querrá borrar todas esas ciberhuellas digitales que ha ido dejando y eliminar sus currículums de las bases de datos).

Currículums escaneados

Las empresas, tanto si cuentan con un sitio web para solicitar currículums como si no, pueden utilizar un sistema informático (ATS) mediante el cual todos los currículums entregados se introducen en una base de datos. A continuación, o bien un administrativo de la empresa leerá cada currículum e introducirá la información clave (de la manera en que lo determinen) o bien el currículum será escaneado, mediante un programa de reconocimiento óptico de caracteres, directamente a la base de datos. A veces, su carta de presentación se guarda en la base de datos junto con su currículum. Si se utiliza la primera alternativa, su currículum tendrá que ser descifrado por una persona que quizás no entienda los términos que ha utilizado en el currículum. La segunda alternativa depende de la claridad (visual) de su currículum, pero ambas están sujetas a la adecuación de las palabras clave. Los dos principales suministradores de programas ATS son Resumix (www.resumix.com) y Restrac (www.restrac.com). Asimismo, Resumís ofrece la posibilidad de que los buscadores de empleo formateen y entreguen sus currículums en su sitio web.

Muestra 1-13

CARPETA DE CURRÍCULUMS EN INTERNET

Sitio Web:	URL:	Fecha de envío:	Clave secreta:	Última vez que lo actualizó:	Cuánto tiempo puede ser mantenido en la base de datos	Palabras clave utilizadas:

Tanto las empresas de mediana como de gran envergadura utilizan los programas ATS para llevar a cabo un seguimiento regular del número de currículums que reciben. En las empresas de mayor envergadura, se trata de una forma de llevar un recuento del volumen de currículums solicitados y no solicitados que reciben cada día. En el caso de las empresas medianas, este método significa un ahorro en costes, puesto que mantienen el número del personal de Recursos Humanos al mínimo.

LISTA DE SEGUIMIENTO DE LOS CURRÍCULUMS ELECTRÓNICOS

✓ Texto en ASCII (DOS) para los currículums entregados vía Internet.

✓ No utilizar el signo "&" ni elipses "(...)".

✓ Emplear sólo "+" o "0" para separar apartados.

✓ Formato alineado a la izquierda.

✓ No introducir columnas.

✓ No añadir gráficos.

✓ No utilizar negrita, cursiva o subrayado.

✓ Emplear sustantivos en vez de verbos.

✓ Utilizar palabras clave (términos especializados o descriptores).

✓ Utilizar lenguaje estándar. No hace falta agotar el diccionario de sinónimos.

✓ Emplear el espacio en blanco para separar temas.

✓ Introducir el nombre en la primera línea. La dirección y el teléfono deben estar en líneas separadas.

✓ Emplear al mínimo las abreviaturas excepto cuando sean muy comunes (MBA, Dr.) o se trate de terminología del sector (HTML, JAVA).

✓ Utilizar un tamaño de letra 10 o 12.

✓ Papel blanco, fuerte y sin doblar para resúmenes escaneados.

¿Cómo puede saber si una empresa escanea los currículums? A menos que la empresa especifique los requisitos de entrega de los currículums en su sitio web o en un anuncio clasificado, la forma más sencilla de averiguarlo es ponerse en contacto con el Departamento de Recursos Humanos y preguntárselo. Si la respuesta es afirmativa, entonces puede preguntar si prefieren algún formato o método de entrega en particular. Cuando cuente con esta información, se encontrará en una posición por delante del resto de gente que busca empleo y entrega currículums en un formato que no puede ser procesado.

Observe las siguientes orientaciones para los resúmenes escaneados:

✓ Utilice papel blanco.   ✗ No utilice papel de color u oscuro.

✓ Utilice una impresora láser.   ✗ No envíe fotocopias.

✓ Utilice tamaño de letra 12 o 14.   ✗ No doble o grape documentos.

✓ Utilice fuentes estándar.   ✗ No emplee cursiva, negrita o subrayado.

✓ Utilice un formato estructurado.   ✗ No utilice viñetas, líneas o gráficos

✓ Desarrolle los acrónimos.   ✗ No utilice términos demasiado vagos o técnicos.

✓ Utilice más de una página si es necesario.

✓ Especifique las habilidades especiales y la experiencia de forma breve y exacta.

✓ Utilice terminología relativa a su sector.

✓ Sea generoso utilizando palabras clave.

✓ Recuerde que es mejor que se pase que no quedarse corto. Asegúrese de que incluye alguna palabra clave que haga referencia a la oferta de trabajo anunciada.

Currículums enviados por fax

Tanto si tiene como si no tiene ninguna duda sobre la legibilidad de su currículum enviado por fax, es mejor que se envíe uno a sí mismo o a un amigo a modo de prueba. No olvide que la legibilidad depende en gran medida de la calidad del aparato de fax. Por ello, intente que el currículum sea lo más sencillo posible.

Cartas de presentación enviadas electrónicamente

Las mismas reglas que se aplicaban al contenido de las cartas de presentación enviadas por correo tradicional y el formato para los currículums enviados electrónicamente se aplican a las cartas de presentación enviadas vía fax y E-mail. En la mayoría de los casos, sus cartas de presentación no serán escaneadas, por lo que puede prepararlas tal y como si enviase un currículum a una empresa que utiliza el sistema ATS. Las empresas puede que escaneen su carta "tal y como está" para añadirla a sus archivos con el propósito de proceder a una examinación posterior.

Utilice las habilidades actuales para conseguir puestos de trabajo actuales

Sea cual sea el formato o el método de entrega, ya sea en papel o en bytes a través del ciberespacio, un currículum sólo será bueno si alguien lo lee. Para que lo lean, primero tiene que llamar la atención del lector, tanto si se trata de un ordenador como de una persona. Si se siguen ciertas normas sobre el formato, sus posibilidades de lectura pueden aumentar. Además, si su currículum está acompañado por una carta de presentación, también incrementará la probabilidad de que sea leído.

Sin embargo, a pesar de todos los adornos que se añaden a los currículums, el contenido es el que le proporcionará la entrevista. Tener como meta ciertas empresas y hacer que sus habilidades se correspondan con las necesidades de las empresas será lo que le proporcione la entrevista. Sin embargo, hay mucho que depende de la suerte una vez entrega su currículum, puesto que usted no puede controlar las circunstancias en que éste se recibe:

- El lector puede tener un mal día, por lo que ninguno de los candidatos le parece apropiado.

- Puede que la capacidad del lector para juzgar a un buen candidato sea limitada ("Me han dicho que busque a una persona adecuada, pero ¿cómo sé a quién tengo que seleccionar?").

- Puede que la empresa tenga una agenda aparte ("quiero a alguien como Bob Jones").

Lo único que puede controlar en la búsqueda de empleo son los datos que aporta. Sus currículum y carta de presentación, siguen siendo la mejor forma de causar una buena impresión en una futura empresa.

Relatos e historias laborales

A pesar de que una historia recientemente publicada en *The Wall Street Journal* contaba que una mujer encontró un nuevo puesto de trabajo tan sólo conectándose 24 horas a Internet, desde luego, no se trata de un caso corriente. Utilizar Internet en su búsqueda de empleo es sólo añadir una herramienta más a su arsenal, ya que conectarse a la red es otra forma de buscar contactos, posibilidades y ofertas laborales. Sin embargo, lo que cuenta no son las herramientas que utilice, sino los resultados que obtenga. Mantener una actitud activa y abierta a las posibilidades, estando siempre al acecho de nuevos contactos y oportunidades, serán sus verdaderas armas. A continuación exponemos algunas historias recopiladas de nuestro sitio web sobre los logros de algunas personas que buscaban empleo:

Gerald: *Hace algunos años trabajaba investigando solicitudes de indemnización por siniestros. Un compañero de trabajo tuvo que realizar una entrevista con una empresa que se dedicaba a la jardinería y le comunicaron que necesitaban un especialista en horticultura. Mi compañero me lo explicó, presenté mi solicitud al puesto y lo conseguí.*

Michelle: *A principios de este año, la empresa C_____ me despidió. Envié numerosos mensajes a las asociaciones y grupos de noticias sobre gays y lesbianas, tanto a nivel local como nacional, comunicándoles mi despido y mi necesidad de encontrar un trabajo. Conseguí mi nuevo puesto de trabajo gracias a uno de aquellos mensajes. Una persona con la que solía trabajar leyó uno de mis mensajes y solicitó mi currículum. Empecé en mi nuevo puesto cuatro semanas después de mi despido.*

Liz: *Estaba sentada al lado de una persona en una cena (para una importante recaudación de fondos políticos) y me empecé a quejar sobre lo que significaba ser profesora y ¡la persona que estaba sentada a mi lado me ofreció un trabajo!*

Ni siquiera sabía quién era, pero al final descubrí que era el decano de una universidad. Acepté el puesto como auxiliar y volví como alumna a la universidad para conseguir mi doctorado, para optar a puestos más altos.

Carlos: *Me daba cuenta de que los negocios no funcionaban muy bien en mi oficina. Mucha gente se había marchado y me preguntaba cuánto tiempo seguiría en funcionamiento aquella sucursal. En las horas del almuerzo empecé a "navegar por la red" buscando ofertas de trabajo en mi área. Uno de los motores de búsqueda era un servicio de ofertas de trabajo en las oficinas cercanas a mi zona. Eché un vistazo a las ofertas y vi una que me parecía muy interesante. Les envié un E-mail con una copia de mi currículum y me respondieron invitándome a una entrevista. A pesar de que no me contrataron para el puesto al que había presentado mi candidatura (debido a la falta de experiencia) me contrataron en otro puesto que no tuvieron ni ocasión de anunciar.*

Betty: *Vi un anuncio en un periódico en el que pedían un socio de ventas publicitarias para una emisora de radio local. Entregué mi currículum y, mientras esperaba ansiosa la respuesta, oí por la radio que iban a hacer un programa en directo en un mercado de automóviles de ocasión. Así que se me ocurrió una idea brillante:¡iría a ese lugar y en directo presentaría mi candidatura al puesto! Así que, ni corta ni perezosa, hice exactamente lo que había planeado, el dueño de la emisora oyó mi petición, bajó hasta el concesionario y me contrató en el momento, diciendo que alguien con tanta iniciativa y creatividad funcionaría muy bien en su emisora.*

Cam: *Asistí a un cursillo sobre lenguaje HTML y en la última clase teníamos que hacer una página web. Reflexioné un poco y pensé que era buena idea añadir mi currículum realizado en MSWord y pasarlo a lenguaje HTML para exponerlo en la cuarta página de mi sitio web. Algunos meses después estaba hablando con un amigo y le comenté que no estaba muy satisfecha con mi trabajo actual. Me preguntó si tenía un currículum que le pudiese dar y yo le dije que podía ir, si prefería, a mi sitio web. Una hora después, una empresa me llamó por teléfono y me ofreció una entrevista para un puesto de trabajo (gracias a mi amigo). Fui a la entrevista y ellos ya contaban con copias imprimidas del currículum expuesto en mi sitio web. Conseguí el trabajo.*

Gary: *Me habían despedido de mi puesto de directivo de promoción nacional debido a una reducción de plantilla y estaba contento por haber encontrado un trabajo de limpiador para poder ir sacando a flote a mi familia (tenía más de 50, cuatro hijos y una hipoteca). Un día, mientras me estaba comiendo una* *hamburguesa en la hora del almuerzo en mi actual empleo en la empresa D_____, vi un anuncio en un periódico gratuito (bastante extraño porque casi nunca hay ofertas de trabajo) en el que buscaban un escritor promocional para una publicación empresarial. Presenté mi candidatura y conseguí una entrevista. Dos semanas después me habían contratado.*

¿Cuál será su próximo logro digno de ser mencionado en estas páginas?

Primera semana: tercer día

Tercer día

✓ Revisar el plan del día
✓ Vestirse y salir
✓ Investigar
     Acontecimientos actuales
     Anuncios clasificados
     Asociaciones profesionales
     Ferias de empresas que ofrecen
     puestos de trabajo
✓ Contactos telefónicos:
     Sospechosos/posibilidades/contactos
     Llamadas por primera vez
✓ Concertar citas

✓ Realizar seguimiento
     Cartas
     Llamadas telefónicas
     Investigación
✓ Trabajar con las diez empresas-meta
✓ Redactar cartas de presentación orientadas
✓ Enviar currículums
✓ Conectarse a Internet
✓ Actualizar las carpetas y archivos
✓ Planear las actividades para mañana

Centrarse, centrarse, centrarse.

Platón: "La vida que no se examina no vale la pena vivirla".

DeLuca: "La búsqueda de empleo que no está centrada en un objetivo no vale la pena llevarla a cabo".

Hay dos retos en una búsqueda de empleo centrada en un objetivo:

1. Escoger las metas correctas
2. Tener siempre a la vista los objetivos laborales.

Encuentre más ofertas de trabajo y más empresas que pueda considerar su meta laboral

La metáfora que mejor puede aplicarse a la búsqueda de empleo es la de plantar semillas. Siempre se plantan semillas asumiendo que algunas se las llevará el viento, otras se las comerán los pájaros, otras no crecerán por alguna razón y un pequeño grupo serán las que den fruto. El proceso de búsqueda de empleo es muy parecido y se observa al intentar considerar qué empresas tomar como meta.

La frustración que se produce en toda búsqueda de empleo radica principalmente en ser consciente de que por cada empresa que se escoge como meta, hay muchas otras que se dejan de lado. Sin embargo, en vez de dejar que este comentario le desaliente en su búsqueda hasta el punto de abandonarla, debe considerarlo un recordatorio para estar siempre alerta y al acecho de cualquier oportunidad en la que pueda concentrar sus esfuerzos.

Considere el siguiente ejemplo:

Usted prometió a su hija que la llevaría a la sucursal más cercana de la cadena de comida rápida más famosa, pero ahora está muy inmerso en los esfuerzos de su búsqueda de empleo en 30 días. Se ve envuelto en un dilema: ¿Lleva a su hija al restaurante y se aleja de esta búsqueda?, ¿o se aferra a su compromiso y rompe su promesa? La solución es hacer ambas cosas. Usted debería considerar esta circunstancia como una oportunidad para convertir el restaurante que va a frecuentar en un posible contacto hacia su nuevo puesto por las siguientes razones:

- ¿Le gusta la empresa que dirige el restaurante?

- ¿Conoce a los propietarios? ¿Cree que podrían ser posibles contactos?

- ¿Se trata de una franquicia? Puede que, en vez de tratarse de un pequeño local, forme parte de una cadena nacional que mueve millones de dólares.

- ¿Hay algún servicio laboral que usted pueda ofrecer a la empresa como, por ejemplo, ventas, marketing o diseño gráfico?

Aún existe un aspecto más que debería analizar: salir es una oportunidad para exponerse a los demás y ser visto. Usted necesita salir y mezclarse con la gente porque la tarea de buscar empleo es muy singular y le será útil estar en contacto con el mundo y sentirse seguro de sí mismo. Debe estar de punto en blanco y, para ello, deberá llevar la ropa adecuada y de forma impecable, además de un perfecto corte de pelo, de modo que esté siempre listo para una "entrevista" en cuanto se le presente la oportunidad. El aire fresco, el contacto humano y ver como un miembro de su familia se siente satisfecho añadirá puntos a su salud mental.

Si usted necesita una excusa para salir (recuerde que nosotros estamos a favor de que la persona que busca empleo salga a menudo), tenga en cuenta que puede servirle para ejercitar un poco el cuerpo, tomar aire fresco y hacer una pequeña excursión al mismo tiempo que recopila ideas. ¿Por qué no intenta ir a comprar comida? Interésese por la comida o la bebida, por los distribuidores, o por otros artículos de mercancías. Mientras espere en la cola, examine las revistas o boletines con el fin de encontrar noticias sobre negocios, residentes locales que logran ascensos o cualquier otro tipo de anuncios. Puede que incluso obtenga contactos potenciales gracias a otros compradores.

Mire a su alrededor de camino a casa. ¿Van a abrir nuevos establecimientos? ¿Hay anuncios en las paradas de los autobuses? En el coche, sintonice la emisora de radio local. Cada vez más, las empresas suelen anunciar ofertas de trabajo por la mañana y por la tarde, la hora en que la gente va y viene de la oficina. Las noticias empresariales también se pueden contar como tiempo de investigación, y, además, también le pueden aportar posibles contactos. Este acercamiento puede funcionar con cualquier empresa con la que tenga que mantener contacto. Usted debería disfrutar en el proceso al mismo tiempo que lo contempla como un reto y una tarea útil, puesto que nunca sabe lo que puede descubrir.

Vuelva a la Muestra 1-10 para encontrar más ideas respecto a las personas con que podría ponerse en contacto. ¿Ha ido a la biblioteca o se ha conectado a Internet para obtener más información sobre empresas que podrían ser posibles fuentes de información o contactos? Si no lo ha hecho, debe planificar hacerlo.

¿Y qué pasa con los anuncios clasificados?

Los anuncios clasificados le ofrecen otra oportunidad para realizar actividades variadas y pensar creativamente. Antes de nada, cuando se disponga a observar los anuncios, debe comenzar llevando a cabo una investigación. Se trata de un ejercicio que no dura más de dos minutos y que le ayudará a mantener su creatividad y su juicio analítico. Determine, por ejemplo, el volumen de anuncios de esta semana frente al de la semana pasada (se trata de un ejercicio instantáneo que consiste en observar el total de páginas destinadas a anuncios y compararlo con el del pasado domingo. Así, obtendrá un indicador general de si el mercado laboral experimenta una tendencia alcista o bajista). Si hay una diferencia significativa, digamos de un 10% o más, de aumento o disminución, deberá determinar cuáles fueron las causas. Las vacaciones suelen ser a menudo las culpables de la disminución en las páginas de anuncios, ya que la asunción general es que la gente no está interesada en buscar trabajo durante esta época. Algunos profesionales de Recursos Humanos piensan lo contrario y opinan que resulta efectivo aprovechar la oportunidad de anunciar cuando hay menos competencia. Asimismo, hay empresas que necesitan anunciarse porque tienen que cubrir los puestos, a pesar de las vacaciones. Desde el punto de vista de la persona que busca empleo, hay muchas ventajas en buscar anuncios durante el período de vacaciones, puesto que hay menos lectores y, por lo tanto, las posibilidades aumentan ligeramente.

En segundo lugar, debe identificar las categorías laborales que le interesan. ¿Cuál es la demanda para el puesto que desea? Es importante que lleve un recuento mental del volumen de anuncios de su categoría laboral para evaluar la demanda.

En tercer lugar, debe examinar el resto de los anuncios para ver si hay algo que podría considerar. De igual forma, debería observar quién expone el anuncio. ¿Se trata de una empresa de selección o de la misma empresa? Busque pistas que indiquen el nombre de la empresa si no se menciona. Considere las remuneraciones que se exponen para ver si concuerdan con su percepción sobre los salarios en la actualidad en relación con los puestos que se describen. ¿Posee las habilidades solicitadas?

No olvide los anuncios de las secciones de negocios. Normalmente aparecen en la sección empresarial de los periódicos y suelen demostrar técnicas creativas, como la inclusión de logotipos de la empresa y otras formas y figuras que normalmente no se perciben en los anuncios clasificados.

Con los cambios en la tecnología, la línea entre los anuncios de negocios y los anuncios clasificados prácticamente ha desaparecido. Lo único que debe recordar es mirar en diferentes secciones del periódico en busca de ofertas de trabajo. Asimismo, la mayoría de periódicos cuentan con un sitio web que puede examinar.

Cómo leer un anuncio. Los cínicos critican la verborrea positiva de los anuncios, puesto que aseguran que es una forma de esconder aspectos negativos. Por ejemplo, el sintagma *importantes prestaciones* suele indicar que la remuneración económica es baja, *busca gente que sepa pensar por sí misma* significa que hay una ausencia de dirección. No lea los anuncios al pie de la letra.

GUÍA PARA LEER ANUNCIOS CLASIFICADOS

1. ¿Qué me puede indicar el volumen de anuncios sobre el mercado? ¿Hay más o menos anuncios que la semana pasada? De haber un cambio significativo, ¿cuáles podrían ser las razones?

2. Buscar su categoría profesional. ¿Cuántos anuncios aparecen? ¿Cuál es la remuneración y los requisitos en cuanto a la experiencia? ¿Sigue siendo una persona competitiva?

3. ¿Hay algún anuncio sobre el que valga la pena llevar a cabo un seguimiento? Es decir, el puesto debe satisfacer sus requisitos laborales y usted debe satisfacer los criterios del puesto.

4. ¿Quién ha expuesto el anuncio? ¿Una empresa de selección o la propia empresa?

Ya que la mayoría de los periódicos agrupan los anuncios según la categoría del puesto, lo primero es buscar los títulos de los apartados en que está interesado (ver Muestra 1-14 para observar muestras de anuncios extraídos del periódico *New York Times*, 30/12/98). En el caso de puestos de trabajo relacionados con personal o Recursos Humanos, es mejor revisar ambas categorías, ya que los puestos podrían estar listados en cualquiera de ellas. Lo mismo sucede con los puestos relacionados con Contabilidad o Finanzas o con Artes Gráficas o Creativo, por citar algunos.

A continuación pase a los anuncios:

Título del puesto: ¿Qué título lleva el puesto? ¿Hasta qué punto está capacitado para realizar un trabajo que requiere ese título? ¿Menciona el anuncio si se trata de un puesto de nueva creación o si se trata de cubrir una vacante?

Descripción del puesto de trabajo y actividades: ¿Cuántos detalles se ofrecen? ¿Cumple usted los requisitos?

Situación: ¿Dónde está situada la empresa? Si aportan un número de teléfono ¿cuál es el prefijo del área? (Nota: si usted tiene una guía inversa puede buscar la dirección a partir del número de teléfono).

Remuneración: ¿Cuánto ofrecen? ¿Se mencionan las prestaciones? ¿Extras?

Experiencia: ¿Posee la experiencia mencionada, tanto en años como en el tipo de trabajo? ¿Se mencionan habilidades profesionales como títulos universitarios o programas informáticos?

Requisitos personales: ¿Menciona el anuncio otros requisitos adicionales como disponibilidad para viajar, trabajar los fines de semana o un horario flexible?

Otros: ¿Aparecen abreviaturas desconocidas en el anuncio? Un apartado en los anuncios era "PA", a menos que supiese que son las siglas inglesas de "Production Assistant" (Ayudante de producción), seguramente no estaría cualificado para el puesto.

Cómo responder a un anuncio. La primera regla es *responder pronto a todos los anuncios*. No los deje de lado hasta que llegue el fin de semana o hasta que esté menos ocupado; al igual que el pan, saben mejor si están recién hechos. La segunda regla es quedarse con copias de todos los anuncios a los que responde junto con una copia de su carta de presentación y currículum. A veces los anuncios vuelven a aparecer posteriormente y, con todas las tareas que tiene que realizar, es fácil que olvide qué anuncios son los que ya ha contestado.

Muestra 1-14

ARQUITECTO
DELINEANTE

Trabajaría para arquitectos Michael First Associates, con sede en Fairfield, Connecticut. Como mínimo dos años de experiencia como delineante, actitud profesional, trabajo en grupo, buena capacidad de organización. Llamar a xxx-xxx-xxxx o enviar un currículum por fax a xxx-xxx-xxxx.

Audio/Vídeo
PRODUCTOR MULTIMEDIA

Agencia de comunicación con sede en Princeton busca productor multimedia. El puesto requiere conocimiento de tecnología multimedia. Dirección de equipo, obligatorio saber controlar el tiempo y el presupuesto. Disponible para viajar. Enviar currículum por fax a la Sra._____ al xxx-xxx-xxxx

---

NÓMINAS

Empresa del sector de la construcción busca a persona capaz de realizar nóminas por ordenador incluyendo remuneraciones semanales, impuestos, informes certificados de nóminas, informes de afiliación y análisis de beneficios para la empresa con sede en Brooklyn. Se valorará experiencia en el sector de la construcción, pero no es imprescindible. Prestaciones y remuneración según experiencia. Enviar currículums por fax al xxx-xxx-xxxx a la atención de Cathy.

Basándose en la información que ofrece el anuncio, aunque sea escasa, si considera que cumple los requisitos (y que el puesto se corresponde con sus objetivos), ¿de qué forma debería responder? Si el anuncio menciona que envíen el currículum por correo o por fax, escoja el segundo modo ya que es más rápido (¿no está contento de tener currículums alternativos guardados en los disquetes?). Si el anuncio da a entender que proviene de una empresa de alta tecnología, pero sólo ofrece un código postal para las respuestas ¿qué sugiere esta discordancia? Si se ofrece una dirección de E-mail, considere la entrega por Internet de una forma tan seria como lo haría si se tratase de correo convencional (no estaría mal conectarse y visitar el sitio web de la empresa, en caso de que tuviesen).

- **¿Se extienden en palabras en el anuncio?** Aproveche y atáqueles con su misma terminología. Se sorprendería de saber cuántos currículums se entregan con la brusca expresión en la carta de presentación "Vi su anuncio, aquí está mi currículum". Por estar respondiendo a un anuncio, no tiene por qué ser breve, sino que debería venderse a sí mismo al máximo.

- **¿Qué estilo tiene el anuncio?** Si es formal, hay muchas posibilidades de que la persona que lo ha redactado o la empresa también lo sea, por lo que debería responder con tacto. En cambio, un anuncio que se ha redactado en un estilo más desenvuelto se presta a una respuesta más informal. La pregunta es ¿puede adaptarse a un ambiente de trabajo "divertido" y poco convencional con su forma de ser?

- **El anuncio pide que estipule la remuneración, ¿debería responder?** Nuestra recomendación es que no proporcione datos sobre sus salarios anteriores cuando responda a un anuncio (en realidad, se debería evitar este tema incluso en una entrevista hasta que no haya una verdadera muestra de interés por ambas partes). Aún así, quizás podría indicar una franja salarial, excluyendo las prestaciones y otras consideraciones. *Sin conocer las prestaciones ni otros beneficios o prestaciones, la franja salarial a la que aspiro se sitúa entre los 80.000 y 90.000 dólares.* Al utilizar este tipo de lenguaje usted no se ha atado a ningún número concreto y, por el contrario, recibirá una respuesta si está entre lo que la empresa considera abonar.

- **Asuntos confidenciales.** Si usted cuenta con un puesto de trabajo en estos momentos, ¿cómo puede evitar responder a un anuncio ciego (esos anuncios en los que no se menciona el nombre de la empresa) expuesto por su propia empresa? Si sabe con qué empresas de selección está vinculada su empresa, quizás pueda evitar responder a esos anuncios. Si usted está preocupado de que, antes de encontrar un nuevo puesto, puedan descubrir que ha iniciado una búsqueda de empleo, considere enmascarar ciertos detalles de su currículum, al igual que le aconsejábamos al exponer currículums en Internet. De esta forma, en vez de mencionar "Televisión ABC" como empresa de su puesto actual, substitúyalo por "importante cadena de televisión". De igual forma, su fecha de inicio podría ser

"1995", en vez de "junio, 1995". Si el título que posee es específico de su empresa, no lo desvele. Utilice "Directivo de ventas nacionales" en vez de "Director de ventas del sur de Estados Unidos" si cree que esta modificación puede evitar que le señalen con el dedo.

Estos consejos son especialmente importantes si usted trabaja en un sector pequeño en el que pronto se sabría que está entregando currículums (aún así, si se ponen en contacto con usted y sabe quién es la potencial futura empresa, usted puede entregar un currículum tan detallado como quiera).

Tome la máxima cautela en su carta de presentación. Investigue la empresa, si es conocida. Si se trata de una empresa de selección, busque referencias. Por poner un ejemplo, ¿suele representar a instituciones financieras? No se permita *ningún error* en su carta de presentación. Hay una tendencia a descuidar la redacción cuando "sólo se está respondiendo a un anuncio". Sin embargo, puesto que no sabe quién leerá su carta, es importante que mantenga una actitud profesional. Prometa volver a llamar si ofrecen un número de teléfono.

¿Cuánto tiempo debería dedicar a los anuncios? Eso depende de usted. Si usted está muy centrado en su tipo de búsqueda y sólo considera ciertos puestos, en ese caso debería trabajar los anuncios de forma regular. Si, por el contrario, muestra una curiosidad por los diferentes puestos de trabajo que están disponibles (por ejemplo, si vuelve al mundo laboral), échele un vistazo a los anuncios clasificados para ver qué hay y qué es lo que le parece más atractivo.

Considere los anuncios clasificados como otra herramienta para utilizar combinada con el resto: contactos telefónicos, reuniones cara a cara, organizaciones profesionales e Internet. Bajo ninguna circunstancia debería confiar únicamente en una de estas herramientas y, mucho menos, en los anuncios clasificados. Es cierto que resulta tentador cesar de realizar llamadas telefónicas en busca de contactos y dedicarse exclusivamente a enviar currículums a diario, pero las investigaciones demuestran que sólo el 15% de las ofertas laborales se exponen en los anuncios.

¿Por qué anuncian sus puestos vacantes las empresas?

La respuesta más sencilla es porque siempre hay alguien que responde a los anuncios, si bien puede ser mucho más complejo que eso, sobre todo si hay restricciones temporales y presupuestarias que el directivo debe considerar.

¿POR QUÉ UTILIZAN LAS EMPRESAS LOS ANUNCIOS CLASIFICADOS?

1. Siempre lo han hecho.

2. Consideran que los anuncios son rentables.

3. Todo el mundo es un experto cuando tiene que redactar un anuncio.

4. Se espera que los departamentos de Recursos Humanos expongan anuncios.

5. Resulta sencillo redactar anuncios.

6. Los anuncios generan actividad interna.

7. Se trata de una oportunidad para confundir los anuncios con una encuesta de popularidad.

---

1. Las empresas siempre los han utilizado y lo seguirán haciendo (es una de esas cosas que se hacen porque siempre se han hecho, al igual que los nuevos empleados siempre empiezan a trabajar en lunes porque siempre se ha hecho así).

2. Los anuncios se consideran rentables. Exponer un anuncio costaría sólo unos 650 dólares o incluso menos, mientras que la tarifa de una empresa de selección sería de 5.000 dólares (o más), por lo que resulta más barato (aparentemente) anunciarse. El problema está en que sólo consideran los gastos directos del anuncio, pero si se observan los costes indirectos —como los gastos en los que incurre la empresa por cada día que permanece vacante el puesto porque requiere mucho tiempo conocer a cada uno de los candidatos o porque hubo una respuesta floja o inexistente, además del tiempo y los gastos de esperar a las respuestas la segunda vez que se expone el anuncio— los "costes" del anuncio aumentarían sustancialmente.

3. Todo el mundo es un experto. No hay forma de medir la efectividad (o inefectividad) de los anuncios que se exponen. Se da por supuesto que, si se expone un anuncio, habrá candidatos. Esta analogía funciona mucho mejor con los campos de fútbol que con los anuncios. Un anuncio es una herramienta de marketing, y su efectividad no debería estimarse por las respuestas obtenidas, sino por el resultado de cubrir el puesto que se mencionaba en el anuncio.

4. El departamento de Recursos Humanos considera que se debe realizar, ya que eso es lo que se espera de ellos. ¡Desgraciado el departamento de Recursos Humanos que nunca expone anuncios! Seguramente el personal será considerado costoso e inefectivo, pese a sus logros en otras prácticas de selección.

5. Redactar anuncios no requiere casi formación. Es tan sencillo redactar uno. En realidad, tal y como hemos afirmado anteriormente, debería evaluarse la efectividad de los anuncios que se exponen para poder determinar si son buenas herramientas de selección.

6. Los anuncios ofrecen una razón para su existencia. Se trata de una demostración de que el departamento de Recursos Humanos está logrando algo. La dirección y ejecutivos podrán alardear de que va a aparecer un anuncio, a continuación de que ha aparecido el anuncio y, más tarde, de que apareció el domingo. Además, pueden decir que el anuncio salió ayer y que están esperando respuestas y, posteriormente, que recibieron tantas respuestas que las están seleccionando o que tuvieron escasa respuesta y necesitan volver a exponer el anuncio, retornando al inicio del círculo. Este proceso demuestra que los anuncios crean un círculo, que da sentido al funcionamiento del departamento de Recursos Humanos.

7. Los directivos utilizan los anuncios como una oportunidad para alardear "¡Anunciamos un puesto de _____ y obtuvimos 300 currículums!" o como una oportunidad para hacer que el departamento de Recursos Humanos trabaje más duro "Estaba en _____ y entré en el despacho del presidente de la empresa BCD cuando los presentes no cesaban de pavonear sobre un anuncio para un puesto de _____ con el que habían recibido 500 currículums".

Los problemas con los anuncios

El hecho de que los anuncios parezcan fáciles de escribir y de exponer no significa que estén bien hechos. A menudo continúan estando más orientados hacia el redactor que hacia el lector, por lo que no venden bien el puesto. Algunos anuncios resultan más atractivos que otros, utilizando logotipos o negrita para llamar la atención. Los anuncios que afirman "no se requiere experiencia" pueden esconder una baja remuneración, trabajo a base de comisión o malas condiciones laborales. Otros anuncios están redactados de una forma tan ambigua que la mitad de la población podría responder (y quizás lo haga).

Usted quizás asuma que hay una oferta de trabajo disponible para el anuncio expuesto, pero puede que esa vacante ya se haya cubierto cuando usted vea el anuncio, o que la posición se haya ocupado de forma interna y que se haya expuesto el anuncio debido a cuestiones de la Comisión de Igualdad de Oportunidades Laborales. En contra de lo que se podría pensar, las empresas de selección no exponen anuncios de trabajos inexistentes sino que, debido al retraso entre la orden del puesto vacante y la exposición (y la lectura) del anuncio, el puesto puede haberse cubierto cuando a usted le llega el anuncio. Algunas empresas de selección exageran las descripciones de sus puestos: *¡Secretarias! ¡Ahora pueden ganar más de 75.000 dólares anuales, más beneficios!* Seguro que cuando aparezca pidiendo información sobre uno de esos trabajos en los que puede ganar 75.000 dólares ya están todos cubiertos, pero quedarán algunos de una remuneración de 40.000 dólares. En general, el problema que existe con los anuncios clasificados por escrito es que normalmente ya están anticuados cuando llegan a sus manos.

El mismo problema puede aplicarse en cierta medida a Internet, ya que, a menudo, los periódicos exponen anuncios en sus sitios web y es una forma más de anunciarse, a pesar de que genera mucho correo basura porque las empresas reciben numerosas candidaturas de gente de todas partes cuando los puestos de trabajo buscaban a alguien de la zona en primer lugar (a veces, los anuncios en Internet también tienen fecha y, por ello, debería comprobar cuándo se actualizó por última vez el sitio web).

Quién, qué, cuándo, dónde y ¿por qué establecer redes de contacto?

En primer lugar, ¿qué son las redes de contacto? Las redes de contacto consisten sencillamente en hablar con gente. En la búsqueda de empleo significa reconocer vínculos entre gente que podría tener contactos u ofertas de trabajo y explorar las posibilidades. Esta tarea requiere dotes de comunicación sin lugar a dudas. En una reciente encuesta realizada a 480 empresas y agencias, la capacidad de comunicación se listaba como la cualidad personal más importante entre los diplomados o licenciados que buscaban las empresas (la experiencia laboral se situaba en segundo lugar, la motivación en tercero y las referencias académicas el sexto).

Facilite que la gente le ayude teniendo preparados sus discursos y orientados a las personas. Debe saber lo que espera que esa persona haga por usted. Pregúntele nombres de empresas que podrían querer contratar a alguien con su perfil profesional o nombres de gente que pueda ayudarle.

Estoy buscando un puesto como secretaria jurídica. ¿Conoce algunas empresas del sector jurídico a las que pudiese presentar mi candidatura? ¿Tiene algún contacto jurídico que pudiese compartir conmigo?

Debido a la situación de fusión de la empresa, sé que mi empresa actual va a realizar despidos después de este trimestre financiero, por lo que estoy buscando un nuevo puesto en otro banco como directivo de sucursal. Estoy dispuesto a aceptar posiciones dentro de un área bastante amplia. ¿Conoce alguna oferta que me pudiese interesar? ¿Tiene alguna relación bancaria con la que pueda contactar para obtener mayor información?

Estoy intentando conseguir otro puesto como Relaciones Públicas. ¿Conoce a alguien que trabaje en este ámbito o que trabaje para_____? Me gustaría ponerme en contacto con ellos. ¿Conoce a alguien que me pueda presentar?

¿Con **quién** debería contar en su red de contactos? Ésta es la decisión más difícil de tomar, pero también la más creativa. Si sus elecciones son efectivas obtendrá gratas recompensas, pero también pueden conducirle a la frustración y decepción.

Ahora le toca a usted sacar la pelota en el partido. Sólo usted puede determinar quién se encontrará en su red de contactos si considera que quiere trabajar así en su búsqueda de empleo. Puede elegir entre toda la población mundial. Tan sólo debe decidir a quién incluirá y a quién excluirá, porque el tiempo es su mayor limitación. No está mal tener un tercer grupo de "posibles". Vuelva al Evaluador de contactos (Muestra 1-8) y a la Lista de sospechosos prioritarios (Muestra 1-11).

Elegir a quién puede incluir o excluir como sospechoso o contacto es un arma de doble filo. Si incluye demasiados nombres, tendrá una barrera prácticamente insuperable, ya que será casi imposible ponerse en contacto con todos, pero, por otro lado, si es demasiado restrictivo, podría dejar de lado nombres de personas que le hubiesen ayudado y, al dejarlas de lado, las olvidará. Vuelva atrás y vuelva a evaluar los nombres con los que todavía no se ha puesto en contacto teniendo en cuenta, esta vez, la información que ha ido recopilando en los últimos tres días.

DÓNDE ENCONTRAR OFERTAS DE TRABAJO
- Padres, amigos, conocidos, vecinos
- Anuncios clasificados
    - Periódicos locales
    - Recursos en Internet
    - Boletines profesionales
    - Revistas empresariales
- Recursos en Internet
- Empresas de selección
- Oficinas de Empleo Gubernamentales
- Oficinas de orientación profesional en universidades
- Sindicatos
- Asociaciones profesionales
- Grupos de antiguos alumnos
- Bibliotecas y centros comunitarios
- Programas de promoción laboral de jóvenes, mujeres, etc.
- Programas para la inserción laboral de minorías
- Empresas

¿De **qué** debería hablar con las personas de su red de contactos? ¿Lleva a cabo encuestas de información o expediciones de pesca? Aunque este proceso puede considerarse bastante espontáneo e improvisado, cuanto más haya reflexionado y preparado este momento la persona que busca trabajo, más efectivo será el proceso, es decir, habrá más posibilidades de obtener contactos, entrevistas y, por último, ofertas de trabajo. Cuanto más preparada esté la persona que busca trabajo, más disfrutará y aprovechará cualquier contacto, aparte de su principal objetivo.

Aquí le ofrecemos unas pautas de los puntos básicos en un encuentro de posibles contactos (tanto telefónicamente como en persona):

- Saludo.

- Breve charla. Un momento para frases educadas. ¿Tiene el contacto tiempo para hablar con usted?

- Exponga cuál es el propósito del encuentro, ¿por qué está hablando con esta persona?

- Explíquele brevemente su perfil profesional (ver un minuto de intento de venta en Cuarto Día).

- Escuche. Espere preguntas, si es que todavía no le han realizado ninguna hasta ahora. ? Si no dicen nada después de una larga pausa y todo lo que intenta para sacarle una respuesta falla, entonces plantéele una pregunta abierta o una afirmación que casi siempre obtenga una respuesta. Observe estos ejemplos:

"Esperaba que me dijese qué alternativas tengo si quiero obtener un puesto en el sector de _____. Por favor, dígame algún nombre que recuerde".

"Si usted estuviese en mi situación, ¿qué haría a continuación?"

"Por favor, dígame con quién me podría poner en contacto para continuar mi búsqueda. ¿Puedo mencionar su nombre? (No pregunte "¿Se le ocurre algún nombre de alguien con quién podría ponerme en contacto?" ya que si la respuesta es no, ¿qué le puede decir a continuación?).

- Si tiene alguna otra pregunta, ahora es el momento de plantearla.

- Determine cuál será el próximo paso que tomará. Sea específico, asegurándose de que la otra persona está de acuerdo.

Le llamaré el (fecha), tal y como hemos quedado, para que me comunique los nombres y números de teléfono.

Este ejemplo expone una frase directa que demuestra que usted ha estado atento y que está solicitando conformidad a la otra persona para mostrarle que es serio y profesional en su proceso.

Le enviaré el artículo que le he mencionado hoy.

Intente evitar este tipo de compromisos porque significan más trabajo para usted. ¿Le enviará el artículo porque se lo ha ofrecido o porque la otra persona realmente quería verlo?

- Por último, debe concluir la charla. No de por asumida esta parte de su encuentro, ya que debe ser muy educado y cortés.

Quiero que sepa cuánto le agradezco el tiempo que me ha dedicado hoy. Gracias por su ayuda.

¿Cuándo es un buen momento para hacer llamadas telefónicas? Esta pregunta tiene diferentes respuestas y sólo se puede decir que el buen momento para hacer una llamada es cuando la persona que busca está disponible para hablar con usted y tiene tiempo de escuchar. Llamar por teléfono es una actividad clave y el teléfono es una herramienta verdaderamente efectiva en el proceso de establecer contactos. Sin embargo, para poder utilizarla de forma efectiva necesita poder hablar con la persona indicada. Los contestadores automáticos o los buzones de voz son de gran ayuda, pero no son más que una ampliación del teléfono como tal. El hecho es que todos los mensajes de llamadas perdidas del mundo no constituyen un sustituto del contacto. Por supuesto, esto no significa que no pueda dejar un mensaje a la atención de la persona con la que le gustaría quedar para discutir las oportunidades laborales en la empresa XYZ. Normalmente lo que debe hacer es establecer el contacto y cerrar de forma educada (*por supuesto, estaré encantado de reunirme con usted, Señora Candidata al Puesto, el (fecha) para discutir las oportunidades laborales en la empresa XYZ*).

Para conseguir ponerse en contacto con la otra persona al otro lado del teléfono, debe tener en cuenta el lugar y la hora más lógicos. Si la persona es un contacto personal, llámele a la misma hora que normalmente le ha llamado y ha podido hablar con él/ella y pregúntele cuándo pueden quedar. Puede que cuente con el número de oficina o de casa de una persona. Si conoce bien a la persona, podrá determinar si no le importaría recibir las llamadas en casa.

Usted debe ser más flexible cuando se trata de contactos que no conoce tan bien (o que no conoce lo más mínimo). En este caso se trata de intentarlo y aprender de los errores.

Algunas personas son "madrugadores". Son esas personas que aparecen en la oficina al amanecer y ya van pisando fuerte. Están disponibles para cualquier persona y les gustan las llamadas tempranas. ¿Cómo puede averiguarlo? Intente llamar pronto para ver si la llamada es efectiva a esta hora.

Hay otra gente que va pronto a la oficina, pero les gusta utilizar esta hora para estar tranquilos y, por ello, les molesta cualquier intrusión. Si usted llama y, de repente, le contesta una voz, prepárese (alguna gente nos ha llamado diciendo: "Oh, ¡eres tú! Pensaba que era el contestador"). Hay gente que ni siquiera contesta las llamadas a esta hora.

También está el grupo de gente que sólo está disponible durante el horario laboral normal. Hay algunos que sólo reciben llamadas durante ciertas horas del día y que responden las llamadas a otras horas determinadas.

Considere la gente de "la hora del almuerzo". Hay gente con la que es fácil ponerse en contacto durante la pausa del almuerzo porque comen en sus oficinas, y otros con los que no podrá ponerse en contacto porque se niegan a recibir llamadas durante estos minutos.

Hay gente que sólo puede contactar antes del mediodía y otros que están disponibles después de las dos (o las tres o las cuatro).

Por último, está la gente de la tarde, aquellos con los que es preferible ponerse en contacto después de las cinco, seis o incluso siete porque prefieren trabajar tarde.

Lo importante es que necesita utilizar la técnica del intento y el error con cada uno de los contactos que establece. Tenga cuidado con los buzones de voz y los contestadores automáticos, ya que nunca debe asumir que se ha establecido el contacto hasta que no haya una confirmación verbal. No permita que queden cabos sueltos ni asuma que le han hecho un desplante porque no han contestado su llamada. Puede que la persona no haya recibido el mensaje (esto pasa muy a menudo cuando se deja un mensaje al ayudante, a la mujer, al marido, a los hijos o hijas, a la canguro o al vecino de al lado, que contestó el teléfono porque estaba cuidando de la casa o esperando a que hiciesen una entrega de muebles).

Para obtener óptimos resultados, practique un guión antes de ponerse manos a la obra. Para ello, deberá practicar lo siguiente:

1. La concentración en su tono de voz (deberá rezumar confianza en sí mismo) y en su capacidad para escuchar (no debe preocuparse por cuál será su próxima pregunta porque ya las tiene escritas de antemano).

2. Repasar lo que tiene preparado decir para asegurar que ha incluido expresiones corteses y educadas, además de consolidar lo que ha planeado decir.

Si usted ha evitado tener que hacer llamadas a gente que no conoce, o incluso duda en ponerse en contacto con personas cuyo nombre le han facilitado, escriba un pequeño guión ahora mismo que podrá utilizar para muchos nombres que contiene su lista de sospechosos (ver Muestra 1-15).

Muestra 1-15

PAUTAS PARA ESTABLECER LLAMADAS
TELEFÓNICAS CON CONTACTOS

¿A quién llama?

Nombre —————————————————————————

Empresa —————————————————————————

Título/Puesto ————————————————————————

Nº de teléfono ————————————————————————

¿Por qué llama a esta persona? ————————————————

Su nombre le ha sido facilitado por —————————————

Conoce a —————————————————————————

Otras razones ————————————————————————

¿Qué quiere que esta persona haga por usted?

—————————————————————————————

—————————————————————————————

¿Por qué cree que esta persona podría ayudarle?

—————————————————————————————

—————————————————————————————

Resultado de la llamada telefónica:

_____

_____

Seguimiento: _____

_____

¿Dónde puede conocer a contactos? Cuando considere este punto, debe asegurarse de que no le causa excesivas molestias a la otra persona. Siempre que sea posible, reúnase cara a cara, ya sea en la oficina de la otra persona o en un área neutra. Nuestra sugerencia es que evite invitar a una persona a una comida o a una copa, puesto que no es necesario y seguramente no puede permitirse ni el tiempo ni el gasto (no olvide que también estamos hablando del tiempo de la otra persona).

Si la persona sugiere que se reúnan para comer o tomar algo, asegúrese de que el lugar es apropiado y efectivo para usted. En situaciones de gran presión será difícil que pueda comer tranquilamente sin que provoque algún pequeño accidente. Si esto ocurriese, intente salirse del embrollo con sutileza. Si no se siente cómodo con la sugerencia de la otra persona y se pregunta si no se tratará de una reunión de coqueteo, tenga tacto, pero intente hacer una sugerencia alternativa. Si se siente tan incómodo que no desea quedar con esta persona, entonces debería terminar la conversación diciendo que sólo se quería presentar en este momento y que llamará más adelante cuando su búsqueda esté en una fase más avanzada.

Evite las entrevistas telefónicas en la medida de lo posible. La forma más efectiva de comunicación cuando se intenta establecer una relación es un encuentro cara a cara. Este tipo de encuentros son preferibles, ya que resultan una presentación mucho más completa. Además de oír a la persona, la puede ver. En el teléfono no puede saber a ciencia cierta si esa persona está distraída y, además, resulta muy sencillo terminar la conversación (*¡Uy! Me llaman por el otro teléfono...*).

Conocer a alguien cara a cara conlleva mucho más, puesto que se ven el uno al otro. No hay distracciones y su encuentro demuestra dos cosas:

- ■ Este encuentro es tan importante que haría lo que fuese para conocer a la persona con la que se ha puesto en contacto.

- Un verdadero respeto hacia la otra persona que se intuye mediante sus acciones y mostrándole que quiere evitar al máximo las molestias o intrusión.

Si usted conoce a la persona en su "campo" es una excelente oportunidad para hacerse una idea de la persona. Ver la oficina de alguien posibilita aprender mucho sobre la persona. Una visita cara a cara, además de ser muy efectiva, también le proporcionará más tiempo del que le hubiese proporcionado una llamada telefónica, sobre todo si las dos personas conectan bien.

¿Por qué debería ayudarle la persona con la que se ha puesto en contacto?

Hay diversas razones por las que la gente quiere ayudarle y se encontrará con muchos casos en que las personas se desvivirán por ayudarle de forma altruista. ¿Por qué se comporta así la gente? Cuanto más intente determinar la razón por la que accedieron a conocerle, más conocerá las razones por las que le quieren ayudar.

- *Hay una relación entre sembrar y cosechar.* Desde los tiempos bíblicos, siempre se ha establecido una conexión entre lo que uno hace por los demás y lo que los demás hacen por uno. Los que tienen la capacidad para negarse pueden acceder a conocerle simplemente porque todavía otorgan credibilidad a esta regla de oro.

- *Al fin y al cabo el mundo es un pañuelo.* "El mundo es un pañuelo" es otro de los proverbios que puede alentar a la gente a conocerle. Si se negase a establecer un encuentro, la persona podría pensar qué nunca se sabe si él/ella puede necesitarlo en otro momento y no le gustaría que le rechazasen.

- *La gente competente siempre busca gente competente.* Hay gente en este mundo que cree que una empresa nunca puede tener demasiada gente competente y profesional y, por esta razón, siempre están contratando a gente nueva. Si usted solicita un encuentro, la otra persona puede contemplarlo como una oportunidad para encontrar un excelente empleado.

- *Curiosidad. ¿Por qué yo?* Desde este punto de vista, la persona con la que se ha puesto en contacto quiere saber quién es usted y que circunstancias le han conducido hacia él/ella.

- *Respeto por la persona que le ha facilitado el contacto.* Hay gente que le otorga mucha importancia a la mención de un nombre, sea cual sea la razón (pero siempre es bueno encontrar la razón) le llevará a acceder al encuentro o a cualquier otra cosa que le solicite que le parezca razonable y pueda hacer por usted.

- *Encuentran dificultades para encontrar tareas diarias.* Lo crea o no, hay mucha gente que nunca tiene suficientes cosas que hacer y da por bienvenido cualquier encuentro como éste porque les proporciona una actividad. La falta de un calendario muy ocupado puede deberse a una reestructuración o a que la persona se acerca a la edad de la prejubilación o de la jubilación.

- *No pueden decir que no.* Hay mucha gente que accederá a reunirse con usted porque encuentran desagradable o en contra de su personalidad decir que no.

- *Piensan que le conocen o que usted es alguien que merece la pena conocer.* No es una mala razón para conocerles, pero debe estar listo para proporcionar la respuesta que esperan. Está claro que se interesarán más en usted si hay un vínculo que pueden establecer y confirmar. En cualquier caso, atrase la búsqueda hasta que se haya realizado el encuentro cara a cara. Será difícil fomentar el entusiasmo si la respuesta se facilita pronto y se desvanece el entusiasmo.

En el proceso de búsqueda de contactos, sea consciente de que el encuentro será satisfactorio para ambas partes. Había una persona en el centro financiero de Nueva York que tenía su propia empresa de selección de personal. Cortésmente accedió a una entrevista con una mujer que le llamó. Estaba claro que ella quería establecer contactos y, cuándo él le preguntó cómo había obtenido su nombre, ella le proporcionó una complicada serie de nombres que le habían conducido a él. Muy impresionado por su diligencia, el hombre accedió a conocerla.

El resultado de aquella reunión fue el principio de una amistad. A pesar de que él no le pudo ofrecer una posición, ella quedó tan impresionada de su hospitalidad y profesionalidad que cuando consiguió un trabajo en el área de Nueva York, contó con su empresa para una serie de actividades relacionadas con los Recursos Humanos.

✓ *Repase las listas de sospechosos y de posibilidades*

Éste es un buen momento para llevar un recuento de por dónde ha pasado y a dónde quiere ir. La clave de su éxito será su persistencia.

¿A quién ha llamado? ¿Cuántas llamadas ha realizado? Éste es su tercer día, así que ¿con cuánta gente se ha puesto en contacto en relación con posibilidades, ofertas de trabajo o información? Eche un vistazo a su Carpeta de Búsqueda de Empleo (Muestra 26) y cuente el número de llamadas que ha hecho hasta ahora, incluyendo las que ha realizado hoy.

¿Cuántas llamadas ha realizado? Es decir, ¿en cuántas ocasiones ha podido hablar con la persona con la que intentaba ponerse en contacto? Un número razonable es una media de diez al día. Si usted no está poniéndose en contacto con gente, vuelva a considerar el tiempo destinado a sus llamadas telefónicas. ¿Está dejando mensajes a alguien o a un contestador automático?

De los contactos que ha establecido, ¿cuántos se mostraron interesados en conocerle? En este punto deberá analizar cada uno de los contactos y ser francamente honesto en determinar si las personas mostraron o no interés en ayudarle. Si no lo hicieron, no siga insistiendo con la misma gente. Necesita ser cauteloso y revisar cada transacción. A veces, somos demasiado duros con nosotros mismos y nuestras voces interiores nos dicen: *Venga, sé realista, ¿quién podría interesarse en conocerte?* Evite estas dudas a toda costa y, si alguien que conoce expresa una opinión similar, evíteles también tanto si se trata de amigos o familiares como de vínculos más alejados. Si los contactos que ha establecido hasta ahora han mostrado verdadero interés y usted también los ha calificado como posibilidades, a continuación debe perseguirlos uno a uno y concertar encuentros cara a cara. Si usted ha realizado una media de diez llamadas diarias, debería haber conseguido al menos tres citas con gente que cree que está interesada en conocerle.

Lleve el recuento de las llamadas telefónicas que ha realizado y de sus logros, ya sea en su agenda o tomando la Muestra 1-16 como plantilla. No sea excesivamente crítico, puesto que hay días buenos y malos y por ello obtendrá respuestas de todo tipo.

¿**Qué respuestas ha obtenido hasta ahora?** Observe la lista de gente con la que ha hablado. ¿Con qué llamadas ha conseguido mayores logros? ¿Se trataba de llamadas presentándose por sí mismo o a partir de recomendaciones? ¿Ha intentado contactar a gente de su mismo nivel, inferior o superior?

Muestra 1-16

HOJA DE RECUENTO DE CONTACTOS ESTABLECIDOS

	Nº llamadas de teléfono realizadas	Nº llamadas de teléfono en las que ha establecido contacto	Nº de encuentros concertados	Nº de encuentros a los que ha asistido
Primer día				
Segundo día				
Tercer día				
Cuarto día				
Quinto día				
Sexto día				
Séptimo día				
Total primera semana				
Total segunda semana				
Total tercera semana				
Total cuarta semana				

Tenga en cuenta las conversaciones con gente que no le quiso prestar ayuda. ¿Podía haber tomado un punto de vista diferente para conseguir un resultado más positivo? ¿Cómo se sentía al realizar este tipo de llamadas?

Si estaba demasiado nervioso (cierto nerviosismo es normal y además quizás sea necesario para darle la subida de adrenalina necesaria para realizar la llamada), intente respirar profunda y lentamente antes de tocar el teléfono. Recuerde:

Estoy preparado. Tengo las habilidades y capacidad necesarias. Puedo ser de gran valor a la empresa.

Otro truco para realizar estas difíciles llamadas telefónicas es estar de pie mientras se habla. Si necesita dar algunos pasos también está bien. Deje que esa energía se libere. ¡Tan sólo necesita papel, un bolígrafo y una agenda a mano para concertar los encuentros!

¿Cuál es el siguiente paso? Escoja a los vencedores y elimine a los perdedores. Busque más vencedores.

¿Algunas de las llamadas en las que ha conseguido buenos resultados se deben a referencias? ¿Puede volver a la fuente para obtener más nombres? Asegúrese de que se pone en contacto con los nombres que le han facilitado y haga saber a las personas que le han facilitado las referencias su agradecimiento y sus avances (además les podría pedir si, por favor, le pueden facilitar algún nombre más).

¿Ha habido alguna fuente que no le haya servido para nada? Quizás esta persona no tiene tantos contactos como usted imaginaba o simplemente la gente que conoce no quiere ayudarle. Una vez más, sea agradecido con la persona y hágale saber que los contactos no le fueron de gran ayuda.

No se lamente por toda la gente que no le ha querido ayudar con la que se ha topado. Es muy fácil caer en esta postura de mártir, intentando convertir a todos cuanto se encuentra en sus aliados. Sin embargo, esta postura le agotará emocionalmente y también agotará su tiempo. Se necesita realizar mucho esfuerzo para venderse a uno mismo. Si la venta no está yendo como esperaba, debería olvidarse de sus pérdidas y remontar el vuelo. La razón por la que no le va como deseaba tiene mucho que ver con usted.

Examine su Lista de sospechosos prioritarios (Muestra 1-11). ¿Se ha puesto en contacto con todos los nombres? ¿Cuántos nombres nuevos ha añadido? Para que todo funcione sobre ruedas tiene que ir añadiendo nombres a su lista de contactos y empresas que tiene como meta. ¿Cuántos nombres ha ido añadiendo cada día hasta ahora?

Contactos telefónicos

Los contactos telefónicos pueden ser efectivos si se los toma en serio y utiliza su tiempo de forma efectiva. Los errores pueden ser muy costosos tanto por el tiempo que ha perdido en las conversaciones telefónicas como por el que ha dedicado a perseguir falsas posibilidades que se puede derivar de las llamadas.

Técnicas y habilidades telefónicas

Sea directo, pero cortés. Practique siguiendo su guión. Escuche y explique las razones de su llamada. *Me gustaría encontrarme con usted, cuando le fuese bien, para conversar sobre la posibilidad de un puesto de trabajo en la empresa XYZ.* O *Me gustaría encontrarme con usted, en un momento que acordemos, para que me aconsejase sobre el camino que debo seguir en (profesión).* Observe que no le hemos sugerido frases como "...si es conveniente" o "si me permite sugerir" o "me gustaría explorar los contactos con usted...".

Estrategias para llamar por primera vez

Llamar a alguien por primera vez sin contar con ningún tipo de recomendación es el proceso más difícil. Empecemos a definirlo para poder entender por qué se trata de algo tan complicado. No debe mantener una actitud negativa respecto a esta técnica porque su actitud se vislumbrará en las llamadas que realice. Una llamada por primera vez es aquella que se hace a cualquier persona con la que no hemos tenido ninguna experiencia previa. Se trata de venderse mediante la primera impresión, pero para ello tiene que preparar primero al comprador antes de hacer la venta. Para colmo, además debe asegurarse de que la posibilidad con la que se está poniendo en contacto se trata de una posibilidad real y, por lo tanto, necesitará evaluar a la persona para no perder tiempo innecesario. Para realizar la evaluación, debe determinar su conocimiento básico:

¿Tienen capacidad para realizar contrataciones de personal?

¿Conocen a alguien que posea esta capacidad?

¿Saben dónde hay puestos vacantes?

¿Conocen a alguien que sepa dónde hay puestos vacantes?

Los estudios de mercado afirman que nos bombardean con más de 5.000 intentos de venta cada día, desde que nos levantamos hasta que nos vamos a la cama. Todo el mundo vende algo y sobra decir que, con tantos intentos de venta, la gente suele adoptar una posición defensiva y la mejor defensa consiste en decir no desde un principio. Vista la situación, usted necesita crear un intento de venta que vaya más lejos que los demás, de forma que la persona a la que intenta venderse se convierta en un grato oyente. ¿Difícil? Sí. ¿Imposible? Ni mucho menos. La clave es desarrollar una forma de acercamiento que sea efectiva.

El otro día, la ayudante directiva del Director de Finanzas de una importante empresa del sector deportivo fue a hablar con el director del departamento de Recursos Humanos. La persona sólo recibió negativas a un encuentro entre el Director de Finanzas de su empresa con otra persona de otra empresa diferente. Pensó que indicando el cargo de Director de Fianzas y el nombre de la empresa ya sería suficiente, pero se equivocó. Puesto que el director de Recursos Humanos había sido quien había llevado a cabo la presentación inicial entre el Director de Finanzas y la otra persona, consideró que cualquier reunión posterior podría concertarse fácilmente.

Cuando el Director de Recursos Humanos llamó él mismo, dejó un mensaje con la recepcionista y recibió una llamada en su oficina en menos de media hora. ¿Por qué a él le respondían tan rápido y a la ayudante directiva no? ¿Se trataba de suerte? La misma recepcionista tomó ese día los mensajes del director de Recursos Humanos y de la ayudante directiva. Y, entonces, ¿qué pudo hacer que la respuesta fuese diferente? La recepcionista recordaba el nombre del director de Recursos Humanos de otras llamadas anteriores, mientras que el nombre de la ayudante directiva y del Director de Finanzas le eran desconocidos, así que dio prioridad al mensaje del director de Recursos Humanos.

¿Qué se puede extraer de esta historia? Hacer llamadas por primera vez requiere persistencia y creatividad, además de excelentes habilidades como oyente. En la situación que ha sido descrita, la persistencia de la ayudante directiva no fue suficiente para lograr lo que perseguía, puesto que también necesitaba ser creativa, lo que hubiese dado buenos resultados en este caso. Aún así, ella supo poner en marcha una habilidad sutil, la de ir a ver al director de Recursos Humanos, en vez de sentirse cada vez más y más frustrada, para ver si podía encontrar la solución. Por esta razón, usted también debería reconocer que no puede controlarlo todo y, a partir de este momento, su búsqueda será más efectiva. Debe reconocer que depende de otras personas.

TRUCOS PARA REALIZAR LLAMADAS POR PRIMERA VEZ

- Sea educado con todas las personas con quien hable.
- Intente hacerse amigo de las secretarias y personal administrativo.
- Sus llamadas deberían ser breves.
- Intente buscar algo en común.
- Véndase. "Utilice entre 1 minuto y 30 segundos para realizar un anuncio informativo".
- Haga preguntas abiertas.
- No haga preguntas que puedan responderse con "no".
- Al final de la conversación, realice elecciones: "¿Qué sería lo mejor para usted?"
- Sea agradecido, sea cual sea el resultado de la llamada.
- Si el contacto le fue de gran ayuda, vuelva a ponerse en contacto con una nota agradeciendo su ayuda y ofreciendo datos de su progreso.

Los contactos son difíciles de encontrar y, por ello, no se deben perder oportunidades por no saber tratarlos de forma correcta. La cortesía puede ser un ingrediente en extinción en el mundo empresarial, así que ¡emplee la los buenos modales para conseguir un puesto de trabajo! Puesto que quizás tenga que intentarlo varias veces hasta dar con un sospechoso, sea amable con la secretaria o con la persona que recoja sus mensajes. Pregunte el nombre de la persona que toma el mensaje y utilícelo cuando vuelva a llamar. Si llama varias veces intentando hablar con alguien, puede ser una idea acertada pedir ayuda de la persona que ha tomado el mensaje. *Parece que estoy eligiendo unas horas inapropiadas para llamar. ¿Me podría decir*

cuando sería mejor que llamase? Estoy intentando ponerme en contacto con _____
para solicitar ciertos consejos. ¿Cuál cree que podría ser un buen método para hacerlo?

Ferias de empresas que ofrecen puestos de trabajo, ferias de salidas profesionales y asociaciones profesionales

A veces a las ferias de empresas que ofrecen puestos de trabajo se les llama ferias de salidas profesionales (o viceversa), dependiendo de lo que crea la organización que promociona la feria en función del poder de atracción.

Ferias de empresas que ofrecen puestos de trabajo

Estas ferias son encuentros en los que se realiza el esfuerzo de contratar a un grupo de candidatos. Normalmente tienen un patrocinador y la organización tiene el propósito de contratar suficiente gente cualificada como para conseguir sus objetivos de marketing. A menudo, las ferias tienen lugar en las instalaciones de la organización que la lleva a cabo.

INFORMACIÓN DE LA EMPRESA QUE NORMALMENTE SE CONSIGUE EN LAS FERIAS DE EMPRESAS

- Fundación de la empresa
- Otros nombres que la empresa ha utilizado
- Importantes acontecimientos a lo largo de la historia de la empresa
- Principales productos, servicios y/o misión
- Localización: sedes centrales, sucursales, afiliados
- Ambiente laboral (sindicalizado, no sindicalizado o ambos)
- Estructura actual
- Liderazgo actual
- Recientes tendencias y desarrollos que han tenido (o tendrán) un reciente impacto en la empresa
- Ofertas de trabajo

Ferias de empresas virtuales

Ésta es la forma en que se denomina a una empresa que expone sus puestos vacantes en Internet, normalmente en el sitio web de la empresa. Asimismo, cuentan con profesionales o empresas de selección que organizan los ciberencuentros (usted puede llevar a cabo una búsqueda de "su ciudad" y "ferias de empresas" o "salidas profesionales" para encontrar algo relacionado con su búsqueda de empleo).

Cuando sólo busca el sitio web de una empresa, se trata de un acercamiento mucho más profundo a una sola empresa. Así, además de ver los puestos que tiene interés en cubrir, también podrá utilizar esta fuente para llevar a cabo una solicitud virtual de trabajo instantánea. Seguramente, lo último que pueda hacer en el sitio web sea obtener información sobre la organización, algo que tendría que conocer de antemano antes de acercarse a la empresa, por lo que le recomendamos que lleve a cabo una investigación *a priori*.

Ferias de salidas profesionales

Las ferias de salidas profesionales se diferencian de las ferias de empresas que ofrecen puestos de trabajo, puesto que la primera normalmente se trata de una oportunidad para conocer a muchas empresas diferentes en un mismo lugar. Universidades, así como escuelas técnicas o de comercio, suelen albergar ferias de salidas profesionales. A veces también las patrocina una tercera parte, normalmente un proveedor que organiza la feria a cambio de un beneficio económico. En estos casos, las empresas abonan una cantidad (que a veces supera los 1.000 dólares) y el proveedor ofrece una garantía de que devolverá la cantidad si no se realiza un mínimo de contrataciones. Al igual que ocurre con las ferias virtuales, también existen ferias de salidas profesionales en Internet.

A veces, ambos nombres (feria de exposición de empresas que ofrecen puestos de trabajo o feria de salidas profesionales) se intercambian, según crea conveniente el patrocinador.

Puede que usted asista como un participante (no debe olvidar que los antiguos alumnos de las universidades suelen asistir) o puede ir como un miembro del grupo patrocinador. Debe ser consciente de que si busca empleo puede obtener oportunidades profesionales en este tipo de ferias incluso cuando represente a su empresa. A menudo, las empresas envían a antiguos alumnos universitarios a las ferias de salidas profesionales que acoge cierta universidad, así que debería considerar asistir si se le presenta la oportunidad.

Qué necesita en una feria de empresas que ofrecen puestos de trabajo o de salidas profesionales

Preparación mental. Usted también se estará exponiendo a sí mismo y en el mismo lugar habrá muchos otros candidatos que buscan empleo. Deberá ser agudo en todo momento y considerar cualquier intercambio con otra persona como una oportunidad para hacer gala de su ingenio. Está el personal responsable de preparar el acontecimiento, los directivos encargados de la contratación, otros empleados de la empresa y otros candidatos. Esté preparado para mostrar su mejor lado y esté atento en todo momento (desde el momento que pone el primer pie en la feria y necesita ayuda para saber a dónde ir hasta el momento en el que se marche y quiera demostrar su agradecimiento a todos cuanto han formado parte de la organización, con una sonrisa y un sincero "Gracias").

TRUCOS PARA ASISTIR A FERIAS DE SALIDAS PROFESIONALES

✓ **Vístase de forma profesional,** como si fuese a asistir a una entrevista.
✓ **Lleve zapatos cómodos.** Quizás tenga que estar de pie mucho tiempo.
✓ **Lleve consigo todos sus documentos de "venta".**
✓ **Llegue pronto,** cuando todo el mundo está atento y hay muchas ofertas.
✓ **Sea amistoso, enérgico y demuestre iniciativa.** Preséntese a diferentes personas que asistan a la feria y a personas de selección. Muéstrese entusiasta y contento de asistir al acontecimiento.
✓ **Trabaje en su red de contactos.** Mantenga los ojos bien abiertos y al tanto de nuevas ideas o contactos.
✓ **No se desanime** o desaliente por la avalancha de gente. Céntrese en todo cuanto puede conseguir estando en ese lugar.
✓ **Explore todas sus opciones.** Busque cualquier posibilidad, no se limite a inspeccionar sus objetivos laborales.
✓ **Realice un seguimiento.** Llame por teléfono o escriba una carta a alguien con quien haya hablado y con quien quiera entablar mayor contacto, aunque sólo sea para recordarle que le conoció y le entregó su currículum. Añada algún comentario sobre la feria, su conversación o la empresa para demostrar interés.

Apariencia. Cuide su apariencia. Esta afirmación incluye su modo de transporte y cualquier otro tipo de "envoltura". Tampoco hace falta que se presente conduciendo el Porsche de su vecino (a menos de que sea una imagen deliberada que quiere transmitir). Lo más indicado es vestirse de forma correspondiente a la empresa con la que se va a encontrar. Si tiene pensado visitar el stand de J. Crew, evite llevar ropa de la marca Ralph Lauren. Si hay refrescos, no se lance con cara desesperada, como si hubiese estado tres días cruzando el desierto. Si toma comida y bebidas ¿cómo se comportará ahora? No queremos que tenga la impresión que tiene que estar cohibido, pero tenga cuidado con todas las actividades que realice. Tenga en cuenta que, aunque la gente no observe de forma tan detenida como lo hace usted, cuanto más cuidado tenga más seguro de sí mismo se sentirá y más satisfecho de su conducta, además de que las probabilidades de tener un pequeño accidente que le aparte de su concentración y confianza también disminuirán.

Su "paquete de ventas". Cualquier cosa que lleve a la feria podría constituir su "paquete de ventas", el mismo que puede llevarse a las entrevistas y que debería incluir:

Copias de currículums en cantidades suficientes. A pesar de los esfuerzos de duplicación de copias que pueda realizar la empresa que acoge la feria, debería llevar suficientes copias de currículums para controlar la calidad y la apariencia de los mismos. Aún así, tampoco se cargue con demasiados, ya que podrían entorpecer su movimiento y debe recordar que necesita una mano libre para diferentes propósitos como, por ejemplo, dar la mano y tomar notas.

"PAQUETE DE VENTAS"

En una carpeta o portafolios que contenga separadores debería incluir:

- ✓ Copias de sus currículums
- ✓ Tarjetas de negocios
- ✓ Muestras de sus trabajos anteriores (si fuese apropiado)
- ✓ Lista de referencias
- ✓ Copias de su historial laboral y académico
- ✓ Bolígrafos (profesionales)
- ✓ Tener preparado un minuto de intento de venta. (*¿Quién es usted? ¿Qué desea? ¿Qué puede hacer por mí?*)
- ✓ Objetivos laborales: lo que quiere hacer, en qué área geográfica le gustaría trabajar, lo que vende (habilidades, experiencia, potencial).
- ✓ Identificación (carné de identidad, tarjeta de la seguridad social, carné de conducir) para las entrevistas.

Muestras de sus trabajos anteriores, si lo considera apropiado. Si usted pertenece a un ámbito profesional en el que haber realizado trabajos anteriores es un requisito de su "paquete de ventas", entonces debería llevarlos obligatoriamente. Si tiene muestras de trabajos, artículos que ha redactado, folletos que ha diseñado, premios o recomendaciones, considere ponerlos en una carpeta para exponerlos.

Historial laboral y académico (Muestras 4 y 5). Si se le presenta la oportunidad de rellenar una solicitud de empleo, usted debería tener preparados todos los datos, nombres y direcciones.

Una carpeta con separadores y un bloc de notas. Se trata de un imperativo que le servirá para varios propósitos. En primer lugar, es una gran herramienta para tomar notas. Cuando se encuentre con alguien que le ofrezca información interesante que le gustaría recordar, pregúntele si le importa que tome nota. Sea breve y conciso. En segundo lugar, la carpeta es una forma profesional de recopilar material y guardar sus documentos.

Asociaciones profesionales

¿Por qué debería asistir o hacerse miembro de asociaciones profesionales? Hay, como mínimo, siete razones que deben revisarse antes de tomar la decisión de ser miembro de una asociación profesional.

¿POR QUÉ DEBERÍA HACERSE MIEMBRO DE UNA ASOCIACIÓN PROFESIONAL?

1. Es una oportunidad de mantenerse al día de todo cuanto sucede en su ámbito profesional.
2. ¡¡Para establecer contactos!!
3. Posición política.
4. Es una fuente de ofertas laborales.
5. Involucrarse de forma activa en proyectos.
6. Es una oportunidad para fomentar sus habilidades comunicativas y oratorias.
7. La misma organización podría considerar candidatos.

Continua información por parte de la organización, que podría ofrecerle una gran oportunidad para mantenerse al día de todo cuanto sucede en su ámbito profesional. Además de las revistas y boletines informativos, también organizan congresos, seminarios y cursillos.

Las organizaciones profesionales son una gran fuente para **conocer contactos.** Siempre hay oportunidades para los profesionales que se reúnen, puesto que cada una de estas personas constituye una posibilidad de establecer relaciones y buscar recursos. No debe hacerse miembro de la primera organización que vea que está relacionada con su profesión, ya que para cada profesión suele haber más de una organización y usted deberá determinar cuál es la que mejor se adecua a sus necesidades. Algunas organizaciones se ven invadidas por gente con intereses económicos o profesionales fuera del mundo laboral, gente que ha cambiado de profesión o que acaba de abrirse camino. Tenga cuidado en no dedicar gran parte de su tiempo a semejantes organizaciones.

También hay que tener en cuenta los **aspectos jurídicos.** Las organizaciones profesionales siempre tienen una posición política. Intentan defender a aquellos a quienes sirven como miembros. Por poner un ejemplo, The American Payroll Association (La Asociación Estadounidense de Salarios) siempre está pendiente de cualquier ley en espera de ser aprobada por el Congreso que pueda ser perjudicial para directivos y profesionales del departamento de nóminas. A finales de la década de los ochenta, el Congreso estadounidense pretendía utilizar las nóminas para obtener información sobre los contribuyentes, puesto que se trataba de una fuente muy fidedigna, pero los esfuerzos de la asociación mencionada evitaron que se aprobase dicha ley.

Fuente de ofertas de trabajo. Las asociaciones profesionales suelen ser una buena fuente de información tanto a nivel local como nacional. A nivel local es más fácil conseguir datos, ya que los residentes locales conocerán puestos vacantes y sabrán con qué persona se puede poner en contacto. Si usted está más interesado en conseguir un puesto a nivel local, entonces debería hacerse miembro de una asociación local. Sin embargo, involucrarse activamente en estas asociaciones requiere también más participación.

Hay muchas oportunidades de que cada miembro se **involucre activamente** en cualquier proyecto que se esté llevando a cabo, como ser un miembro del comité permanente, asistir a las conferencias o congresos o ser elegido miembro del consejo directivo.

Considere la oportunidad de **destacar sus habilidades oratorias.** Las asociaciones siempre buscan oradores, por lo que si quiere practicar estas habilidades, ahora tiene la oportunidad. Entre sus tareas como orador podría tener que presentar algún acontecimiento o simplemente ser el responsable de llevar a cabo las presentaciones (otra oportunidad de conseguir contactos).

Considere la organización como una fuente de empleo. Las organizaciones profesionales siempre cuentan con personal. A menudo, hay profesionales que dedican su jornada laboral completa al servicio de la organización. Como un profesional en ese ámbito, usted podría considerarlo como una oportunidad laboral. No obstante, debería tener en cuenta que las organizaciones suelen clasificarse como organizaciones sin ánimo de lucro por lo que su organización puede ser bastante compleja.

¿Qué es lo que debe tomar en las ferias y en las reuniones profesionales?

Siempre que asista a una feria de salidas profesionales, un seminario, un cursillo o una reunión de una organización profesional deberá intentar tomar el máximo número posible de nombres de gente y de empresas al mismo tiempo que ofrece sus propios datos.

Sea un buen oyente. No intente hacerlo con una actitud "¿Qué puedo obtener de ellos?", sino que debe ir con el propósito de aprender. Observe cómo conversan los demás, sobre todo si usted es nuevo en la organización. ¿Conoce a todo el mundo? Actúe como si usted fuese el anfitrión, presentándose a otra gente y dándoles tema de conversación. Debe escuchar las historias de otra gente con el mismo entusiasmo con que cuenta las suyas.

Tome tarjetas de negocios de todas las personas que se encuentre. Acostúmbrese a hacer anotaciones en el reverso de la tarjeta: *Tipo con corbata roja. Tenía contactos con _____. Persona de empresa de selección. Muy simpática. Sabe sobre _____. Trabajaba para _____. Ahora busca otro trabajo.*

Sea discreto. En la mayoría de las profesiones debería hacer las anotaciones fuera de la vista de los demás.

Vuelva a casa con nuevas ideas sobre las empresas que puede contactar y los sospechosos o contactos a los que puede llamar. En cuanto vuelva a casa o a la oficina, escriba las ideas que le han aportado. Saque su agenda o su Carpeta de búsqueda de empleo para planear llamadas telefónicas y cartas de seguimiento. Siga generando más movimiento: más gente, más empresas y más contactos.

CÓMO PUEDE HACER QUE LOS CONTACTOS FUNCIONEN

- **Prepárese e investigue.** Tenga una idea clara de la información que la persona con la que se va a poner en contacto puede poseer.

- **Tenga un propósito en mente** para establecer el contacto. ¿Qué busca? ¿Un nombre, un contacto o un puesto de trabajo?

- **Ensaye.** Planee todo lo que quiere decir y practique con un amigo. Cambien de papeles, haciendo que su amigo sea usted y usted el contacto.

- **Desdramatice.** ¿Qué es lo peor que le puede pasar? ¿Que la persona no quiera hablar con usted? ¿Que después de hablar no le ofrezca ayuda?

- **No se tome las cosas de modo personal.** Sobre todo cuando se trate de conversaciones telefónicas, ya que usted no sabe lo que la otra persona está haciendo mientras hablan. Puede que esté distraída, que tenga una montaña de papeles encima del escritorio o que le haya interrumpido en medio de una acalorada discusión.

- **Ofrezca alternativas.** *¿Qué sería lo mejor para usted?* Acepte amablemente cualquier ayuda que le ofrezcan. *No, no estoy al tanto de ninguna oferta laboral, pero mi amigo en _____ puede que sepa algo. Estoy muy ocupado ahora mismo. Llámeme la semana que viene y hablaremos.*

- **Haga preguntas abiertas** que no puedan ser contestadas con un simple "sí" o "no".

- **Pregunte si podría utilizar su nombre como contacto.** *Cuando llame a _____, ¿puedo mencionar que hemos hablado anteriormente?*

- **Respete el uso del silencio.** Solicite ayuda y espere. Deje que la otra persona responda.

- **Deje siempre las puertas abiertas.** *Sí, entiendo que ahora mismo no tenga información. ¿Puedo dejarle mi nombre y mi número de teléfono por si sabe de alguna oferta de trabajo? ¿Puedo llamarle dentro una semana, más o menos, para ver si tiene alguna sugerencia (más)?*

Primera semana: cuarto día

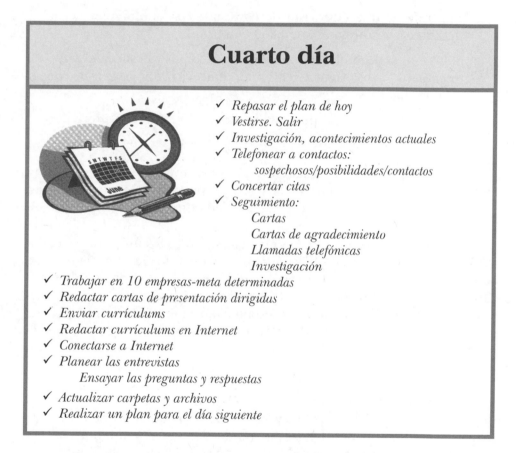

Cuarto día

- ✓ Repasar el plan de hoy
- ✓ Vestirse. Salir
- ✓ Investigación, acontecimientos actuales
- ✓ Telefonear a contactos:
  sospechosos/posibilidades/contactos
- ✓ Concertar citas
- ✓ Seguimiento:
  Cartas
  Cartas de agradecimiento
  Llamadas telefónicas
  Investigación
- ✓ Trabajar en 10 empresas-meta determinadas
- ✓ Redactar cartas de presentación dirigidas
- ✓ Enviar currículums
- ✓ Redactar currículums en Internet
- ✓ Conectarse a Internet
- ✓ Planear las entrevistas
  Ensayar las preguntas y respuestas
- ✓ Actualizar carpetas y archivos
- ✓ Realizar un plan para el día siguiente

El punto de vista de la "otra persona"

A pesar de que hemos destacado que la búsqueda de empleo sólo depende de usted, también se ha prestado mucha atención a las empresas que ha considerado como metas. Usted ha indagado sobre los puestos de trabajo y sobre las empresas, se ha comunicado con contactos y posibilidades,

181

ha enviado currículums y cartas de presentación, y ahora es el momento de mostrar los frutos en una entrevista. Como hemos mencionado anteriormente, una entrevista no es más que una conversación con un propósito. Su propósito es que le contraten y usted espera que el entrevistador comparta el mismo propósito: contratarle. ¿Qué otras razones podría haber para llevar a cabo una entrevista?

¿Se trata de una entrevista de cortesía en la que alguien le ha pedido a la empresa que hablase con usted?

Sólo se trata de "uno más para la base de datos". ¿Está ya el puesto cubierto y sólo siguen realizando entrevistas por cumplir con las formalidades?

¿Asiste a la entrevista, pero, en realidad, no está muy interesado en el puesto?

¿Cuál es el propósito de esta entrevista? ¿Se trata únicamente de una expedición o realmente quiere conseguir el puesto? ¿Tienen un puesto que ofrecerle y éste coincide con el que usted quiere?

¿Por qué es tan importante la entrevista? Con todos los avances tecnológicos, ¿por qué sigue siendo la entrevista el método elegido a la hora de contratar nuevo personal? Cada vez más, los puestos de trabajo requieren capacidad comunicativa y la mayoría de la gente fracasa debido a sus escasas dotes comunicativas. Además, estamos en la era de los trabajadores cualificados, en la que menos del 20% de la mano de obra se contrata en la industria manufacturera. Hay pocas pruebas por escrito que puedan evaluar las necesidades del puesto con el conocimiento relacionado y, de las existentes, ninguna puede predecir el éxito en el puesto de trabajo. Todavía no se ha encontrado un sustituto para el "apretar los tornillos" y "prueba de aguante" que se lleva a cabo en una entrevista con el fin de evaluar la experiencia y habilidades del candidato, determinar si se adapta a las necesidades de la empresa y poder vislumbrar el potencial subyacente.

El primer paso después de haber concertado una entrevista es seguir investigando. ¿Qué sabe sobre la empresa? ¿Sobre el puesto de trabajo? Revise todos los recursos que posee para recaudar información (ver Muestra 1-17).

Repase toda la información que ha ido recopilando y determine qué es lo que necesita saber antes de presentarse a la entrevista.

Muestra 1-17

¿HA REVISADO ESTAS FUENTES?

- ❑ Biblioteca pública
- ❑ Publicaciones
- ❑ Red de contactos
- ❑ Asociaciones empresariales
- ❑ Búsquedas en Internet
- ❑ Páginas web

¿Conoce a alguien que trabaje en la empresa o que haya realizado una entrevista recientemente? Puede que conozca a su entrevistador y que le ofrezca consejos o ideas.

¿Cuándo fue la última vez que buscó noticias o artículos relacionados con el desarrollo de ese sector o empresa? Actualice sus datos.

¿Qué sabe sobre la administración superior? ¿Ha habido cambios recientes o se prevén?

¿Conoce los datos esenciales sobre la historia de la empresa? ¿Cuándo se fundó, quién la fundó y cuál es su historial de funcionamiento?

¿Qué quiere saber sobre la empresa para determinar si será el siguiente paso en su carrera profesional?

Ponga al día toda la información que posee y utilice tarjetas o una libreta para anotar las preguntas relacionadas con la empresa que quiere que le respondan, tanto si es antes como durante la entrevista.

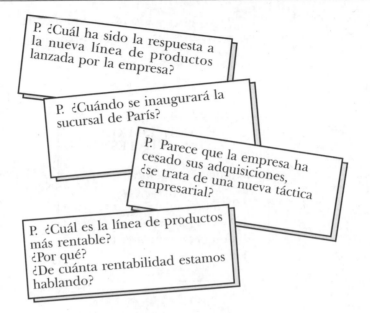

A continuación, debería centrarse en el puesto de trabajo que quiere obtener. La entrevista es una excelente ocasión para intercambiar información. Uno de los propósitos de acudir a la entrevista debería ser descubrir si realmente desea el puesto de trabajo.

¿Qué sabe sobre el puesto de trabajo? ¿Qué necesita saber? Utilice tarjetas u otra libreta para anotar las dudas que tiene.

QUÉ DEBERÍA SABER SOBRE EL PUESTO DE TRABAJO
(y no debería tener miedo a preguntar)

- ¿Quién es el propietario de la empresa? ¿Posee otras empresas o sociedades?

- ¿En qué mercados compite esencialmente la empresa?

- ¿Quiénes son los principales competidores de la empresa?

- ¿En qué consiste un día laboral normal?

- ¿Cuáles son las obligaciones más importantes? ¿Cuáles son las prioridades?

- ¿En qué medida contribuye su puesto al funcionamiento de la empresa?

- ¿Es la zona en que están ubicadas las instalaciones un sitio rentable para la empresa?

- ¿Cuál es el ritmo de trabajo? ¿Hay épocas en las que debe trabajar más? ¿Hay fechas límite de entrega?

- ¿Cuál es el horario normal de trabajo? ¿Se requiere a menudo que se quede más horas o que trabaje los fines de semana?

- ¿Existe flexibilidad en el ritmo de trabajo?

- Con las responsabilidades que conlleva el puesto, ¿cuáles son las posibilidades de un ascenso?

- ¿Ha ido girando ese puesto como una ruleta? (¿Cuánto tiempo lo ocupó la persona anterior? ¿Y la persona anterior a ésta?)

- ¿Dónde trabajaría? ¿Dónde estaría mi escritorio u oficina?

- ¿Podría ver el lugar de trabajo?

- ¿Quién será mi supervisor inmediato? ¿A quién debería informar?

- ¿De qué forma seré supervisado? (¿cuál es el estilo de dirección del supervisor?)

- ¿Cómo se realizarán los comentarios sobre mi trabajo?

- ¿Cuántos candidatos están considerando para el mismo puesto?

- ¿Cuánto tiempo tardarán en tomar una decisión?

- ¿Qué puedo hacer o decir para convencerle de que merezco el puesto?

- Quiero este puesto. ¿Podría llamarle en los próximos días (o la próxima semana) para preguntar si han tomado ya una decisión? ¿Qué día sería más conveniente?

- ¿Puedo ofrecerle un periodo de 30, 60 ó 90 días de prueba?

La comunicación es sinónimo de habilidades de venta

Tanto si su profesión es la reparación de ordenadores, las finanzas, el diseño de moda o las transacciones, seguro que está relacionada con las ventas. Si usted no vende un producto o un servicio, entonces está vendiendo una idea.

Incluso cuando vende un artículo físico, lo importante es qué puede hacer el producto: cómo puede mejorar, cambiar o enriquecer su negocio o su vida, y las penurias que pasaría sin él. No es suficiente con ser amable, sino que el comprador debe imaginarse la adquisición de este producto y todos los beneficios que le proporcionará.

Una entrevista es una oportunidad, tanto para el comprador como para el vendedor, para ver los puntos fuertes del producto, un momento para que usted y la otra persona imaginen cómo sería su trabajo en la empresa. Esta visión de una posible contratación puede ser transmitida a través de la comunicación, que no es más que enviar y recibir mensajes.

Comunicación 101

¿Cree usted que la ilustración que exponemos a continuación se parece a una entrevista?

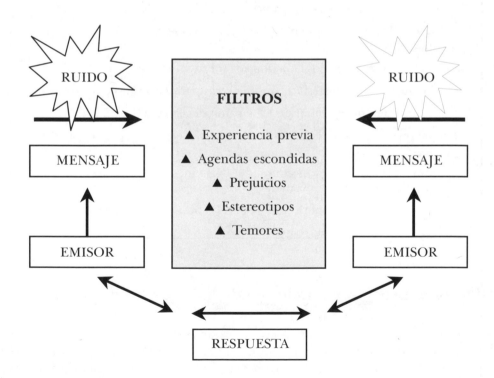

Si se contemplan todos los entramados del proceso comunicativo, no es de extrañar que haya malentendidos. Examinemos una entrevista típica. Tenemos un emisor/receptor (usted) y otro emisor/receptor (el entrevistador). La entrevista puede tener lugar en un lugar tranquilo, como una oficina (el ambiente). Puede que haya teléfonos sonando en la oficina de al lado o que el entrevistador esté barajando papeles que hay encima de la mesa (ruido). Cuando conoce al entrevistador, se da cuenta de que tiene una apariencia casi exacta a la de aquel temido profesor de química que tenía en el instituto (filtro), mientras que el entrevistador se da cuenta de que ambos se licenciaron en la misma universidad (filtro).

Mientras que usted inicia la conversación, desprende nerviosismo por todos los poros de su piel debido a sus recuerdos de aquellas clases de química (mensaje). Entretanto, el entrevistador le está preguntado cuáles eran sus asignaturas preferidas en la universidad (mensaje). Usted responde que le encantaba la historia del arte (respuesta) y parece que el interlocutor no comparte su opinión *Hmmm, ¿en serio?* (respuesta). Y así se sucede la conversación, recibiendo y enviando mensajes continuamente. Puede que el entrevistador sólo quisiese saber si usted se lo pasó mejor en la universidad que él o ella (filtro, mensaje), mientras que usted piensa que está charlando con un antiguo compañero/a (filtro, mensaje). Cuando cree que sólo están realizando una entrevista los dos se equivocan. Todas las personas que el entrevistador se ha encontrado antes de conocerle, cualquier persona con la que mantuvo una conversación antes de que usted llegase, y todos los temas que tiene en el orden del día (incluyendo la cena que tiene esa noche con su familia política) también están presentes. Y lo mismo se puede aplicar a usted. Cualquier experiencia anterior, preocupaciones sobre el aparcamiento del coche y su profesor de química también están presentes en la entrevista. Se trata de filtros que afectan a los mensajes que se envían mutuamente.

Si tiene la suerte de que la entrevista se realice en una oficina privada, al menos estará en un ambiente favorable. El candidato desafortunado es aquel que es vegetariano y acérrimo defensor de los animales y se tiene que sentar en una silla de piel. Si su entrevista tiene lugar en un sitio minúsculo, lleno de gente mirando a hurtadillas e interrumpiendo constantemente se trata de otro tipo de ambiente desfavorable.

Estos ejemplos tienen como fin ilustrar que incluso el candidato mejor preparado puede tener que afrontar factores que escapan a su control. Lo único que puede controlar son sus propios filtros, mensajes y respuestas.

Lo que **quiere decir** *frente a lo que* **dice**

¿Cómo se comunica? ¿De cuántas formas envía mensajes?

1. **La voz**. No se trata sólo de su tono de voz (nervioso, seguro), sino del volumen en que comunica. Hay ciertos acentos que pueden provocar diferentes respuestas o que pueden hacer que el receptor imponga algún filtro al mensaje. También hay algunas manías al hablar que pueden ser percibidas como malas costumbres:

   Volumen: se deben evitar ambos extremos de la escala. Hable en un tono normal de conversación.

   Muletillas: *ya sabe..., como si..., ehhh...*

   Voz ascendente: *Y entonces fui a la universidad-ad-ad?* (la voz asciende al final de cada frase, haciendo que parezca una pregunta).

2. **Palabras**. No utilice palabras obsoletas, términos grandilocuentes o jerga profesional. No es bueno que parezca que haya nacido con un diccionario de sinónimos en la boca, aunque también se debe evitar el polo opuesto, es decir, las palabras monosilábicas no deberían constituir los cimientos de su discurso. No hay ni que decir que en una situación laboral se descartan completamente las palabras vulgares o malsonantes.

3. **Expresiones faciales**. Una ceja encorvada puede significar más que mil palabras y lo mismo se puede decir de unos ojos chispeantes, de unos labios apretados y de unas aletas de la nariz infladas. Sus gestos faciales pueden respaldar o negar las palabras que está pronunciando.

4. **Lenguaje corporal**. ¿Es su apretón de manos demasiado flojo o quizás cree que la mano del otro es un trozo de acero? ¿Tiene las manos sudadas? ¿Se queda desplomado cuando se sienta o no para de moverse? ¿Qué manierismos le delatan cuando está estresado? ¿Mira frecuentemente a la otra persona (sin que se quede mirando fijamente todo el rato)? ¿Qué tipo de gestos hace con las manos, si es que los hace? Intente parecer tranquilo y seguro de sí mismo. Utilice el humor cuando lo crea apropiado.

5. **Conducta**. ¿Cuál es la impresión global que ofrece sobre sí mismo? ¿Cuál es su actitud? ¿Es una persona llena de esperanza, seguridad, amabilidad y con dotes para los negocios?¿Tendrá el entrevistador la impresión de que ha disfrutado realizando la entrevista? ¿Desprende entusiasmo? Debe dar la impresión de que está ilusionado y de que

tiene muchas ideas. Deje que el entrevistador marque el ritmo. Si se trata de una entrevista de media hora, no ofrezca todas las respuestas en diez minutos, sino que debe ajustarse al horario establecido por el entrevistador.

6. **Vestimenta**. Con la moda de la vestimenta informal y el hecho de que cada vez la gente se vista de forma más informal en las empresas (la mayoría todos los días de la semana), uno se pregunta si debería vestirse de forma elegante para asistir a una entrevista. Una buena regla es vestirse como lo hace el resto de la gente de la empresa y un poco más formal si es posible. Si la regla de la empresa es vestirse de forma informal, arréglese un poco más que los demás, pero siga llevando un traje o una ropa adecuada a los negocios, a pesar de ser menos conservador. Haga lo que haga, debe llevar ropa limpia y cómoda. Tampoco hace falta que vaya a la peluquería para hacerse un corte de pelo nuevo antes de la gran entrevista. No es bueno que haga cambios radicales en su apariencia personal en vísperas de una entrevista. Haga una prueba algunos días antes para ver si se siente cómodo con su apariencia. Aparezca aseado y con actitud profesional, pero no se exceda con la colonia, el maquillaje o la loción de después del afeitado.

Prepararse para la entrevista

A continuación le ofrecemos los tres pasos básicos para la preparación de una entrevista:

1. **Investigación**. Usted ya ha realizado este paso. Tiene información y sabe qué datos adicionales quiere obtener a partir de la entrevista.

2. **Ensayo**. Este es su próximo paso. Considere las respuestas a las preguntas que seguramente le plantearán, tenga la información fresca y sea consciente de las preguntas que no tiene la obligación de contestar a menos que lo desee.

3. **Relajación**. Después de completar los pasos número uno y dos lo único que le queda es asistir a la entrevista con ilusión, encanto y ¡muchísima seguridad en sí mismo!

PREPARACIÓN ANTERIOR A LA ENTREVISTA

• Investigación sobre la empresa. Busque datos sobre el puesto de trabajo. Sepa todas las respuestas que necesita.

• Repase los datos sobre su experiencia, formación académica y habilidades.

• Detalles sobre la entrevista: nombre, puesto, situación, tiempo.

• Ensayo. Repase las preguntas y respuestas.

• Sepa los puntos que quiere comentar. ¿Con qué mensaje quiere que el entrevistador se quede?

• Relajación. Haga ejercicio, dieta equilibrada, respete el horario de sueño. Sea usted mismo.

• Tenga preparado su armario.

• Tenga preparado el transporte hacia el lugar de la entrevista.

• Llegue a tiempo (15 minutos antes) y ¡páseselo bien!

DOCUMENTOS NECESARIOS EN LA ENTREVISTA

• Currículum. Dos copias en perfecto estado.

• Identificación. Carné de identidad, tarjeta de la seguridad social, carné de conducir.

• Tarjetas con las preguntas que quiere plantear y aspectos que quiere comentar (para revisar de camino y antes de la entrevista).

• Experiencia laboral/formación académica con los datos, nombres y lugares, por si le piden que complete alguna solicitud.

• Lista de referencias: nombres, direcciones y números de teléfono.

• Tarjetas de negocios.

• Folios en blanco o libreta.

• Bolígrafo de buena calidad.

• Material de emergencia: pañuelos de papel o de tela, medias, spray para el buen aliento, cortaúñas, peine o cepillo, aguja e hilo, pastillas contra el dolor de cabeza y para el alivio del dolor estomacal, así como cualquier medicina que pueda necesitar (estos productos pueden introducirse fácilmente en un pequeño neceser o bolso).

Saber escuchar

Cuando piensa en entrevistas, ¿le vienen a la mente frases como *¿Qué respuestas se me ocurrirán? ¿Cuáles son las buenas respuestas?*? Es normal que lo primero que piense sea lo que *dirá*, en vez de *qué oirá*.

Pasamos un tiempo desmesurado asistiendo a clases, desde la guardería hasta la universidad, aprendiendo habilidades comunicativas (leer, escribir y hablar), pero dedicamos una parcela mínima de nuestro tiempo a aprender cómo escuchar. Muy poca gente se para a pensar en la diferencia entre oír y escuchar.

Oír es una capacidad innata para todos los seres, excepto para los sordos. *Escuchar* es una habilidad adquirida. Las personas desarrollan la habilidad para descodificar mensajes.

Escuchar es una tarea en la que participan múltiples sentidos. Captamos los mensajes, tanto verbales como no verbales, y los transmitimos, ya sean de apoyo o de desacuerdo. De buenas a primeras no hay ningún truco para saber si su entrevistador será una persona que sepa escuchar, pero usted sí puede serlo y puede controlar los mensajes que envía.

HERRAMIENTAS PARA SABER ESCUCHAR DE FORMA EFECTIVA

★ **Mirar a los ojos**. Mire a su interlocutor a los ojos y, de vez en cuando, alce un poco más la mirada (a la altura de las cejas) para evitar quedarse mirando fijamente.

★ **Ofrezca respuestas**. Hay gestos no verbales como la sonrisa, el asentimiento con la cabeza o movimientos de mano que pueden decir "Sí, entiendo lo que me está diciendo". Decir con otras palabras lo que el interlocutor ha mencionado es otra herramienta para saber escuchar: *Entonces, ¿quiere decir que hay muchas oportunidades de ascenso en mi profesión cuando obtenga mi titulación universitaria?*

★ **Sea consciente de su lenguaje corporal**. Siéntese en frente de su interlocutor e inclínese un poco hacia delante para que dé la impresión de que espera tomar la palabra. Evite estar inquieto, andarse en las uñas, o hacer cualquier cosa que le pueda distraer.

★ **Preste atención**. Concéntrese mentalmente en las palabras que pronuncia su interlocutor, pero no se obsesione con saber qué puede decir a continuación o con el último comentario realizado. Siga el consejo de la religión Zen: viva el momento, esté en el "ahora".

★ **Tómeselo con calma**. Piense las palabras antes de pronunciarlas.   Si sabe que se toma el tiempo necesario para hablar, también se permitirá tiempo para escuchar.

★ **Espere su turno**. Utilice el silencio para darle a la otra persona la oportunidad de pensar. No avasalle en la conversación ni espere que la otra persona realice un monólogo. Participe y haga preguntas.

★ **Ponga a un lado sus sentimientos**. No permita que sus preocupaciones se reflejen en sus respuestas.

★ **No tema a su interlocutor**. Tiene que ignorar el hecho de que esa persona es la que "ofrece trabajos" o que es uno de los peces gordos de la empresa. Sea educado, pero no servil.

★ **No dé nada por asumido**. No interrumpa ni acabe las frases de su interlocutor. Tampoco lance sus comentarios demasiado pronto.

★ **Utilice la empatía**. Póngase en el lugar de la otra persona.

Debe recordar la cortesía. Puede que parezca un poco obsoleto, pero los buenos modales siempre se agradecen. Quedarse de pie y dar un apretón de manos cuando le presentan a alguien, recordar el nombre de la persona y utilizar las palabras mágicas *por favor* y *gracias* puede que no le consigan directamente el puesto de trabajo, pero si no las utiliza puede que pierda más de una oportunidad.

Si no tiene ni idea de cómo comportarse en situaciones sociales, sobre todo cuando tiene que asistir a una entrevista mientras come o cena, adquiera un libro sobre cortesía y modales y aprenda lo elemental.

Preguntas de la entrevista

Tras escribir *Best Answers to the 201 Most Frequently Asked Interview Questions* (Las mejores respuestas a las 201 preguntas más frecuentes planteadas en las entrevistas, 1995), pensamos en muchas más preguntas que no habíamos incluido en el libro, así que resulta obvio que no podemos exponerlas todas aquí. Aún así, hay cuatro tipos de preguntas que pueden plantearle:

1. **Sí... esperaba que me hiciese esta pregunta** (se trata de buenas preguntas cuyas respuestas muestran una imagen positiva de usted).

2. **Bueno... eh... me temía que surgiese esta pregunta** (malas preguntas que apuntan directamente a la llaga o al problema).

3. **¡Oh! ¡No! Ni se le ocurra pisar ese terreno** (preguntas no permitidas que no tiene por qué contestar).

4. **Preguntas que nunca se había imaginado** (dígame que no es usted una persona afortunada. ¡Tiene un entrevistador con gran imaginación!)

En estas categorías, pueden hacerle cualquier pregunta sobre cualquier apartado de su currículum, su solicitud (si ha rellenado alguna) o su vida profesional (e incluso personal). A la gente que contrata personal le gusta saber qué hace, cómo lo hace, por qué lo hace y cuáles son los resultados. La entrevista es un viaje de descubrimiento para el entrevistador y una oportunidad de venta para usted.

La entrevista suele seguir unas pautas:

1. Primero hay una **breve charla**, a modo de cortesía para que todo el mundo se sienta a gusto.

2. A continuación el **entrevistador procede a las preguntas**.

3. Normalmente, después se le concede la oportunidad de **plantear sus propias preguntas**.

4. Por último, hay un **breve resumen** (sobre los pasos que se tomarán) y una fórmula de despedida.

QUÉ ANDA BUSCANDO EL ENTREVISTADOR

- Buena impresión personal, apariencia física agradable, forma adecuada de vestir, conducta correcta, comunicación oral, lenguaje corporal.
- Persona competente
- Disponibilidad
- Motivación, entusiasmo y compromiso
- Liderazgo
- Habilidades comunicativas
- Desenvoltura y madurez
- Intereses extralaborales

Usted decide hasta dónde quiere revelar

En una entrevista, revelar información es compartirla. Sería como una carretera de doble dirección. Normalmente, la cantidad de información que se revela en una entrevista va aumentando a medida que ambas partes se sienten más cómodas y empiezan a ver las posibilidades de trabajar juntos.

Usted controla la información. Cuando habla, determina hasta dónde quiere llegar revelando la información. El lenguaje no verbal es también una forma de comunicarse; puede estar diciendo que se siente incómodo hablando sobre ciertos temas, o transmitirle que no está contando toda la verdad, si su interlocutor es un buen lector del lenguaje corporal.

Una entrevista es como una primera cita o un primer baile. Si se pasa de la raya y va demasiado rápido puede asustar a su pareja, pero si es demasiado cauto o lento entonces la otra persona puede pensar que "no está interesado". Existe un ciclo de reciprocidad en la conversación. Así es como funciona: usted comparte algo y la otra persona también comparte algo. Si la otra persona comparte un poco más con usted, usted comparte un poco más con ella. Primero metemos el dedo en el agua para ver si quema. Si la otra persona se muestra demasiado efusiva, entonces usted da marcha atrás. Si, por el contrario, las repuestas de la otra persona son "tibias", usted controla sus aportaciones.

- **No sea demasiado agresivo**. Un brazo musculoso no es una buena táctica de venta.

- **No se expanda en detalles**. Basta con una respuesta de un minuto, en vez de una de diez.

- **No revele información antes de que el entrevistador la necesite o la solicite**. No le desborde con demasiados datos.

- **No intime demasiado**. Esto no es un culebrón y los detalles personales que no refuerzan su candidatura no deben explicarse en una entrevista.

Ensaye las preguntas: preguntas, respuestas y rodeos

Antes de asistir a la entrevista, debería considerar la información que quiere obtener. La muestra 1-18 presenta una Evaluación posterior a la entrevista para que pueda mantener unas fichas de la primera impresión de la empresa, así como de la entrevista. Es una buena idea rellenar esta ficha después de haber realizado una entrevista. Así, recordará los detalles de ésta, el personal de la empresa y la evaluación de su actuación. Cuando escriba su carta de agradecimiento o le vuelvan a llamar para una segunda entrevista, estos detalles le serán de suma utilidad (después de varias entrevistas, es fácil mezclar los detalles y olvidar lo principal).

Esta plantilla le permite guardar la primera impresión de la empresa y la entrevista: "oficinas modernas", "vestíbulo caótico", "entrevista poco preparada" o "personal muy activo y alegre". Además, puede adaptarse a futuros encuentros, anotando cualquier pregunta a la que le haya sido difícil contestar o cualquier otra cosa que le haya cogido por sorpresa. Por último, debería intentar recordar cómo acabó la entrevista: ¿Quedaron en que usted les llamaría o que ellos iban a tomar una decisión y que ya le llamarían? ¿Cuándo?

Ensaye, ensaye y vuelva a ensayar

La clave para ser un excelente entrevistado es estar cómodo, sentirse seguro de uno mismo y preparado, pero ¡tampoco hace falta que no se salga del guión! La mayoría de los entrevistadores se darán cuenta de que no es la primera vez que oye esas preguntas, pero, aún así, tiene que parecer que esta *contentísimo* de que se las hayan preguntado. Póngaselo fácil y agrádeles siendo amable, cordial y entusiasta por estar asistiendo a la entrevista. Emplee sus habilidades sociales, dado que los entrevistadores buscan a gente que se sepa desenvolver en diferentes situaciones sociales.

Siéntase cómodo con la información que posee y sepa ser un buen narrador. Ofrezca ejemplos para reforzar cualquier afirmación o hecho. No hace falta que cuente una historia pormenorizada de su vida, pero debería tener algunos ejemplos a modo de ilustración preparados (ver Muestra 3, Carpeta de habilidades, para encontrar pruebas que evidencien sus habilidades).

Usted es el único experto en sí mismo, así que *sea usted mismo*. Si la empresa parece ser mucho más formal de lo que usted esperaba y mucho más formal de lo que usted es, deberá decidir si vale la pena fingir para conseguir el trabajo y continuar fingiendo durante la duración de su trabajo.

Muestra 1-18

EVALUACIÓN POSTERIOR A LA ENTREVISTA

Fecha: Empresa:

Oferta laboral:

Entrevistado por: Puesto/título:

Objetivo de la entrevista

Comentarios sobre la sede:

¿Dónde tuvo lugar la entrevista?:

Otra gente a la que me presentaron (nombres/puestos):

Comentarios sobre el entrevistador:

Preguntas problemáticas:

Aspectos que le cogieron desprevenido:

Resultado de la entrevista:

Seguimiento:

HABILIDADES PARA VENDERSE A UNO MISMO

- **Haga que sea fácil que les agrade.**

- **Sea un buen narrador.**

- **Ponga en práctica sus habilidades sociales.**

- **Sea fiel a su propia personalidad.**

TÁCTICAS DE ENTREVISTA QUE NO SON EFECTIVAS

- Ser parlanchín. Hablar por los codos.

- Desbordar con detalles, ofreciendo una avalancha de hechos, cifras, o presumiendo de la gente que conoce.

- Ser demasiado educado. No controlar la entrevista. Tener una mentalidad "después de usted..."

- Dar respuestas de una palabra. No explayarse ni proporcionar detalles.

- Ser demasiado cauto y no querer decir nada equivocado.

- ¡Cuidado! ¡Hay un tigre suelto! ¿Quién dijo que el entrevistador debía dirigir la entrevista? El entrevistado se apropia del control.

Breve charla

Al principio de la entrevista se debería romper el hielo y dejar ver cierta humanidad, ya que, de no ser así, el proceso se convertiría en un rebaño de candidatos. Según sea el candidato puede que la breve charla sea de todo menos breve. Tras la artimaña de hacer que se sienta relajado antes de comenzar la "verdadera" entrevista, un entrevistador hábil puede averiguar mucha información. Puede intentar establecer rápidamente un vínculo para sonsacarle sus secretos más íntimos, alegando que busca a la persona perfecta para el puesto. Cabe añadir que la breve charla también puede estar prevista para dar la impresión al candidato de que está orientada hacia la gente, creándose una buena reputación. ¡No debe olvidar que la empresa también se está vendiendo!

Otros dos comentarios sobre la breve charla al inicio de la entrevista:

1. Le ofrece la oportunidad de **empezar a calentar sus habilidades como buen oyente** y lograr el equilibrio en la entrevista.

2. Le permite **sacar temas** que pueden dejarle en muy buen puesto. *He leído en el periódico que el equipo de fútbol de la empresa ha ganado la liga por segundo año consecutivo. El personal debe estar muy ilusionado.*

Tras la breve charla, el entrevistador procederá al meollo de la cuestión. Algunas empresas estructuran las entrevistas de forma que el entrevistador plantea a cada candidato un número determinado de preguntas que ya han sido preparadas. El candidato cuenta con dos ventajas al enfrentarse a una entrevista estructurada:

1. Se juega limpio. A cada candidato se le plantean las mismas preguntas.

2. Es una señal de que la empresa se toma en serio las entrevistas, puesto que éstas se preparan por adelantado.

Sin embargo, también hay algunas desventajas relacionadas con las entrevistas estructuradas:

1. Pueden crear una falsa sensación de seguridad. La empresa puede creer que su método de selección es sofisticado.

2. Las preguntas pueden ser inapropiadas o inválidas para ese tipo de puesto vacante.

3. Las entrevistas estructuradas pueden significar un obstáculo a la hora de establecer vínculos personales con el entrevistador.

Por otro lado, las entrevistas que no están estructuradas dependen en gran medida de las habilidades, el talento y el estado de ánimo del entrevistador. Sin un guión preparado, ¿cómo se puede saber si hará las preguntas adecuadas para averiguar la información que la empresa necesita antes de contratar a una persona? Normalmente, la entrevista es una combinación de ambas tácticas y el entrevistador suele confiar en ciertas preguntas favoritas que considera que destacarán al mejor candidato, más algunas preguntas que variarán según la situación.

PREGUNTAS QUE SE PLANTEAN EN LA BREVE CHARLA

Evite a toda costa los temas controvertidos. Siempre puede acabar estando en el lado "equivocado" en temas tan inofensivos como los deportes o tan volátiles como la política.

¿Le ha costado encontrarnos? ¿Qué tal está el hotel? ¿Llegó su avión a la hora establecida? Dé respuestas cortas y no se queje. ¡Todo está a su gusto!

¿Qué opina de ese (equipo de deporte) (partido político) (tema controvertido a nivel local)? Exprese su interés a modo general. *Sí, he estado siguiendo el tema en las noticias,* pero no tome partido por ningún bando.

En su currículum mencionaba que le gustan _____. Si estaba en su currículum, entonces está a salvo, pero por ello no debe exagerar su talento o sus intereses. Puede que crean que es un farsante. Además, añadir intereses extralaborales en su currículum a veces puede acarrear consecuencias negativas. Esté seguro de que sólo incluye aquellos intereses afines a sus objetivos laborales.

¿Le gustaría tomar un café/té/refresco? A menos que sea un experto equilibrista y quiera tentar al destino, le recomendamos que deje los refrescos para cuando acabe la entrevista y lo mismo en cuanto al hábito de fumar.

¿Cómo prefiere que le llame? Se trata de un intento por parte del entrevistador de hacer que se sienta cómodo, llamándole como a usted le gusta. Es demasiado cursi optar por los diminutivos como "Stash" o "Muffie", así que mejor que no revele este secreto hasta que le hayan hecho un contrato indefinido en la empresa. Puede que esta sea una oportunidad para averiguar el grado de formalidad de la empresa. *Aquí todos nos conocemos por el nombre.*

Ah, veo que está leyendo _____. ¿Qué opina del libro? En este momento le ha tomado por sorpresa y no tiene ni idea de si se trata de un tema controvertido para el entrevistador o no. Es mejor alejar de la vista del entrevistador cualquier libro, a menos que sea uno publicado por la empresa o en el que aparezca mencionada y la deje en buen lugar.

Tipos de entrevistas

Entrevista criba. Este tipo de entrevista la suele realizar gente que tiene como misión hacer una primera criba en el proceso de selección. Normalmente suele estar de la mano de personal de empresas de selección o de departamentos de Recursos Humanos, y el entrevistador sólo suele contar con información básica sobre el puesto vacante. De esta forma, el entrevistador suele repasar con el candidato el currículum y le pregunta directamente aspectos sobre su educación y experiencia laboral. Un entrevistador experto podría realizar preguntas en mayor grado de profundidad. Sin embargo, lo importante no es que se trate de un entrevistador con conocimiento básico del puesto, ya que si usted no pasa la prueba, estará eliminado en el proceso. La función del entrevistador es deshacerse de todos los candidatos inapropiados.

Entrevista de cortesía. Son entrevistas que se refieren exactamente a lo que sus palabras indican. Le realizan la entrevista como un favor que le hacen a alguien. En este tipo de entrevistas usted necesita emplear sus contactos. Sea agradecido con la persona que le haya conseguido la cita. Las empresas son conscientes de que suelen obtener los mejores empleados mediante recomendaciones y, por lo tanto, usted debería reforzar este aspecto en el transcurso de la entrevista (*He trabajado con Susan Green anteriormente y ella considera que la empresa XYZ puede ser un excelente lugar para poner en práctica mis capacidades*).

Entrevistas de selección. Normalmente la gente suele pensar siempre en este tipo de entrevistas. El candidato se encuentra frente a frente con una persona que tiene la capacidad de contratarle. A lo largo de la entrevista se examina su experiencia anterior, sus aspiraciones y los objetivos de la empresa para determinar si son compatibles. Las preguntas se realizarán siguiendo el orden que el entrevistador considere más apropiado, pero normalmente incluyen muchos tipos de formulación que exponemos a continuación.

ECUACIÓN DEL ENTREVISTADOR

Lo que puede hacer + lo que hará
+ se ajusta a la empresa   = candidato contratado

Lo que puede hacer el candidato es su capacidad para desempeñar el cargo del puesto *La persona ha realizado este tipo de trabajo anteriormente.*

Lo que hará el candidato es su potencial de efectividad. *La persona puede hacer lo que necesitamos.*

Se ajusta a la empresa significa que el candidato proviene de una empresa u organización parecida a la nuestra. *La persona puede progresar en nuestra empresa.*

Muestras de preguntas de entrevista

Preguntas sobre la empresa y el puesto de trabajo

En este punto empezará a ver los frutos de su investigación. Usted quiere que el entrevistador sepa que ha mostrado el interés suficiente para averiguar información sobre la empresa, pero que, por descontado, no lo sabe todo. La mayoría de las preguntas son sencillas, pero, si no tiene cuidado con sus respuestas, le pueden eliminar del proceso de selección fácilmente. Muéstrese positivo respecto a la empresa y el puesto. Deje que el entrevistador le proporcione información adicional sobre la compañía y el puesto que desea ocupar (¿se acuerda de aquellas tarjetas en las que escribió preguntas sobre la empresa y el puesto cuyas respuestas quería averiguar?)

MUESTRAS DE PREGUNTAS DE ENTREVISTA

Preguntas sobre la empresa y el puesto vacante

- ¿Qué sabe sobre la empresa?
- ¿A qué nos dedicamos?
- ¿Qué sabe sobre el puesto vacante del que vamos a conversar?
- ¿Cómo se enteró de este puesto vacante?
- ¿Cuál es su opinión sobre la empresa?
- ¿Cuál cree que es el principal problema de la empresa? ¿Cómo nos podría ayudar a solventarlo?
- ¿Qué importantes tendencias observa en su sector?
- ¿Qué es lo que más le atrae del puesto?
- ¿Qué es lo que menos le atrae del puesto?
- Si pudiese, ¿qué cambiaría del puesto?
- A su parecer ¿En qué se diferencia este puesto de su puesto anterior o actual?
- ¿Qué le hubiese gustado conseguir en su puesto actual y qué se lo impidió?
- Déjeme describirle el equipo en el que trabajaría si le contratamos. ¿Cree que se adaptaría bien? ¿Le gustaría ser un miembro más del equipo o un líder?

- ¿Cuál cree que es la importancia y la adaptación de este grupo de trabajo en la empresa?
- ¿Qué cualidades personales cree que se necesitarán para conseguir logros en ese puesto?
- ¿Dónde le gustaría estar a nivel profesional dentro de cinco años?
- ¿Cuál fue su salario inicial?
- ¿Qué ha aprendido de los trabajos que ha realizado anteriormente?
- ¿Cuál cree que es la opinión de su superior sobre su trabajo en el puesto?
- ¿Qué cree que dirá su superior cuando sepa que se marcha?
- ¿Qué cree que dirá la gente que le ha recomendado?
- Defina la palabra *reto*.

P. ¿Qué sabe sobre el puesto vacante del que vamos a conversar?

Durante los últimos cinco años he trabajado como diseñador gráfico y he estado leyendo la revista Wireless *durante este tiempo porque siempre me han sorprendido sus elementos de diseño. Sé que utilizan diversos programas con los que estoy familiarizado porque los diseñadores y los programas utilizados aparecen citados al final de cada número. Además, he trabajado con otros editores y estoy muy acostumbrado a actuar a contrarreloj. Cada empresa tiene su forma de hacer las cosas, y supongo que la dinámica del trabajo en grupo es vital para que cada número sea un logro.*

P. ¿Cuál es su opinión sobre la empresa?

Muestre conocimientos y una actitud positiva sobre la empresa, pese a que se hayan anunciado recientes acontecimientos negativos en los medios de comunicación.

Por cuanto he leído, creo que es una empresa que está en continuo cambio. Las importaciones sólo tienen una pequeña representación en la actualidad en su cuota de mercado, pero la empresa ha sabido ampliar su línea de productos. Sobre todo estoy muy interesado en su nueva línea de _____ .

P. Si pudiese, ¿qué cambiaría del puesto?

Al no haberme incorporado siquiera al puesto, no me siento cómodo comentando los posibles cambios. Sin embargo, soy una persona muy flexible e innovadora y, de ser necesarios ciertos cambios, no tendría ningún problema en discutir varias soluciones con el equipo de trabajo.

Preguntas personales

Ésta es el área en que muchos entrevistadores sienten la tentación de desempeñar el papel de un psicoanalista amateur, a juzgar por algunas preguntas que le podrían hacer. Siempre debe ser consciente de que controla el grado de información que quiere revelar. El entrevistador intenta averiguar cuál es su forma de pensar y qué es lo verdaderamente esencial para usted con el propósito de saber si podría ser importante en la empresa. Usted tiene que intentar vender que sabe resolver problemas y, por lo tanto, no debe limitarse a solventar cuestiones empresariales sino también interpersonales.

La pregunta más peligrosa, debido a la información que puede revelar y a la dificultad para responder es "Cuénteme un poco sobre usted".

El candidato, o bien relata toda su vida de pies a cabeza, o responde con "¿Qué quiere saber exactamente?" A veces, lo que el entrevistador busca no es saber la respuesta a una pregunta sino de qué forma va a reaccionar.

El entrevistador puede haber leído un artículo reciente que afirmaba que ésa era la pregunta más relevante en una entrevista y quizás no tenga ni idea de cómo evaluar la respuesta. Otra posibilidad es que el entrevistador no sepa dónde puso su currículum y, entretanto, esté intentando refrescar su memoria. Podría decirse que este tipo de entrevistador quiere saber literalmente quién es usted. En cualquier caso, una vez haya formulado la pregunta, tiene la obligación de contestar.

Siempre es bueno tener preparado una especie de anuncio informativo de un minuto sobre usted mismo, puesto que puede serle útil cuando intente establecer nuevos contactos, así como en las entrevistas. Se trata de una oportunidad para lanzar cebos en los que quiere que el entrevistador pique. Emplee términos sobre los que quiere que le pregunte o que le solicite que desarrolle. "¿Creativo? ¿Qué ha hecho?", "Formó parte de _____. ¿Qué función desempeñaba?", "¿Lleva 12 años trabajando en este sector?"

Ahora mismo, intente ofrecer una respuesta de un minuto a esta pregunta. Debe controlar el tiempo y ver si ha acabado la respuesta antes de llegar al minuto. Es importante que su respuesta incluya cuatro elementos:

1. Empiece con una frase de introducción: "Para ser breve..." o "para resumir rápidamente..."

2. Exprese sencillamente quién es en su campo profesional, citando algunos logros clave que puedan resultar atractivos al entrevistador: "Desde que era muy pequeño siempre me ha gustado construir cosas y ahora soy un ingeniero creativo apasionado del diseño _____ utilizando _____. He tenido la suerte de diseñar para (clientes) e incluso he _____".

3. Resuma brevemente "lo que ha hecho". Incluya referencias (de ser apropiadas) a soluciones o metas conseguidas, trabajo en equipo e incluya el punto de vista de otra persona. "Últimamente, mientras estaba trabajando para _____, terminé _____ y trabajé con un equipo que _____, que creo que tenía un proyecto parecido al suyo sobre _____. He estado trabajando para _____ durante los últimos _____ años y he participado en _____". Si su experiencia laboral incluye diferentes empresas, ahora es la oportunidad de hacer que este hecho parezca positivo. "He dedicado los últimos doce años de mi vida profesional al diseño textil y he trabajado para las principales firmas de alta costura en Estados Unidos y Europa".

4. Finalmente debe concluir con una frase de cierre. "Estoy buscando un puesto de _____ (objetivo laboral)." Enlace su objetivo laboral con la empresa para la que está realizando la entrevista: "Con la entrada de la empresa XYZ en _____, creo que hay una verdadera compenetración entre mis metas profesionales y los objetivos de la empresa XYZ".

MUESTRAS DE PREGUNTAS DE ENTREVISTA

Preguntas personales

- ¿Qué manías tiene?
- ¿Cómo cree que le describirían sus mejores amigos?
- Describa su personalidad.
- ¿Por qué quiere dejar su puesto actual?
- ¿Por qué dejó su puesto anterior?
- ¿Busca un puesto permanente o temporal?
- ¿Cómo se siente buscando un trabajo?
- ¿Cómo le va la búsqueda de empleo por ahora?
- ¿Desde cuándo lleva buscando un empleo?
- ¿En qué otros sitios ha realizado entrevistas?
- ¿Alguna vez le han acusado de cometer un delito?
- ¿Fuma?
- ¿Qué le gusta hacer en el tiempo libre?
- ¿Cuál ha sido el último libro que ha leído?
- ¿Había pensado en dejar su puesto con anterioridad? ¿Cuáles fueron las razones para que aguantase hasta ahora?
- ¿Qué otras opciones profesionales tiene en este momento?
- ¿Cree que es una persona con éxito?
- ¿Cómo se evalúa en comparación con sus compañeros?
- ¿Cómo cree que ha sido su progreso profesional hasta la fecha?
- ¿Qué busca en un puesto de trabajo?
- Describa el puesto de trabajo que más le ha gustado.
- Describa el mejor superior que ha tenido.
- ¿Cómo definiría el éxito?
- ¿Cuál cree que ha sido su principal logro?
- ¿Cuál cree que ha sido su mayor fracaso?
- ¿Con qué tipo de gente le gusta trabajar?
- ¿Con qué tipo de persona cree que es más fácil trabajar?
- ¿Con qué tipo de persona cree que es más difícil trabajar?
- ¿Cuáles son sus puntos fuertes?
- ¿Cuáles son sus puntos débiles?
- ¿Cuáles son sus objetivos a largo plazo?

- ¿Qué le gusta/gustaba sobre su puesto actual/anterior?
- ¿Qué le disgusta/disgustaba sobre su puesto actual/anterior?
- ¿Qué opinión tiene de su superior actual o anterior?
- ¿Dónde le gustaría encontrarse a nivel profesional dentro de cinco años?
- ¿Cuál fue su salario inicial?
- ¿Qué ha aprendido de sus anteriores puestos?
- ¿Qué cree que diría su superior sobre el trabajo que realizaba?
- ¿Qué cree que diría su superior sobre el hecho de que dejase el puesto?
- ¿Qué dirán las personas que ha aportado como referencias?
- Defina *reto*.
- ¿Qué objetivos se ha fijado últimamente? ¿Qué pasos ha tomado para acercarse a su meta?
- Cuénteme un objetivo que haya tenido alguna vez y que haya fracasado en conseguir. ¿Cómo se sintió respecto a su fracaso?
- ¿Cómo planifica su día?
- ¿Cómo definiría a alguien con éxito en su profesión? ¿Es eso lo que quiere para usted?
- ¿Qué libro de negocios ha leído que haya tenido mayor impacto en su vida profesional? ¿Por qué?
- ¿Qué principales características debería tener en cuenta respecto a usted como persona?
- ¿Cuándo fue la última vez que montó en cólera? ¿Cuál fue la causa? ¿Qué hizo para apaciguar su enojo?
- ¿Qué tipo de recompensas son importantes para usted?
- Describa una situación en que le han dicho "no". ¿Cómo reaccionó?
- Si pudiese escoger cualquier empresa, ¿en cuál le gustaría trabajar?

Preguntas sobre su educación

Lo mejor de este tipo de preguntas es que, cuanto más tiempo haga que obtuvo su título, menos importancia se otorgará a los pormenores de su educación. Ser un licenciado o diplomado de una universidad "con nombre" siempre conllevará cierto peso y prestigio en determinados sectores o empresas, pero, a medida que pasa el tiempo, se otorgará mayor importancia a sus logros en el mundo laboral.

En el caso de los recién licenciados o aquéllos que todavía continúan su educación, se trata de una oportunidad prioritaria para relacionar la experiencia académica con las necesidades de la empresa. Tanto si obtuvo su experiencia en las aulas, en intercambios o en actividades extraacadémicas, debería destacar estos aspectos de su educación siempre que fuese posible. Además, si la persona que le impartió clase es más importante que las materias que estudió, resáltelo también.

Los entrevistadores están interesados en saber qué sabe del trabajo y del sector, y dónde y cómo lo aprendió. ¿Es usted una de esas personas que se forman a lo largo de la vida (¿sigue asistiendo a cursos?)?

MUESTRAS DE PREGUNTAS DE ENTREVISTA

Preguntas sobre su educación

- ¿Cómo sigue informado a nivel profesional?
- ¿Por qué fue a esa universidad o centro educativo?
- ¿Qué le impulsó a realizar ese curso o estudios?
- ¿Cuál es su estilo de aprendizaje? ¿Cómo aprende?
- Si pudiese volver a iniciar su profesión, ¿qué cambiaría?
- ¿Cuál es la última habilidad que ha aprendido?
- ¿Quién es el mejor profesor que ha tenido o la mejor clase?
- De todo lo que ha aprendido en su educación ¿qué le ha sido más útil?
- ¿Cuál fue su asignatura preferida? ¿Por qué?

Preguntas sobre sus habilidades interpersonales

Una encuesta realizada por una empresa líder en colocación ha revelado que el 80% de la gente que perdió su puesto de trabajo se debía a problemas de comunicación personal. No ser capaz de comunicarse de forma efectiva, de tratar con otros empleados a nivel personal y de tener una relación con los supervisores puede tener un resultado muy negativo en el trabajo. Si además añadimos temas de diversidad (culturales, raciales y de sexo) y el acoso sexual, no es de extrañar que no desempeñasen bien sus cargos.

Por todas estas razones, su habilidad para trabajar eficientemente con sus compañeros y para mantener su motivación, al mismo tiempo que motiva a los demás, se convierte en una pieza esencial en el engranaje laboral. ¡Da igual que sea un genio de la informática si nadie soporta trabajar con usted! Usted podría provocar más inconvenientes que ventajas si no se "adapta" a la empresa. Tenga preparadas minihazañas para demostrar cómo supo resolver problemas laborales con otros empleados.

P. ¿Qué hace para entenderse con nuevos compañeros de trabajo?

En mi último puesto fui la última persona que entró a trabajar durante mucho tiempo y tuve que aprender a trabajar en un equipo que ya estaba muy compenetrado cuando llegué. En cuanto empecé le dije al líder del grupo que sabía que era "el chico nuevo" y que le agradecería cualquier consejo o información sobre el funcionamiento del grupo. A continuación, le pregunté a cada miembro del grupo por separado que me explicasen su trabajo y cómo esperaban que mi trabajo se acoplase. Por último fui una especie de esponja humana, absorbiendo todos los detalles y funcionamiento de la estructura informal del grupo. Observé para determinar quiénes eran los jefes del grupo y los que les apoyaban, y no hice ningún comentario hasta que estuve más integrado en la dinámica del grupo y más avanzado en mi aprendizaje. Creo que el grupo agradeció que supiese esperar el momento adecuado y que intentase aprender lo antes posible.

P. ¿Fue alguna vez responsable de la contratación de personal? ¿Qué tipo de candidato andaba buscando?

En el proceso normal de contratación en mi puesto actual, a las personas que se consideran buenos candidatos se les invita a pasar algunas horas en el área en que podrían trabajar. Muchas veces yo fui la persona pendiente del candidato en mi departamento. Normalmente estaba muy atento a cualquier comentario que pudiese hacer. Lo que no me gustaba eran los que decían "así no es como yo lo haría"cuando comentaban el procedimiento de la empresa. También me interesaba su conocimiento base, es decir, lo que habían hecho anteriormente, ya que en el puesto se necesitaba cierto grado de conocimiento técnico, y me gustaba saber su opinión preguntándoles qué les habían parecido las entrevistas hasta ese momento.

MUESTRAS DE PREGUNTAS DE ENTREVISTA

Preguntas sobre sus habilidades interpersonales

- Describa un incidente o una situación en los que fue necesario el entendimiento de ambos puntos de vista para que el trabajo fuese efectivo. ¿Qué hizo? ¿Por qué era necesario para que el trabajo fuese efectivo? ¿Cómo se sintió?

- ¿Qué hace para entenderse con nuevos compañeros de trabajo?

- ¿Es capaz de predecir la conducta de la gente en diferentes situaciones laborales?

- ¿Con qué clase de gente ha trabajado? ¿Cómo trató a la gente para que el trabajo resultase efectivo?

- ¿Con qué tipo de gente se lleva mejor? ¿Por qué cree que es así?

- Defina la palabra *colaboración*.

- Describa una buena atmósfera de trabajo.

- Explíqueme alguna circunstancia difícil en la que tuvo que hacer que todo el equipo trabajase en armonía para finalizar el trabajo.

- Explíqueme alguna situación en la que el equipo estaba poco compenetrado, ¿qué hizo usted?

- ¿Cómo intenta motivar a su equipo?

- ¿Cómo se siente cuando tiene que trabajar para o con: mujeres, grupos minoritarios, disminuidos? ¿Dónde cree que estarían los retos?

- ¿Se ha encontrado a veces en situaciones en las que se imponían objeciones a sus ideas?

- ¿Fue alguna vez responsable de la contratación de personal? ¿Qué tipo de candidato andaba buscando?

- ¿Alguna vez se ha visto obligado a despedir a alguien? Describa la situación y qué hizo para mantener la compostura.

Preguntas sobre su puesto actual o anterior

Antes de nada, debe recordar que **todas las empresas y supervisores han sido fenomenales.** Sólo ha tratado con gente competente (siempre debe saber encontrar algo bueno para decir de la gente con la que ha trabajado). Ahora no es el momento de quejarse de la estupidez y error que cometió su último superior al dejarle marchar.

En segundo lugar, **defiéndase de cualquier error que haya cometido.** ¿Sólo trabajó cinco meses en una empresa? Acredite que malinterpretó el compromiso de formación o que la empresa decidió aplazar indefinidamente un proyecto para el que le habían contratado específicamente. Sea cual sea la razón, responsabilícese de la decisión que tomó.

En tercer lugar, y ocupando una posición de importancia, **resalte las características "igual que ustedes" que encuentre.** Tanto si se trataba del tipo de producto, estructura de la empresa, grupo de trabajo o envergadura, destaque cualquier aspecto similar de las empresas para las que ha trabajado anteriormente.

Por último, **asegúrese de que las historias coinciden.** Si le despidieron por razones poco amistosas (por ejemplo porque usted fue el responsable de que un proyecto se fuese al garete), póngase en contacto con la empresa para la que trabajó y pregúnteles qué le contarían a cualquier empresa que busque buenas referencias sobre su trabajo en la empresa y el despido.

P. ¿Qué hizo para aportar valor a la empresa en su actual o anterior puesto de trabajo?

Este es un elemento clave de muchas entrevistas y la pregunta que en realidad esconde es "¿Qué ha hecho por otros que puede hacer aquí?".

Uno de los mayores problemas a los que se enfrentaba la empresa ABC cuando me contrató era su lento ritmo de producción. Sugerí que se cambiase la organización y que hubiese diversos grupos responsables de diversas fases de producción. De forma complementaria, se empezaron a ofrecer recompensas, como tiempo libre, si se reducía el tiempo de producción. Ésta fue una excelente táctica que tuvo una gran acogida entre los empleados, ya que agradecieron el tiempo extra que podían pasar con sus familias así como una mayor compenetración en el trabajo de equipo.

P. ¿Con qué tipo de gente tenía que mantener contacto?

Además de tratar con mis clientes, también tenía que presentar regularmente proyectos de más de cinco millones de dólares a la administración superior de la empresa. Mis clientes solían ser directivos de empresas de mediana y gran envergadura que tenían su sede en el centro financiero de Nueva York.

MUESTRAS DE PREGUNTAS DE ENTREVISTA

Preguntas sobre su puesto actual o anterior

- ¿Cuándo empezó en su último trabajo?
- ¿Por qué aceptó ese puesto?
- ¿Cuál era su posición?
- ¿En qué posición empezó en la empresa?
- ¿Cuáles eran sus principales responsabilidades?
- ¿Cómo aumentó el prestigio de la empresa en su último o actual puesto?
- Explíqueme cómo era la última empresa para la que trabajó (volumen de ventas, mercados, competencia).
- ¿De qué logros está especialmente satisfecho?
- Nombre un proyecto en el que trabajó. ¿Cuánto tiempo duró el proyecto? ¿Entregó el trabajo en la fecha establecida? ¿Supo respetar el presupuesto?
- ¿Supervisaba a otras personas? ¿A cuánta gente supervisaba? ¿Cuáles eran sus responsabilidades?
- ¿Era responsable de evaluar el rendimiento de otros?
- ¿Cuáles eran sus principales tareas?
- ¿Quién era su supervisor (posición)?
- Describa su último grupo de trabajo.
- ¿Qué cargo desempeñaba en el grupo? Explíqueme el cargo que desempeñaba en algún proyecto del que formó parte.
- ¿Con qué gente tenía que mantener contacto?
- Describa un incidente en su último puesto que demuestre: capacidad directiva, persistencia, creatividad, iniciativa y habilidades de organización.
- ¿Prefiere trabajar en un grupo o individualmente?
- Describa un día laboral normal.
- ¿De qué forma le preparó su último o actual trabajo para aceptar mayores responsabilidades?
- ¿Ha modificado alguna vez la naturaleza de su trabajo? ¿Cómo?
- ¿Se reunía a menudo con su supervisor? ¿Con qué objetivo?
- ¿Cómo sabía si estaba haciendo lo adecuado o no?
- ¿En qué medida contribuía el trabajo que realizaba en su antiguo departamento con los objetivos de toda la empresa?
- Si pudiese haber realizado una sugerencia a la administración de su último o actual trabajo, ¿cuál hubiese sido?

> ⟶ ¿Qué desaprobaba de su superior?
> ⟶ ¿De qué forma evaluaban su trabajo en su anterior o actual empresa? ¿Qué evaluación recibió?
> ⟶ ¿Le hubiese gustado ocupar el puesto de su superior?

P. ¿Qué desaprobaba de su superior?

Bueno, ambos revisábamos conjuntamente la mayoría de nuestros proyectos y ella parecía valorar mi opinión. Sin embargo, reconozco que ella solía tener una visión general mucho más amplia que la mía, y tenía que apañárselas con restricciones empresariales y luchas de poder en la empresa. Aún así, a veces creo que todo el equipo hubiese salido beneficiado y hubiese trabajado de forma más efectiva si ella hubiese compartido los planes globales con el equipo, pero lo que pretendía era protegernos de las tareas estrictamente políticas y mantenernos centrados en nuestra labor.

Preguntas sobre sus habilidades directivas y de organización

Las habilidades directivas son transferibles a prácticamente cualquier empresa o lugar de trabajo y, por esta razón, los entrevistadores se muestran interesados en su capacidad en este ámbito. Casi cualquier puesto requiere estas habilidades en mayor o en menor medida y son habilidades que pueden resaltar su capacidad a la hora de solventar problemas.

P. Cuénteme alguna ocasión en la que sus decisiones no estuvieron a la altura de sus expectativas

Me estaba apresurando para terminar a tiempo un informe para una reunión de marketing y parecía que ese día todo me salía del revés. Tuve un problema con el teclado del ordenador y tuve que conectarme a otra terminal. Después la impresora parecía que estaba dando guerra para variar y la fotocopiadora estaba ocupada, así que bajé corriendo al vestíbulo para hacer copias antes de la reunión. Siguiendo con mi racha de mala suerte, en la copistería tenían mucho trabajo y tuve que entregar el informe en la reunión 25 minutos tarde. Con tanta prisa, había descuidado algunos errores tipográficos y fue muy bochornoso.

P. ¿Qué hizo para tratar de ser más efectivo en su último o actual puesto?

Cuando todavía no llevaba ni un mes en la empresa, me di cuenta de que no sabía lo suficiente sobre las transacciones extranjeras que tenía que realizar a diario, a pesar del cursillo de formación que habíamos recibido en la empresa. Vi un anuncio sobre una serie de conferencias que el Foreign Trade Institute (Instituto de comercio exterior) iba a realizar sobre finanzas internacionales y asistí a estas conferencias al salir del trabajo. Noté una gran mejoría en mi trabajo porque, a raíz de las conferencias, era capaz de percibir los errores y hacer sugerencias para mejorar el procedimiento. Acabé entendiendo por qué se hacían ciertas cosas, en vez de hacerlas sin más.

Preguntas de estrés

Tanto si estas preguntas están preparadas con el fin de crearle una situación de estrés (para ver cómo le afecta) como si surgen espontáneamente, seguramente pondrán nervioso a cualquier candidato, así que tienen que tratarse con tacto. ¿Cómo puede lograrlo? ¡Anticipando las preguntas y preparando la respuesta!

MUESTRA DE PREGUNTAS DE ENTREVISTA

Preguntas sobre su capacidad directiva y habilidades organizativas

- Explíqueme una situación compleja a la que tuvo que enfrentarse. ¿Por qué era importante resolver esta situación de forma positiva? ¿Qué hizo?
- Cuando necesitaba ayuda en su trabajo, ¿a quién acudía?
- ¿Qué tipo de decisiones le resulta difícil tomar? ¿A qué cree que se debe? ¿Cómo tomaba las decisiones?
- Explíqueme una ocasión en la que tuvo que tomar una decisión rápida.
- ¿Cómo prepara y organiza importantes proyectos?
- ¿Cuántos proyectos puede llevar a un mismo tiempo?
- Describa un proyecto a largo plazo que requería mucho esfuerzo y energía para terminarlo. ¿Qué hizo para mantener el entusiasmo? ¿De dónde sacó la energía?

- ¿Cuál fue su última idea en el trabajo? ¿Qué hizo para que su superior apoyase la idea y poder ponerla en práctica?

- Explíqueme alguna ocasión en la que sus decisiones no estaban a la altura de sus expectativas.

- ¿Por qué le suelen criticar?

- ¿Qué sistema ha desarrollado para poder sobrellevar las responsabilidades diarias de su puesto de trabajo?

- ¿Cuál es la situación más difícil que ha atravesado?

- ¿Cuál es su regla de oro?

- Describa el superior o supervisor más difícil que ha tenido. ¿Por qué era así? ¿Qué hizo para optimizar los resultados de su trabajo y ser más efectivo?

- ¿Qué hizo para ser más efectivo en su actual o anterior puesto?

- ¿Le gusta obedecer órdenes? Explíqueme alguna situación en la que su supervisor tenía demasiada prisa como para darle explicaciones específicas sobre el trabajo. ¿Qué hizo?

- ¿Cómo prefiere comunicarse: por escrito, cara a cara, por teléfono o por E-mail? ¿Qué método cree que resulta más efectivo?

- Describa una situación en la que su trabajo fue objeto de críticas.

- ¿Cómo describiría a un buen directivo? ¿Quién ha sido el mejor directivo que ha tenido?

- ¿Alguna vez ha tenido un supervisor hombre, mujer, perteneciente a una minoría, extranjero o minusválido?

- ¿Qué hace cuando tiene que tomar una decisión y no recibe ninguna orientación?

- ¿Recuerda alguna ocasión en la que le dieron una orden que significaba un reto para usted? ¿En qué se diferenciaba su propuesta de la de los demás?

- Piense en una situación crítica en la que el descontrol tomó las riendas. ¿Por qué ocurrió y qué papel desempeño a la hora de volver las aguas a su cauce normal?

- ¿Cuál es su estilo directivo?

- ¿De qué puede estar orgulloso?

- Explíqueme algún proyecto que le hiciese una ilusión especial. ¿Por qué era tan importante para usted?

- ¿Es usted un buen directivo? Ofrézcame algún ejemplo.

- Describa una situación en la que tuvo que trabajar bajo presión para respetar la fecha de entrega.

- Tenemos problemas continuos con _____. ¿Cómo lo solucionaría?

Preguntas de estrés

- ➤ ¿Por qué ha solicitado verme?
- ➤ ¿No cree que usted es más indicado para trabajar en una empresa de mayor/menor envergadura o en una empresa de otro tipo?
- ➤ ¿Ha trabajado siempre al máximo de sus capacidades?
- ➤ En su trabajo actual o anterior, ¿cuántas horas trabajaba cada semana para terminar sus tareas?
- ➤ Hay gente que cree que dedicar demasiado tiempo a un trabajo demuestra falta de iniciativa ¿usted que cree?
- ➤ ¿Cuáles son las dudas que tiene acerca de trabajar en esta empresa?
- ➤ ¿Por qué ha asistido a esta entrevista con nuestra empresa?
- ➤ ¿Por qué quiere trabajar en esta empresa?
- ➤ ¿Por qué deberíamos contratarle?
- ➤ ¿Qué tipo de remuneración económica espera?
- ➤ Lo que me preocupa un poco es su falta de _____ .
- ➤ ¿Qué es lo que usted puede hacer por esta empresa que otro candidato no pueda hacer?
- ➤ ¿Está dispuesto a desplazarse a donde la empresa le mande?
- ➤ ¿Está disponible para viajar? ¿Está dispuesto a trabajar los fines de semana? ¿A hacer horas extra? ¿A trasladarse a otra ciudad?
- ➤ Explíqueme cómo es usted.
- ➤ ¿Por qué no ha encontrado todavía un puesto de trabajo?
- ➤ ¿Cuánto tiempo hace que no tiene empleo? ¿No cree que es mucho tiempo?
- ➤ ¿Qué hará si no le ofrecemos este puesto?
- ➤ ¿Por qué ha cambiado de trabajo tan a menudo?
- ➤ ¿Alguna vez le han despedido de un trabajo? ¿Por qué razón?
- ➤ ¿Dónde cree su superior que se encuentra en estos momentos?
- ➤ ¿Por qué no está ganando más dinero a su edad?
- ➤ ¿Cuánto tiempo cree que se quedaría en nuestra empresa?
- ➤ ¿Cuándo podemos esperar que usted haga una aportación?
- ➤ ¿Qué es lo que no le he preguntado y debería saber?
- ➤ Si yo fuese el candidato y usted el entrevistador, ¿qué me preguntaría?
- ➤ ¿Qué opinión tiene de su empresa actual o anterior?
- ➤ Déme dos razones por las que no le deberían contratar.

- ⟶ ¿Por qué está interesado en mudarse a _____?
- ⟶ ¿Qué pregunta podría hacerle para intimidarle?
- ⟶ Su currículum sugiere que usted posee unas cualidades por encima/debajo de las referentes a este puesto. ¿Usted que cree?
- ⟶ Parece que usted no tiene la experiencia laboral necesaria, ¿por qué deberíamos contratarle?
- ⟶ ¿Cuál es la parte más difícil para usted de la búsqueda de empleo?
- ⟶ ¿Tiene alguna pregunta?
- ⟶ ¿Cómo cree que está saliendo esta entrevista?
- ⟶ Usted es un náufrago que llega a una isla desierta. Nombre las tres cosas que se llevaría.

Interacciones sutiles como pedirle a un candidato que rellene una solicitud sin bolígrafo o sin un lugar donde apoyarse, un trayecto dificultoso hasta el lugar de la entrevista o interrupciones continuas durante la misma pueden incrementar el nerviosismo de una situación ya estresante de por sí. El entrevistador puede que tenga sus propios problemas, ajenos a la entrevista, como una discusión con un miembro de su familia por la mañana, un trayecto lleno de obstáculos hasta la empresa o un proyecto con una fecha de entrega a la vista.

Dependiendo de su preparación, puede que casi todas las preguntas le creen nerviosismo, sobre todo cuando no sabe qué responder. Otras preguntas fomentan el enfrentamiento debido a su naturaleza, como es el caso de las preguntas que empiezan por "por qué":

¿Por qué ha solicitado verme?

¿Por qué quiere trabajar en esta empresa?

¿Por qué no ha conseguido un trabajo todavía?

¿Por qué no está ganando más dinero a su edad?

Si hay una pregunta que debería tener preparada, incluso si no se la formulan directamente, se trata de: "¿Por qué deberíamos contratarle?" Intente enumerar cuatro o cinco razones por las que usted debería cubrir el puesto para el que está siendo entrevistado. Realice esta operación por adelantado para cada entrevista que vaya a realizar. Es vital porque se trata de sus puntos fuerte de venta y es un mensaje que debe tener muy claro (eche un vistazo a la página 90 "¿Por qué deberían contratarle?").

1. Poseo la capacidad y la experiencia necesarias para realizar el trabajo.

2. He realizado tareas similares en el pasado.

3. Tengo gran ilusión por trabajar en su empresa porque _____.

4. Poseo un gran potencial. Mis energías me permitirán realizar interesantes aportaciones muy pronto en la empresa.

5. Trabajo muy bien en equipo. Me gusta el ambiente de trabajo en grupo y he prosperado mucho en situaciones parecidas en el pasado.

NERVIOSISMO EN LA ENTREVISTA	
Causas:	**Remedios:**
La misma entrevista.	Preparación. Saber quién es usted, qué quiere y con quién se está entrevistando. ¡Está listo, es adecuado para el puesto y está preparado!
Silencios durante la entrevista.	Acepte el silencio e ignore esa voz de su interior que le impulsa a seguir hablando. Controle el grado de información que desea revelar.
Ofrecimiento de bebidas o cigarrillos.	Diga, *"No, gracias. Ahora no me apetece"*. No se exponga a los contratiempos.
Entrevistas a la hora de comer.	Pida algo sencillo. Recuerde que no se trata de una comida sino de una entrevista.
Un entrevistador sin demasiados conocimientos	Adáptese. Usted deberá saber tratar a gente problemática dondequiera que esté. Utilice un lenguaje claro y breve al mismo tiempo que intente descifrar su lenguaje corporal para ver si va por buen camino.
Preguntas de enfrentamiento... un ataque de preguntas "por qué".	No se ponga a la defensiva... explíquele de la forma más positiva que pueda las razones que tenía en determinada situación en el pasado o en la actualidad.

La entrevista

La preparación se da por terminada. El día y la fecha señalada ya ha llegado. Usted se siente tranquilo, pero ilusionado. Debe llegar, al menos, con 15 minutos de antelación para no ir con prisas (si tiene suerte con el tráfico y tarda menos de lo que pensaba, no entre en la empresa con más de 15 minutos de antelación). Échele un vistazo al vecindario o dé un paseo por el vestíbulo para ver qué ambiente se respira en la compañía.

¿Cuándo empieza la entrevista?

La entrevista empieza cuando usted llega a la empresa. Incluso su modo de transporte puede ser examinado (¿Qué opinarán de todas esas pegatinas a favor de diversas causas que lleva en el coche? ¿Qué pasa si aparca en el lugar de otra persona equivocadamente?) A menos que le hayan comentado anteriormente que estacione en el aparcamiento perteneciente a la empresa, le recomendamos fervientemente que deje el coche estacionado fuera de la propiedad de la empresa.

Puesto que nunca se sabe quién va a ser la persona con que comparte el ascensor o que se encuentra por el pasillo, es bueno que sea agradable y amistoso con todo el mundo. ¿Parecen contentos los empleados? ¿Qué impresión le da el terreno físico de la empresa? ¿Hay una salita de espera acogedora, o parece que no se trata de una prioridad? ¿Cómo le tratan la recepcionista u otros empleados? Aproveche esta oportunidad para observar a todo el mundo, desde el personal de seguridad hasta la gente de las oficinas por las que pase. ¿Qué ambiente se respira en la oficina? A simple vista, ¿le parece que es un lugar en el que le gustaría trabajar?

Utilice el lavabo para tranquilizarse antes de entrar. Cálmese, refresque su aliento (si lo necesita) y esconda cualquier tarjeta o documentos que lleve con usted. Si tiene que esperar en el área de la recepción, observe qué le proporciona la empresa como material de lectura. Todo es importante para formarse una idea de la empresa.

Cuando realice la entrevista, debe estar alerta sobre qué importancia le concede la empresa a las entrevistas. ¿Le entrevistan prácticamente en una caja de cerillas, en una sala o en la oficina de alguien? ¿Cuánto dura la entrevista? ¿15 minutos o una hora? ¿Le ofrecen visitar las instalaciones? ¿Están intentando venderle la empresa? ¿A quién más le presentan? ¿Le permiten observar su posible área de trabajo? ¿Cuál es el próximo paso?

¿Qué respuesta debería dar cuando le pregunten por sus aspiraciones salariales? Puede que si sacan el tema se deba a que consideran la posibilidad de hacerle una oferta (más tarde en el proceso de entrevista) o que buscan eliminarle si no consideran su respuesta adecuada (lo antes posible en la entrevista). Si le hacen esta pregunta al principio, una buena respuesta sería "Todavía no poseo la información suficiente para determinar la cantidad". Si le presionan, usted puede contestar con "¿Qué puesto parecido hay en la empresa? ¿Cuál es la remuneración correspondiente a ese puesto?" Si el entrevistador le continúa presionando, dígale una franja salarial "si mis estimaciones son adecuadas, una franja entre 70.000 y 80.000 dólares sería lo apropiado".

Si le hacen esta pregunta al final de la entrevista, o en una segunda o tercera entrevista, seguramente el entrevistador esté a punto de hacerle una oferta. Puesto que confirmarán cuál ha sido su salario anterior o el actual, ésa es una buena base para empezar el tira y afloja. Debe estar preparado para esta pregunta, habiendo recopilado información sobre puestos similares anunciados en los periódicos y teniendo en mente una franja salarial. "He visto anuncios de puestos similares a éste en los que se ofrecían 75.000 dólares, que es un poco más de mi salario anterior/actual". Usted puede sacar el tema sin parecer un mercenario. "Sólo para confirmar que hablamos de una remuneración similar, en mi último puesto mi salario era de _____ y las responsabilidades eran menores. Supongo que, al comportar mayor carga aquí en _____ , los beneficios económicos sean también superiores". Al referirse a beneficios y no sólo a salario, usted está abriendo una puerta a la negociación.

Una vez se hayan acabado las preguntas, a menos que todo haya quedado muy claro, anuncie que tiene algunas preguntas que le gustaría formular, si todavía se muestra interesado en el puesto vacante y cree que el entrevistador también está receptivo a sus posibilidades. Si la información referente al puesto o a la organización no es la que usted esperaba y ha perdido el interés en ocuparlo, deje que la entrevista se vaya acabando poco a poco. Agradezca al entrevistador el tiempo que le ha dedicado. Si el puesto ya no le resulta de interés, pero sigue interesado en trabajar para esa empresa, dígalo: "Aunque esperaba que el puesto como _____ me hubiese permitido poner en práctica mi experiencia en _____ , sigo interesado en trabajar para la empresa XYZ. ¿Hay algún puesto vacante adecuado a mi experiencia?" No hace falta que corte por lo sano, sino que debería dejar siempre las puertas abiertas al futuro.

Entrevistas de alta tecnología

Las empresas cuentan con diversas oportunidades para utilizar la tecnología en el proceso de búsqueda de trabajo, entre las que se encuentra llevar a cabo entrevistas virtuales. Un ejemplo sería que una entrevista se realizase mediante la videoconferencia. Usted estaría sentado en frente de una terminal de ordenador con un micrófono y una cámara, realizando una entrevista con alguien que cuenta con un equipo similar en la empresa. Esta técnica se ha empleado a veces en las ferias de empresas que ofrecen puestos de trabajo. Muchas veces los directivos encargados de la selección han intentado esta opción con el fin de reducir los gastos cuando se trata de entrevistar a candidatos que viven en zonas muy alejadas.

Realizar una entrevista de este tipo por primera vez puede resultar un poco desconcertante, sobre todo según la experiencia que la persona encargada del proceso de selección tenga en este tipo de tecnología. Una pantalla de escasa definición, un micrófono o auriculares de baja calidad, o extraños ángulos de cámara pueden conseguir que la mayoría de los candidatos se retiren del proceso. Si tiene oportunidad de participar en este tipo de entrevistas, especialmente si usted tiene como objetivo laboral un ámbito en el que se suelen utilizar, intente obtener la máxima experiencia que le sea posible. Es mejor intentarlo por primera vez con un puesto de trabajo que no se adecue el 100% a sus posibilidades, en vez de tenerse que enfrentar a todos estos aparatos de tecnología punta cuando no tiene nada de experiencia y está verdaderamente interesado en el puesto.

Solicitudes de empleo

Dependiendo de la dinámica de trabajo de la empresa, puede que le pidan que rellene una solicitud de empleo antes de la entrevista, después de la entrevista si quieren que siga avanzando en el proceso, o antes de hacerle una oferta. Cuanto más bajo sea el puesto, más probabilidades hay de que tenga que rellenar una solicitud de trabajo. También hay empresas, las más avanzadas tecnológicamente, que le pedirán que rellene la solicitud directamente en el ordenador.

Llamadas de seguimiento

Si usted ha escrito una carta y no ha vuelto a saber nada durante un periodo de tiempo razonable, puede que una llamada consiga resucitar su candidatura o que le aclare que el puesto ya ha sido ocupado.

Si está considerando otra oferta laboral, déle a la empresa otra oportunidad para considerar seriamente su candidatura.

Si su situación ha cambiado (se ha licenciado, diplomado, ha realizado un curso relacionado con el puesto o su disponibilidad es distinta), informe a la empresa de estos cambios positivos.

Si no le han escogido, pregunte cuáles han sido las razones. Escuche, tome nota y aprenda. Recuérdeles que si algo no funciona con su nuevo fichaje, por cualquier razón, usted sigue interesado en el puesto.

CUANDO LE TOQUE HABLAR: PREGUNTAS POCO ADECUADAS

- Amenazantes preguntas con *por qué*. Hay un retorno a la relación niño-adulto.
- Preguntas acusadoras: *¿Cuándo han dejado de verter los residuos en el río?*
- Preguntas complejas: dos o tres preguntas unidas. *¿Cómo ponen precio a sus artículos? ¿Cuánto tardan en hacer uno? ¿Por qué es tan difícil encontrarlos?*
- Preguntas curiosas: *¿Dónde se ha comprado ese traje? ¿Cuándo han asfaltado el aparcamiento?*
- Interrogatorio: Disparar pregunta tras pregunta, casi sin dejar tiempo para responder.
- Incongruentes: *El inventario parece aflojar. ¿Qué tal van los beneficios?*
- Fardones: *Ya le advertí a Bill Gates que su navegador...*

CARTA DE AGRADECIMIENTO (TRAS UNA ENTREVISTA)
Su encabezamiento

Fecha

Sra. Margot Evans
Empresa XYZ
123 Same Street
Cleveland, Ohio 44123

Estimada Sra. Evans,

Tal y como acordamos, le envío el artículo "Fire Hazards" (peligros de fuego) del periódico *New York Times* sobre el que conversamos en la entrevista. Usted fue extremadamente generosa al dedicarme tanto tiempo e información sobre la empresa XYZ, a pesar de ser lunes por la mañana.

Tengo un gran interés en su nuevo proceso de impresión, puesto que debería aumentar la velocidad de la producción considerablemente sin incrementar los costes. La posibilidad
de trabajar en ese aspecto de su empresa es esperanzadora. Mi reciente trabajo en cables aislantes podría ser muy beneficioso para la empresa XYZ.

Puesto que me informó de que la posición debería estar cubierta para finales de mes, espero tener noticias suyas antes de la fecha mencionada. Para cualquier consulta adicional, no dude en ponerse en contacto conmigo, llamando a mi oficina.

Gracias,

Firma

CARTA DE AGRADECIMIENTO (TRAS UNA ENTREVISTA)
Su encabezamiento

Fecha

Sra. Margot Evans
Empresa XYZ
123 Same Street
Cleveland, Ohio 44123

Estimada Sra. Evans,

Una vez más quiero agradecerle el tiempo que me ha dedicado hoy conversando sobre el puesto de directivo de transacciones. La visita por la empresa, sobre todo en la nueva área de impresión, fue fascinante.

Puesto que he dedicado ocho años de mi vida profesional al trabajo en la industria de impresión, puedo decir, con toda franqueza, que nunca he visto una zona con tanta tecnología y organización. Está claro que los trabajadores parecían contentos de trabajar en el área.

Aunque comprendo que no hay ningún puesto vacante en mi área profesional en la actualidad, espero que, si surge alguna vacante, considere seriamente mi candidatura.

Agradeciéndole toda su ayuda,

Firma.

Secretos para salir vencedor en las entrevistas

El primero no es un secreto: cada entrevista que realice será una situación en la que le conviene vencer porque siempre podrá aprender algo. Conocerá algo nuevo sobre usted, sobre la empresa o el puesto de trabajo. A continuación le ofrecemos otros siete "secretos" a tener en cuenta:

1. **No se lo tome de forma personal** si no le contratan. Puede que no tenga nada que ver con usted. Si cree que ha cometido errores o que se ha equivocado, aprenda de su experiencia.

2. **Conteste preguntas no planteadas.** Si hay algo en su pasado o en su vida profesional que puede ser un obstáculo en su candidatura, introdúzcalo de forma sutil en la conversación. Se trata de un obstáculo excelente a las preguntas ilegales que el entrevistador no puede preguntar, como, por ejemplo, su edad.

   Usted no puede decir tajantemente. "No me estoy haciendo mayor, sino que estoy mejorando" porque, si el entrevistador cree que es demasiado mayor, usted puede cazar su pensamiento y éste puede sentirse avergonzado. Si el entrevistador no estaba pensando en su edad, ¡ahora sí lo hará! Por eso, no es una buena idea. En vez de eso comente actividades, intereses o habilidades que ha adquirido recientemente para demostrar que es una persona activa, interesada y con experiencia. No hable sobre programas de televisión o sobre una nueva epidemia de gripe que parece que todo el mundo tiene, sino que debe mantener la imagen de un candidato vigoroso y saludable.

   Contrarreste los estereotipos sobre los jóvenes, aportando ejemplos de responsabilidades cívicas o empresariales en la conversación. Si usted es mujer, hable sobre importantes viajes de negocios o habilidad para tomar decisiones. Sean cuales sean las circunstancias (pertenece a una minoría, disminuido físico, sobrepeso), debe rebosar confianza y seguridad en sí mismo, y mostrarse amable y amistoso para demostrar que encajaría en la empresa a la perfección. Una buena defensa para cualquier actitud estereotípica es mantenerse un paso por delante del entrevistador, ofreciéndole una imagen que no se corresponda en absoluto con la que tenía prefijada.

3. **Respete el silencio.** No se vuelva un candidato prácticamente mudo, pero tampoco tome la batuta de la conversación, aunque se

la ofrezcan, ya que podría aportar más información de la necesaria al sentirse obligado a llenar esos silencios.

4. **Práctica.** Entreviste a gente que conozca (no, no hace falta que les someta a un tercer grado) y mantenga una actitud abierta a las entrevistas. A menos que crea que le creará adicción, observe en la televisión alguno de esos programas de debate en los que se conversa, en vez de esos programas de cotilleos y violencia que están tan de moda. Observe la toma de palabra, el lenguaje corporal y las respuestas a las entrevistas.

5. **Escuche.** Mejore como interlocutor activo prestando atención y aportando respuestas.

6. **Disfrute.** Cada entrevista es una oportunidad para encontrar a alguien interesante, para aprender sobre la empresa o para obtener experiencia.

7. **Sea agradecido.** Sepa ofrecer una respuesta positiva a cada una de las personas que le ha ayudado a conseguir una entrevista, que le ha ayudado a prepararse o que le ha entrevistado.

Primera semana: quinto día

Actividades diarias durante la semana

- ✓ Repasar el plan de hoy
- ✓ Vestirse. Salir
- ✓ Hacer investigación diaria
- ✓ Contestar los anuncios clasificados
- ✓ Telefonear a los contactos: sospechosos/posibilidades/contactos y llamadas por primera vez
- ✓ Concertar encuentros
- ✓ Personas que tienen como meta: investigar, localizar, ponerse en contacto
- ✓ Investigar cartas de recomendación
- ✓ Investigar al personal de selección, cazatalentos
- ✓ Seguimiento
- ✓ Trabajar en 10 empresas-meta determinadas
- ✓ Redactar cartas de presentación dirigidas
- ✓ Enviar currículms
- ✓ Conectarse a Internet
- ✓ Actualizar las carpetas y archivos
- ✓ Realizar un plan para el día siguiente

Consiga que las redes de contactos funcionen

Establecer redes de contacto es una habilidad que se desarrolla a lo largo de la vida y que va mejorando con la edad y la práctica. A pesar de su importancia, no hay que excederse. Está claro que es una de las habilidades clave en la caja de herramientas de la búsqueda de empleo, pero tam-

227

bién lo es ser efectivo en la vida, sean cuales sean sus circunstancias y necesidades, tanto profesionales como personales.

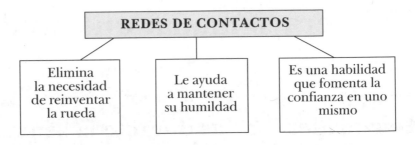

Hoy en día se considera una vía de contacto a los directivos de selección y a las empresas de selección (que, a menudo, reciben el nombre de cazatalentos). Antes de pasar a ese punto, analicemos algunos conceptos relacionados con la red de contactos.

1. **La red de contactos elimina la necesidad de reinventar la rueda.** Se puede considerar la red de contactos como una forma de beneficiarse de la experiencia de los que "han estado allí y lo han hecho". Por poner un ejemplo, la gente que ha tenido que buscar empleo con anterioridad y que dio cada uno de los pasos que usted está dando, en la actualidad puede ofrecerle oportunidades para saber qué funciona y qué no (le puede conducir rápidamente a la regla 80-20). Si usted no considera sus ideas y comentarios ni se beneficia de su experiencia, tendrá que realizar el proceso desde el principio (con todos los riesgos y ningún atajo).

2. **La red de contactos le ayuda a mantener la humildad.** La interdependencia es un fenómeno que crece con la mayor complejidad de la vida contemporánea. Cuando unos cuantos genios que se salían de lo normal y que estaban cansados de la constante dependencia de los expertos técnicos en los ordenadores centrales inventaron los ordenadores personales, quisieron compartir este conocimiento con las masas para que todo el mundo se pudiese beneficiar de esa independencia. Sin embargo, fracasaron al no prever que una dependencia sería sustituida por otra y que las cuerdas que desataron serían reemplazadas por otras que, en muchos sentidos, crearían más dependencias y conexiones. La nueva libertad condujo a una mayor utilización de los ordenadores y también a depositar mayor confianza en ellos.

La vida contemporánea nos hace muy dependientes de los expertos en informática, así como de toda una serie de especialistas. Cuanto más sofisticada es nuestra tarea profesional y personal, más debemos saber sobre la materia y más expertos y especialistas para hacer que nuestra tarea sea efectiva, al igual que nuestras aspiraciones.

El resultado es que, si queremos optimizar la efectividad y concentración en lo que sabemos hacer mejor, deberíamos buscar ayuda de aquellos expertos fuera de nuestra área de especialización. Cuanto más conozcamos nuestras limitaciones, más entenderemos cuándo necesitamos la ayuda de los demás. De eso es lo que trata la red de contactos.

3. **La red de contactos es una habilidad que fomenta la confianza y seguridad en uno mismo.** La red de contactos es una oportunidad para investigar y encontrar los contactos apropiados que nos ayuden a optimizar nuestra propia efectividad, sea cual sea la tarea que realicemos. Se trata de un proceso de solución de problemas creativo que empieza sin forma, puesto que sólo parte de una preocupación (en este caso ¿qué camino debería tomar para que mi búsqueda de empleo diese los resultados esperados en menos de 30 días?).

Partir de este reto amorfo y establecer un plan de acción detallado que le lleve a resultados concretos es algo viable. Recuérdelo cada vez que realice un contacto satisfactorio que le aporte resultados. Recuérdelo cuando no obtenga logros tan claros porque el contacto o el punto de vista que ha tomado ha acabo en un callejón sin salida. En béisbol, dar en la bola tres de cada diez veces puede llevarle directamente al estrellato.

"¡No pierda el tiempo!"

El mundo está lleno de gente que siempre está interesada en ayudar a los demás, incluso cuando no cuentan con los medios para ser de ayuda. Nosotros vivimos en Greenwich Village, en Nueva York, una de las áreas más antiguas e ilógicas de Maniatan, y un sitio plagado de turistas y estudiantes de todo el mundo. Es increíble cuántas veces oímos a gente que le paran para pedir indicaciones y lo amables que se muestran (incluso cuando les explican cómo llegar de forma equivocada).

Sepa reconocer esta situación cuando se produzca. Sea un poco recelo-
so de la persona que le quiere ayudar, por cualquier razón, pero que no
tiene ni idea de cómo hacerlo. Se trata de un problema diferente porque la
persona quiere serle de ayuda y usted debe mostrarle agradecimiento por
quererle ayudar, pero, al mismo tiempo, necesita darse cuenta de la situación y ponerle fin con mucho tacto para no perder su preciado tiempo.

Tenga cuidado en no terminar prematuramente una conversación que
necesita una exploración adicional. Utilice la técnica de escuchar atentamente con actitud desenvuelta. Intente ver si esa reunión no va a ninguna
parte, tal y como cree, realizando preguntas que requieran una gran atención de su parte para poder determinar si su primera opinión era cierta. Si
lo era, con mucho tacto agradezca con gestos y palabras a la persona el
tiempo que le ha dedicado e indique que no le gustaría llegar más lejos.
En el caso de que haya emitido un juicio prematuro, termine la conversación pidiéndole a la persona que le llame cuando tenga ideas adicionales.
Si se ofrece a llamarle usted, hágalo.

Incluso en las situaciones que hemos descrito, debería enviar una nota
de agradecimiento si lo considera apropiado porque nunca se sabe qué
contacto le podría ser útil en otra situación.

"¡No me haga perder el tiempo!"

La red de contactos debería empezar por uno mismo. Céntrese en sí
mismo y sea egoísta. Debe ser consciente de que usted es quien necesita
ayuda, usted es el que intenta contactar con gente. Sin embargo, por des-
gracia, debido a la constante avalancha de ventas por teléfono a todas
horas mucha gente se muestra poco receptiva a las llamadas de teléfono
solicitando ayuda. Usted debe utilizar su oportunidad de forma inteligente: debe saber qué quiere, por qué cree que esa persona le podría ser útil y
exactamente qué tipo de ayuda necesita.

No se quede atrás por no ser capaz de dejar un mensaje en el contestador automático o en el buzón de voz. A juzgar por los extraños mensajes
que recibimos, hay gente que no sabe qué hacer cuando se le ofrece la
oportunidad de dejar un mensaje. "Eh... esto... soy... Bob James... eh... me
preguntaba... aba... si... tendríais algún puesto de _____". "Le envié

ESTABLECER SUS PROPIOS CONTACTOS

En vez de seguir contactos que otra gente le recomienda, intente localizar a alguien que cree que tiene que conocer.

- ¿Quién podría hacer la presentación?
- ¿Quién podría conocer a alguien que a la vez conociese a otra persona que le pudiese presentar?

¿Cómo puede encontrar este tipo de información?

Investigando: Intente buscar a esa persona en los listines de personal de la empresa o en anuarios de empresas y directivos. Busque:

Compañeros del consejo directivo
Miembros de la administración superior de la empresa en la que trabaja en la actualidad
Miembros de la administración superior de su antigua empresa
Miembros del consejo directivo de su actual empresa
Contactos sociales: clubs, afiliaciones, antiguas asociaciones de alumnos

Intente encontrar un vínculo: Pregunte a sus amigos y contactos si alguno conoce a alguien que esté relacionado con la persona que quiere conocer.

Establecer contactos de esta forma requiere mucho trabajo, pero el esfuerzo vale la pena si la persona puede resultar útil (por ejemplo, si controla un puesto vacante).

un currículum... eh... esto... la semana pasada. Ahora me gustaría saber si hay algún puesto vacante. Eh... mi nombre es Susan Lord. Llámeme, por favor" (Susan no dejó su número de teléfono). **No** deje un mensaje como estos. Tenga preparado lo que dirá si no le contestan. Si no es capaz de dejar un mensaje inteligente e inteligible, entonces cuelgue (y espere que la persona no tenga un reconocedor de llamadas perdidas y reconozca su número cuando vuelva a llamar). ¿Por qué realizar esfuerzos en vano? Prepárese un mensaje corto, escríbalo y haga que la llamada de teléfono se convierta en un activo, en vez de un pasivo.

Inténtelo con este mensaje: "Soy Joe Jones y asistí a la última reunión de Directivos Financieros cuando usted mencionó los contactos entre Estados Unidos y Europa. Estoy buscando un puesto en el sector de comercio exterior y me gustaría hablar con usted sobre el mercado en Chicago. Intentaré volverle a llamar dentro de algunas horas. Si tiene la ocasión de ponerse en contacto conmigo antes, puede llamar al 555-2222. Gracias".

Considere la siguiente situación: el teléfono suena a las 7:30 de la mañana y contestamos. La persona que realiza la llamada se queda pasmada, porque esperaba que le contestase el contestador para poder dejar su mensaje preparado. ¿Qué pasa ahora? La persona que realiza la llamada tiene que hablar con una persona. **¡Esté preparado!**

¿Por qué debería ayudarle el contacto? Siempre debería hacerse esta pregunta para recordar que depende de los demás en situaciones parecidas. La respuesta puede ser una de estas dos: le ayudarán por ser quien *usted* es o por ser quien *ellos* son.

■ **Les gustaría ayudarle por ser quien usted es**. Tanto si usted lo sabe como si no, hay gente por ahí que se siente como si le debiese algo. Puede que no se le ocurran las razones, pero sin duda las hay. A veces no sabemos el efecto que podemos causar en otra gente, pero debido a ese efecto, cuando llega la oportunidad, allí están. Son aquella gente a la que hemos gustado y nos ayuda, y gente a la que no le conviene no ofrecernos ayuda por quiénes somos (título, puesto, poder).

■ Por otro lado, la persona con la que contacte puede querer prestarle un servicio porque puede ser una oportunidad para que realicen un trabajo eficiente. Puede que tengan un venazo de buenos samaritanos o que quieran ser buenos porque, cuando usted haya conseguido lo que se propone, podría ayudarles a ellos. Por último, hay mucha gente que está ahí para ayudarle por "la gracia de Dios" y, más que para tentar al futuro, la gente podría querer ayudarle porque no les gustaría tener que experimentar un futuro parecido (tener que buscar empleo).

No se ilusione en sobremedida. A la persona con la que se pone en contacto puede que sólo le queden cinco meses para jubilarse, así que una reunión (cualquier reunión) le resulta una buena actividad.

Lo importante es que usted debería apreciar cualquier esfuerzo que los demás le ofrezcan y que recuerde que, sea cual sea el motivo que les impulse, su ayuda y atención debe ser agradecida. No olvide realizar un seguimiento: envíe una nota de agradecimiento por la ayuda que le ha sido prestada o por la esperanza de que le ayuden en el futuro.

**POR QUÉ DEBERÍA HACER ALGUIEN
LO IMPOSIBLE PARA AYUDARLE
EN SU BÚSQUEDA DE EMPLEO**

1. Por ser usted quien es:

    Un amigo personal
    Miedo de represalias por
    sus contactos
    Cree que usted es encantador

2. Por ser ellos quienes son:

    Altruistas
    Por tener poder

Establezca sus contactos de forma inteligente

Usted es el único que puede determinar la efectividad de sus esfuerzos de búsqueda. En cada encuentro, intente maximizar su efectividad, estando preparado para cualquier tipo de conversación. Si el teléfono es el instrumento, deberá estar aún más preparado para discutir el propósito de la llamada de antemano con el fin de que el resultado sea más favorable. Después de haber establecido el contacto, tómese tiempo para anotar los puntos esenciales de la conversación y para determinar cuál será su próximo paso (ver Carpeta de búsqueda de empleo, Muestra 26). Intente estimar los logros con el contacto de forma que pueda mejorar sus habilidades. Así se asegurará de que cada esfuerzo que haga para llegar hasta su contacto le ayudará a conseguir el éxito en su búsqueda de empleo.

Hacer amigos e influenciar a gente

"El mundo es un pañuelo" es una variante de los seis grados de separación que mencionamos al principio del libro. Considere cada contacto como una oportunidad para conocer a más gente y establecer una amistad. Al-

gunos contactos llegarán a más y otros desaparecerán, pero todos tienen
el potencial de llegar a ser amigos. Este proceso es como nadar o aprender
una lengua, se trata de un ejercicio que debe desarrollarse a lo largo de la
vida y que, cuando llega a un cierto nivel de perfección, hace que su vida
sea mucho más efectiva.

Según como se mire, el mundo es pequeño, por lo que tendría que contemplar su búsqueda de contactos como una oportunidad para reforzar los
contactos profesionales y de amistad que le permitirán formar parte de
una espiral que le convertirá en un profesional y una persona más efectiva.

"Presentando..."

Otra herramienta que puede considerar es su carta de recomendación.
Suponga que tiene un contacto que puede tener acceso directo a una empresa con la que le encantaría realizar una entrevista. Pídale a su contacto
que le escriba una carta de presentación con su currículum adjunto. Si esta
persona tiene buenos contactos con la empresa, su carta será leída y añadirá valor a su currículum. Este método puede ser muy útil cuando su candidatura necesita permanecer en secreto mientras continúa trabajando (de
esta forma usted no está buscando empleo, sino que otra persona le está
promocionando). Mire la Muestra 1-19.

¿QUIÉN PODRÍA ENVIAR UNA CARTA
DE RECOMENDACIÓN POR USTED?

Alguien que posea

- **Referencias** que le califiquen para poder juzgar su potencial,
  habilidades y experiencia.
- **Conocimiento** de usted y que pueda aportar su opinión sobre
  su experiencia profesional.
- **Razones** creíbles para no poder ofrecerle un puesto de trabajo
  en su empresa.

Muestra 1-19

CARTA DE RECOMENDACIÓN (EJEMPLO)

Encabezamiento del presidente de una empresa industrial local

Sr. Ely Stein
Presidente
Empresa Tornado
11 Main Street
Nueva York, Nueva York 10011

Estimado Sr. Stein,

Como presidente de una empresa industrial en crecimiento, sé apreciar la importancia de un rápido y preciso experto financiero. Los proveedores volátiles, la fluctuación de la demanda y los altos riesgos inherentes al mercado extranjero hace que las decisiones financieras   se conviertan en una prioridad.

Hace algunos años quisimos contratar a un nuevo Directivo Financiero y encontramos al perfecto candidato trabajando para nuestro competidor. Ella no se sentía preparada para cambiar de empresa, así que escogimos a otro brillante candidato que ha demostrado ser de gran valía en nuestra empresa.

Hace poco supe que la persona que había sido nuestra primera elección deseaba considerar y explorar otras opciones laborales. Aún así, no puedo aprovechar su disponibilidad actual sin perjudicar a mi actual Directivo Financiero, por lo que me tomo la libertad de ofrecerle sus datos profesionales en un currículum, que omite su identidad y que también pasaré a otras empresas industriales situadas en el noreste.

Si necesitase un excelente directivo financiero, le ruego se ponga en contacto conmigo y será un gran placer facilitarle el contacto con ella.   A pesar de que situaciones de equidad y crecimiento tendrán gran importancia, su remuneración en los últimos años ha oscilado entre los 150.000 y 220.000 dólares.

Atentamente,

Firma

Ayuda profesional

¿Cuánto tiempo adicional debería dedicar a las empresas de selección, de selección de directivos o de cazatalentos en búsqueda de su nuevo empleo? Ahora que ha realizado sustanciales progresos en sus esfuerzos de búsqueda de empleo es un buen momento para evaluar estos recursos.

Cazatalentos

Tanto si el personal de selección se llama cazatalentos, empresas de selección o empresas de trabajo, se trata de gente que vende candidatos a las empresas a cambio de una tarifa. La tarifa puede ser bastante elevada. Por citar un caso, la tarifa por conseguir que Louis V. Gerstner trabajase en IBM fue de un millón de dólares además de los gastos de la empresa de selección (que incluían comidas, publicidad, hoteles, transporte y otros).

A cambio de ese precio y de poder mantener sus servicios, la empresa obtiene un candidato adecuado para el puesto de trabajo y garantiza que esa persona permanecerá, al menos, seis meses en el puesto. Si la persona se marcha antes de esta fecha, la empresa de selección será la encargada de encontrar otra persona adecuada para el puesto sin tarifas adicionales excepto los gastos reembolsables.

El otro tipo de acuerdo es de emergencia. La empresa normalmente se categoriza como una simple empresa de selección, pero su representante de ventas y otros miembros de la empresa prefieren que les llamen cazatalentos. En su acuerdo con las empresas, también vinculante por medio de un contrato, las empresas de selección aceptan el pago sólo si al final se ocupa el puesto vacante gracias a sus esfuerzos.

Hemos evitado a propósito el tema de los cazatalentos hasta ahora por una serie de razones, entre las que se incluyen:

1. Utilizar empresas de selección fomenta una *actitud pasiva*, precisamente lo que intentamos evitar en su búsqueda de empleo.

TIPOS DE EMPRESAS DE SELECCIÓN

Empresa que trabaja a cambio de comisión

◆ La empresa sólo le abonará la cantidad a la empresa de selección cuando haya colocado al candidato en el puesto.

◆ Necesita hacer una doble venta para recibir la cantidad: a la empresa y al candidato

◆ Quiere tener una base de datos con bastantes candidatos para venderlos a diversas empresas.

◆ Puede que le pase el currículum a las empresas sin su consentimiento.

◆ Entregarán su currículum junto con el de otros candidatos como un grupo que se adecua al puesto.

◆ Puede que las empresas para las que trabajan hayan contratado los servicios de otras empresas de selección de este tipo.

Empresa que trabaja a cambio de tarifa inicial

◆ Puede que la vacante se cubra y la empresa no sea avisada. Por ello, puede haber ofertas de trabajo duplicadas.

◆ La empresa contrata y paga los servicios de la empresa de selección, tanto si contrata a uno de sus candidatos como si no.

◆ Una segunda tarifa se abona cuando se realiza una contratación basada en un tanto por ciento del salario.

◆ Normalmente buscan a candidatos que tienen trabajo. No muestran un interés particular en quienes buscan empleo. No envían su currículum sin su permiso.

◆ Puede que entreguen su currículum junto con el de otros candidatos a las empresas.

◆ Puede estar seguro de que hay puestos vacantes, ya que este tipo de empresa suele trabajar en contrato exclusivo con la empresa cliente.

2. Las empresas de selección le crean un *falso sentido* de seguridad, un sello característico de cualquier buen vendedor (y no lo utilizamos en su connotación peyorativa). Un buen vendedor sabe cuándo el cliente constituye una posibilidad. Esta transición ocurre cuando se realiza la venta, porque en ese momento el vendedor se ha ganado la confianza del cliente. Y el personal de selección funciona de la misma forma. Piense en ellos como si fuesen de vendedores porque, en el fondo, eso es lo que son.

El personal de selección necesita ser doblemente efectivo porque, al contrario que en cualquier otra situación de venta, necesitan hacer una doble venta para cerrar el trato: la empresa cliente, que ha expuesto la oferta laboral, y el candidato que debe querer aceptar el puesto. Para conseguir este tipo de acuerdo, el personal de selección, de forma muy optimista, tiene que hacer creer al candidato que le recomendarán y que, una vez le hayan presentado, recibirá una oferta. Este tipo de situación fomenta la pasividad porque el candidato creerá que todo lo que tiene que hacer es esperar a que la empresa de selección acuerde una reunión conveniente.

3. Puede que *pierda el control* de su currículum. Si usted tiene un empleo o le interesa saber a dónde envían su currículum, tenga cuidado porque no sabrá si diferentes clientes pueden acceder a su currículum sin su aprobación, ya que algunas empresas de selección a comisión tienen gran interés en realizar ventas y enviarán su currículum a diferentes clientes, pese a que las ofertas de trabajo no cumplan sus requisitos (o cuando usted no cumple los requisitos de la empresa). Su currículum puede quedar desfasado muy pronto, al haber pasado por tantas manos sin crear ningún interés.

4. Muchas veces *no se trata de una vía rápida*. A menudo se ponen en manos de la empresa los currículums, y éstos pasan días y días en el departamento de Recursos Humanos. Una vez han sido revisados por este departamento, los excluirán ("no, esto no es lo que andamos buscando") o los pasarán al departamento de la oferta laboral.

5. Reunirse con el personal de selección puede ser una experiencia *desmoralizante y frustrante*. Puede empezar con la pregunta telefónica o puede que empiece cuando vaya a su sede. De cualquier forma, debe ser consciente de los potenciales efectos negativos que esa experiencia puede causar en su ego. Recuerde que el objetivo principal de la empresa de selección (tarifa o comisión) es generar unos ingresos por parte de la empresa al encontrar un candidato apropiado para una oferta laboral. Sea cual sea la impresión que la persona tiene de usted, ése será siempre su objetivo principal. Así que si la persona que busca empleo tiene los números adecuados... ¡bingo! Y, de no ser así, el contacto no servirá para mucho más. Sea cual sea el nivel educativo y profesional de la persona que busca empleo (enorme o mínimo), si el personal de selección no está interesado en esas cualidades para ocupar un puesto actualmente vacante, carece de la posibilidad de encontrarle otro tipo

de empleo que usted anda buscando y, por lo tanto, no le puede ser de ayuda. No debe tomarse el rechazo a modo personal, porque sólo es cuestión de llegar en el momento apropiado en relación con la oferta y la demanda.

QUÉ PUEDEN HACER LAS EMPRESAS DE SELECCIÓN POR USTED	
Positivos	**Negativos**
• Guiarle y orientarle	• Agotan su energía
• Buscarle posibles empleos	• Le hacen perder el tiempo
• Ofrecerle contactos	• Le dan falsas esperanzas
• Proporcionarle práctica en el proceso de entrevistas	• Intentan que se adecue a lo que ellas necesitan
• Obligarle a vestirse y salir a la calle	• Le engañan
• Abrirle puertas a entrevistas	• No le llaman
• Mejorar sus habilidades en la búsqueda de empleo	• Dañan su ego
	• Le apartan de su búsqueda de empleo

Personal de selección

Necesita ser un buen oyente en cualquier encuentro que tenga con empresas de selección. Ellos tienen unas tareas muy concretas: cerrar el trato. Escuche con atención lo que tienen que decirle. Simplemente porque la persona en cuestión utilice el término *cazatalentos*, no tiene por qué asumir nada. Hágale las preguntas necesarias para confirmar que está entendiendo todo bien. No deje que le hagan perder el tiempo.

Cuando se encuentra con un miembro del personal de selección, no puede saber si trabaja a cambio de una tarifa o de un tanto por ciento. ¿Qué razones tiene para haberse puesto en contacto con usted? ¿Qué le dijeron? Ahora usted es el que ha recibido una llamada de buenas a primeras y le ofrecemos ocho preguntas que debería hacer:

1. ¿Quiénes son? ¿Cuándo empezó a funcionar la empresa? ¿Quién es el dueño? ¿Se especializa en un campo determinado (jurídico, técnico, financiero o publicitario, por ejemplo)? ¿Cuántos clientes tienen? ¿Pueden nombrarle algunos de sus clientes? ¿Son una empresa local o nacional (sobre todo si está interesado en cambiar de lugar de residencia)?

2. ¿Trabaja su empresa con una tarifa anticipada o por comisión si se establece el trato?

Esta pregunta es muy importante porque si la empresa trabaja con una tarifa anticipada, entonces sabe que si convence al personal de selección también conseguirá una entrevista. En las empresas que trabajan con tarifas anticipadas, el cliente de la empresa normalmente está interesado en ver a dos o tres finalistas y a veces acuerda ver sólo a uno, según le recomiende el personal de selección. La segunda opción es cuando la empresa de selección trabaja a cambio de comisión, pero le han dado el trabajo exclusivamente a esa empresa (y, por lo tanto, ninguna otra empresa puede ocupar el puesto, tarde cuanto tarde la empresa en cubrirlo al menos durante un tiempo establecido, por ejemplo dos semanas, y, de no ser ocupado, pasarían el trabajo a otra empresa). Tenga claro que la empresa sólo abonará la cantidad a la empresa de selección si el candidato que acepta el puesto ha sido proporcionado por la empresa de selección. Si el candidato que finalmente ocupa el puesto ha sido facilitado gracias a la recomendación de un empleado, entonces no le será abonada ningún tipo de comisión a la empresa de selección.

3. Si trabajan a cambio de una comisión, ¿hay más empresas que trabajan para el mismo puesto?

Ésta es una pregunta para demostrarle a la persona de selección que usted es astuto y sabe en qué negocio se mueve. Si la respuesta de la persona no es segura, ya se puede imaginar qué tipo de contacto tiene con la empresa.

4. ¿Podrán distribuir currículums sin su previa aprobación?

Usted quiere controlar la distribución de su currículum y quiere mantener su derecho a saber adónde van a ir, por lo que es importante insistir en el hecho de que le comenten cada situación. Sea cual sea la respuesta, mantenga firme su decisión de controlar adónde van a parar sus datos. Incluso cuando le prometan que no harán circular el currículum sin su permiso, no hay ninguna garantía de que sea así. Lo que debería hacer, de saber que lo distribuyen sin su permiso, es enfrentarse a ellos para que sepan que usted es consciente de lo que hacen. Hágales saber que agradece sus esfuerzos, pero que prefiere la cortesía de que le informen antes de enviar su currículum, es decir, que obtengan su permiso.

5. ¿Cuánto tiempo lleva vacante ese puesto?

No hay nada malo en hacer esta pregunta. Si el puesto acaba de quedar vacante, puede que el primer candidato que se presente lo obtenga, pero, por otro lado, si no hay más candidatos, puede que la empresa quiera esperar hasta que tenga más aspirantes para poder comparar. En ese caso, la empresa de selección debe encontrar, al menos, dos candidatos que cumplan los requisitos, cuando, a veces, ya resulta difícil encontrar uno.

Si el puesto ha quedado vacante hace tiempo (más de un mes ya se considera como tal), entonces debe averiguar más datos. "¿Ha habido cambios respecto al proceso de selección?" "¿Cuántos candidatos han visto?" "¿Qué problemas ha habido?" Todas estas preguntas son legítimas y debería hacerlas porque, cuanto más indague, más sabrá, no sólo sobre el puesto, sino también sobre la empresa de selección.

Si el puesto lleva libre desde hace más de tres meses, desde la perspectiva del departamento de Recursos Humanos se puede hacer la pregunta de si se debería ocupar o no. Si la empresa puede sobrevivir más de tres meses sin un puesto libre, esta posición debería reconsiderarse. ¿Cómo es posible que todo funcione sin un ocupante realizando ese trabajo?

6. ¿Es la persona con la que está hablando quien será su representante en la empresa que anuncia el puesto vacante?

La respuesta a esta pregunta le ayudará a determinar el grado de confianza que la compañía tiene en esa empresa de selección. Asimismo, si la persona de la empresa de selección será la responsable de lograr que acceda al puesto, tendrá más contactos con la empresa que anuncia el puesto y, por lo tanto, tendrá más información sobre la organización, el supervisor y el puesto vacante. Por otro lado, si la persona con la que habla es el ayudante, asociado o consejero, tiene que tener cuidado porque él sólo está actuando como filtro del representante. En este caso, tendrá que realizar distintas entrevistas en la empresa de selección antes de que sus documentos sean entregados a la compañía que anuncia el puesto vacante.

7. ¿Por qué está vacante ese puesto? ¿Se trata de un nuevo puesto o lo ha dejado alguien?

Si alguien lo ha dejado, ¿adónde se ha marchado esa persona y cuáles fueron sus razones? ¿Renunció la persona al puesto por asuntos confusos o se trató simplemente de una atracción por un puesto en otra empresa (quizás por mayores beneficios), una decisión mucho más positiva?

8. ¿Cuáles son los puntos fuertes y flojos que tengo para cubrir dicho puesto? ¿Cómo me presentarán al cliente?

Se trata de una oportunidad de que el personal de selección comparta esta decisión con usted, pero en ningún caso debería iniciar una confrontación. Recuerde que usted no es un misionero y que no debe convertir a la persona en un seguidor suyo. Esta persona necesita tomar una decisión e, incluso si la empresa de selección está de acuerdo con los elementos que usted argumenta para apoyar su candidatura, seguirán sin estar convencidos de que resulta el candidato ideal. Seguramente, lo único que habrá conseguido es que la persona tenga una imagen negativa suya y que añada una nota exponiendo que tiene tendencia a la confrontación.

Los periódicos son una fuente de información sobre las empresas de selección. Los periódicos presentan una excelente oportunidad para determinar con qué empresas de selección desea tener contacto. Para principiantes, puede observar en los periódicos qué empresas de selección se encargan de conseguir qué tipo de trabajo. Mire en las ofertas de empleo. Si hay empresas de selección que anuncian puestos idénticos o similares a los que está interesado, sabe que merecen una visita. Si la empresa de selección anuncia un puesto idéntico a otra, puede que se trate del mismo puesto y que ambas empresas trabajen a cambio de comisión.

Encuentros cara a cara. Si continúa teniendo una respuesta positiva por parte de la empresa de selección, acceda a una reunión cara a cara, incluso cuando sea usted el que tenga que hacer la sugerencia. Debe aceptar la oportunidad de presentarse en persona por tres razones:

- **Primera,** la empresa de selección estará impresionada de que sea tan profesional como para querer presentarse en persona.
- **Segunda,** tendrá más control en la situación que cuando habla por teléfono, sobre todo si le hacen esperar mucho cuando usted llama o le llaman.

– **Tercera,** tiene la oportunidad de ver al personal de selección en sus oficinas. Si sugieren un lugar neutral, no tiene más remedio que aceptar, a pesar de que es mucho más informativo visitar su lugar de trabajo. Al menos, asegúrese de anotar su dirección y pasar por delante o entrar en sus oficinas para ver qué le parecen.

- ¿Son las oficinas lujosas?

- ¿Protegen su confidencialidad, manteniéndole alejado de las áreas privadas?

- ¿Insisten en que rellene un formulario antes de poder hablar con ellos? ¿Qué tipo de información solicitan?

- ¿Cómo tratan a su propio personal?

Puesto que son centros de negocios en los que tratan casi exclusivamente con personas que buscan empleo, cuanto mejor sepa tratar con el personal de selección, más satisfactoria será su búsqueda. Muchas veces, las personas que buscan empleo no prestan atención al objetivo primario de las empresas de selección debido a su grata acogida. Sin embargo es necesario entender y recordar que la empresa de selección identifica a las empresas como clientes y como sus relaciones principales, y que todo lo demás (incluido usted) está en segundo plano.

Entrevistarse con personal de empresas de selección. Tratar con empresas de selección (tanto las que reciben tarifas anticipadas como las que trabajan a comisión) puede requerir mucho tiempo y acarrear mucha frustración. El proceso suele empezar con una llamada de teléfono. Si hay un interés por parte de la empresa de selección, le invitarán a su oficina para realizar una entrevista. La visita a su oficina también requiere tiempo, preparación y seguimiento. El tiempo requerido es el que físicamente se pasa allí más el tiempo de espera, que a veces puede ser notable. En todo caso, cuanta más investigación haya realizado de antemano, más efectiva será su visita.

DESTINOS PROBABLES QUE DEPARARÁN A SU CURRÍCULUM EN MANOS DE UNA EMPRESA DE CONTRATACIÓN

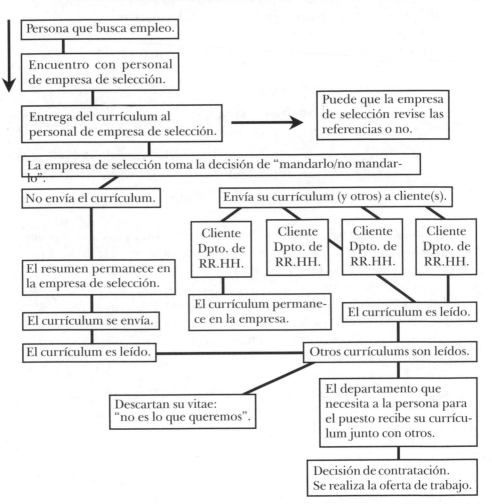

Si un puesto de trabajo concreto ha sido el que le ha conducido hasta la visita, entonces debería confeccionar su currículum de forma que se adecuase a las demandas. Consiga que esté presentable. ¿Hay alguna otra copia, a parte del currículum, que debería llevar? Por último, considere a quien tenga experiencia con empresas de selección. Cuanto más sepa, mejor podrá decidir si vale la pena gastar sus esfuerzos o no. Una pregunta sencilla que debe plantearle es "¿Usted me consideraría para el puesto vacante si fuese la persona encargada de la contratación?"

Debido a las promesas de las empresas de selección de representarle a usted y a sus intereses, la gente que busca empleo suele tender (a menudo infundadamente) a caer en un modelo de pasividad porque les han asegurado que ocuparán tal puesto y que presentarán sus datos al cliente, que desgraciadamente no estará en la ciudad hasta quién sabe cuándo, y mientras tanto deberá esperar hasta entonces.

TODAS LAS EMPRESAS DE SELECCIÓN

✓ Dicen lo mismo.
✓ Buscan puestos de directivos.
✓ Llaman a directivos que ya tienen empleo.
✓ Les paga el cliente (las empresas), en vez del candidato.
✓ Tienen impresionantes archivos de currículums.
✓ Cubren las plazas vacantes gracias a sus enormes archivos de currículums.

El rompecabezas de las empresas de selección

¿Por qué debería una empresa contratar a una empresa de selección abonando una tarifa anticipada cuando hay empresas de selección que están dispuestas a trabajar sólo a cambio de una comisión si se cierra el trato?

Es una pregunta obvia que parece destruir la vigencia de las empresas de selección de tarifa anticipada. Como persona que busca empleo, debe saber las diferencias para decidir qué tipo de empresa de selección le conviene más. Normalmente o ambas son apropiadas o ninguna.

En primer lugar, ¿qué personas no deberían utilizar las empresas de selección? Normalmente si intenta cambiar de sector laboral es difícil imaginar que una empresa de selección esté interesada en su perfil. Para poder vender a un cliente un candidato deberán determinar qué habilidades o experiencia son relevantes para el puesto vacante.

Sea un poco desconfiado si la empresa de selección está interesada en usted a pesar de cambiar de profesión. Determine qué valores puede usted aportar para convertirse en un buen candidato y sea escéptico hasta que vea una evidencia de que la empresa está siendo efectiva al presentarle a un cliente para llevar a cabo una entrevista.

Puede que se encuentre con personal que muestra interés. Normalmente el personal de selección intentará ayudarle para ganarse su confianza y entonces intentará que entre en razón (es decir, que acepte un trabajo que *no* es de su ámbito) porque eso es lo que más se parece a lo que usted quiere, y usted debería ser práctico y acudir a la entrevista. Esto suele pasarle a recién diplomados y licenciados, y a aquéllos que vuelven al mercado laboral. Tenga cuidado si no le parece lo más adecuado. Sobre todo cuando se trata de acuerdos a comisión, el personal nunca intentará hacer pasar gato por liebre porque, si el departamento de Recursos Humanos también tiene que ver en el proceso, al menos el candidato tendrá que pasar dos pruebas antes de que se acuerde una entrevista.

En segundo lugar, las empresas de selección necesitan vender al candidato. Tanto si la empresa de selección recibe remuneración por tarifa o por comisión, para tener en las empresas a clientes contentos también tiene que vender satisfactoriamente al candidato. Para ello, no sólo debe proporcionar a un candidato aceptable a la empresa cliente, sino que debe conseguir que el candidato aceptable acceda a asistir a la entrevista.

Cuando el personal de selección discute un puesto concreto con una persona que busca empleo, debe convencer al candidato de que quiere conocer a la empresa cliente, si puede concertar la entrevista. Se trata de un importante obstáculo porque en ese momento la empresa de selección está aportando credibilidad, convenciéndole de que es una gran oportunidad y de que debería asistir a la entrevista en la empresa. Además, conseguir que el candidato acceda a asistir a la entrevista es una cosa y conseguir que lo haga de forma puntual y con buena apariencia es otra muy distinta.

¿Debería usted recurrir a los servicios de una empresa de selección?

Eso depende de usted. La pregunta clave que debería hacerse es: ¿Qué tiene usted que ellos quieran? De forma más clara ¿cómo podría ayudar a la empresa de selección a generar ingresos?

Considere que se trata de una situación en la que hay que ganar. La empresa de selección necesita un candidato y la persona que busca empleo necesita un puesto vacante que el primero puede proporcionarle gracias a una empresa cliente. Debería realizar las siguientes preguntas a cada una de las empresas de selección en que esté interesado:

¿Dónde están situados?

¿Qué envergadura tiene la empresa?

¿Quién es su principal fuente de clientes?

¿Cuáles han sido los últimos puestos que han logrado ocupar (título del puesto, franja salarial, sector y nombre de la empresa)?

¿Conoce a alguien que trabaje para ellos o alguien que haya conseguido un puesto de trabajo a través de ellos?

Observe las respuestas y compárelas con sus criterios, nivel educativo y profesional en relación con el puesto que espera ocupar. Si hay más posibilidades de respuestas positivas que negativas y usted cree que puede ser de gran valor a una empresa de selección, en ese caso todo el tiempo invertido en la empresa será efectivo.

Si usted tiene que esforzarse para poder encontrar una respuesta positiva, entonces debería centrarse en otros caminos a pesar de revisar esta fuente de vez en cuando. La información adicional puede hacerle cambiar de opinión respecto al atractivo de las empresas de selección. Por ejemplo, si una importante empresa ha decidido cambiar de sede, puede que haya oportunidades de empleo que no había antes. El intento de trasladar a los New England Patriots a Hartfort con un nuevo estadio requirió un gran esfuerzo empresarial que necesitaba personal de diferentes profesiones, desde el sector de la construcción hasta los esfuerzos de marketing, necesidades que no existían anteriormente.

Si usted considera que es un área que vale la pena explorar, necesita realizar algunas indagaciones para establecer hacia dónde ir y cuánto tiempo (cuantificado con números o porcentajes) desea dedicar a diario a esta tarea. A continuación, debería identificar las empresas y escoger las que son más relevantes y apropiadas para usted. No ignore los recursos que le proporciona la Red (hay ciberempresas de selección y cibercazatalentos). Haga una búsqueda mediante un motor de búsqueda añadiendo su ciudad y empresas de selección (todos los consejos que hemos ofrecido sobre este tipo de empresas también son válidos en el caso de Internet).

**CARACTERÍSTICAS DE UNA EXCELENTE
EMPRESA DE SELECCIÓN**

✓ Demuestra una actitud profesional en el trabajo
   de la organización
✓ Ofrece a todos los candidatos atención personalizada
✓ Garantiza que los candidatos que sean colocados lo serán
   en puestos satisfactorios
✓ Garantiza confidencialidad a todos los candidatos
✓ Ofrece flexibilidad. En las ocasiones en que una empresa
   ya ha seleccionado un candidato, la empresa de selección
   "volverá a abrir" la búsqueda para incluir un candidato
   recién llegado, con el fin de aportar el máximo número
   de aspirantes apropiados a los fines de la empresa.

Recogiendo dinero

Una vez se haya acabado la entrevista con el personal de la empresa de selección, la persona asumirá cualquier decisión que usted intentaba tomar durante el encuentro. Si la persona trabaja para una empresa a cambio de comisión, tomará una decisión en cuanto a "enviar/no enviar" el currículum del candidato a la empresa cliente. En este caso, la empresa de selección debe enviar el currículum rápido porque, de no ser así, alguien (otra empresa de selección) podría anticiparse con otro candidato. En un acuerdo de comisión, la empresa responsable de haber presentado al candidato idóneo que ocupa el puesto tiene el derecho de cobrar la comisión. Una vez enviado el currículum a la empresa cliente, la empresa de selección tiene muy poco que ver (a veces nada) con el proceso o con la posibilidad de convencer al cliente para que realice una entrevista con el candidato. El departamento de Recursos Humanos suele ser el área de contacto, y ellos serán los encargados de enviar el currículum al departamento que necesita los candidatos. A menos que el currículum se envíe por Internet, seguramente se enviará por correo interno y se quedará en el buzón de alguien esperando a que se distribuya a la persona adecuada. Si alguna de las personas involucradas en este proceso está de vacaciones o no está trabajando por alguna otra razón, seguramente el currículum se quedará paralizado hasta que vuelva.

Si la persona que busca empleo tiene una entrevista con una empresa de selección que funciona por tarifa anticipada, el proceso tampoco es mucho más rápido. En este caso, se discute el candidato con otros miembros del personal y quizás comprueben sus referencias. A continuación, la empresa de selección presentará los documentos originales al cliente y normalmente incluirá documentos de otros candidatos. Puede que el material se envíe por fax, con copias en papel enviadas con un servicio urgente de correo. Este material suele enviarse tanto al departamento de Recursos Humanos como al departamento central. El siguiente paso suele ser una llamada telefónica confirmando la entrega y aportando impresiones. Después el currículum tiene que pasar a miembros de la administración superior de la empresa, así que la rapidez del proceso dependerá de la política de la empresa y del estilo de trabajo de los directivos, tanto del departamento de Recursos Humanos como del departamento que necesita al candidato (así como de su sentido de urgencia por reocupar la vacante). Sin embargo, el proceso se va acelerando últimamente. Hasta hace poco, las empresas de selección que trataban con directivos solicitaban al menos 90 días para poder completar el trabajo de búsqueda. En la actualidad, cada vez es más frecuente que prometan que cumplirán el encargo entre los 45 y los 60 días. Se trata de un compromiso bastante rápido para encontrar candidatos apropiados, entrevistarse con ellos, realizar la selección, concertar entrevistas en la empresa cliente, recibir una oferta de empleo y lograr que el nuevo directivo contratado tome todos los pasos adecuados hasta que se encuentre trabajando en su oficina en la nueva empresa en sólo de 45 a 60 días desde que empezó el proceso.

Cabe añadir otro comentario en este punto. A pesar de que la empresa de selección prometa lograr que el candidato adecuado esté trabajando en la empresa en menos de 60 días y usted quiera encontrar un puesto en 30 días, recurrir a este tipo de empresas sigue siendo una herramienta potencialmente efectiva. Al igual que en el resto de métodos de selección, el tema principal es el tiempo. Sabemos de un caso en que se buscaba a un importante cargo directivo cuyo salario base oscilaba entre los 200.000 y 300.000 dólares, y un nuevo candidato apareció en el último momento, cuando la empresa ya se había decidido por uno. Sin embargo, aceptó atrasar el proceso de selección y realizar una entrevista al nuevo candidato, y fue a él a quien le ofrecieron el puesto en menos de dos semanas desde el primer encuentro. Lo que queremos ilustrar con este ejemplo es que el tiempo puede jugar con o contra usted. Para ver si esta es la opción que debe seguir, considere la tabla que se muestra a continuación (ver Considere recurrir a empresas de selección si...).

Las empresas de selección tienen tareas concretas que realizar. Cuanto antes sepa reconocer esta idea, más efectivo será su trato con ellas. Tenga cuidado al determinar su objetivo principal, es decir, averigüe cómo generan ingresos.

CONSIDERE RECURRIR A EMPRESAS
DE SELECCIÓN SI...

- Necesita practicar el proceso de entrevistas.
- Necesita a alguien que le comente su currículum.
- Está frustrado porque no consigue entrevistas.
- Es consciente de que el personal de las empresas de selección son vendedores y que intentarán colocarle donde creen que usted es "vendible".
- Quiere sugerencias sobre dónde hay ofertas laborales.
- Sabe de alguna oferta de trabajo concreta y le gustaría que la empresa de selección le presentase como candidato.
- Tiene un conocido que ha vivido una experiencia positiva con una empresa de selección concreta.
- Quiere un puesto en una empresa o un sector concreto y sabe que normalmente esa empresa de selección recibe las ofertas laborales de ese ámbito laboral.
- Está desesperado y ya no sabe qué hacer.
- Es un vendedor y ésta es una oportunidad más de buscar sin miedo al rechazo

---

Las responsabilidades de un candidato

Hasta ahora hemos examinado el proceso que llevará a cabo la empresa de selección, pero también debemos analizar qué debe hacer un candidato cuando acuerda recurrir a una de estas empresas:

CONSIDERE EVITAR RECURRIR A EMPRESAS DE SELECCIÓN SI...

- Evita realizar cualquier tipo de investigación o contacto por su cuenta.
- Sólo quiere que alguien se lo dé todo hecho porque tiene miedo de investigar por su cuenta.
- Usted deja las cosas siempre para mañana y cree que esta es una oportunidad para no tener que hacer las cosas día a día.
- Tiene un ego muy frágil.
- No sabe muy bien qué próximo paso tomar.
- Tiene conocidos que han tenido experiencias horribles con empresas de selección.
- Le parece que ninguna empresa de selección busca activamente candidatos en la profesión o sector que tiene en punto de mira.
- Intentó realizar una entrevista concertada con una empresa de selección, pero le tuvieron esperando interminablemente en una salita y, al final, le trataron con malos modales.
- Vio un anuncio de una empresa de selección, llamó y realizó, al menos, tres llamadas de seguimiento, pero, aún así, no ha obtenido respuesta.
- Tuvo una entrevista en una empresa concertada gracias a una empresa de selección, pero durante la misma descubrió que el puesto vacante era muy diferente a lo que le habían prometido (diferente de su área profesional o un puesto con un nivel de responsabilidad menor y también una paga menor).

- Debe acudir puntual a las entrevistas acordadas con la empresa de selección y presentarse de forma profesional.
- Debe escuchar, de buena fe, cualquier oferta realizada por cualquiera de las empresas proporcionadas por la empresa de selección.
- Rechazar el puesto que ocupa en la actualidad.
- Trasladarse de ciudad, de ser necesario.
- Llevar a cabo todas las pruebas necesarias y pasar cualquier procedimiento que requiera la empresa.

Muestra 1-21

CARPETA PARA LAS EMPRESAS DE SELECCIÓN

Empresa de selección:	Nombre de su representante:	Fecha de llamada:	Oferta laboral:	Entrevista:	Resultados/ Comentarios:

Primera semana: sexto día

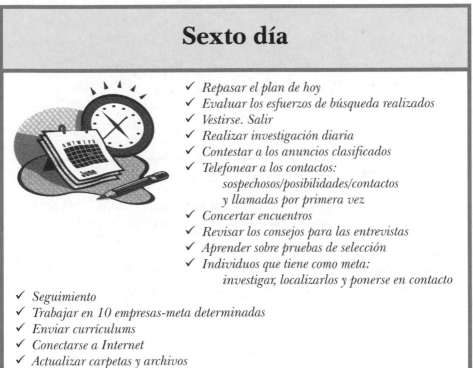

Sexto día

✓ *Repasar el plan de hoy*
✓ *Evaluar los esfuerzos de búsqueda realizados*
✓ *Vestirse. Salir*
✓ *Realizar investigación diaria*
✓ *Contestar a los anuncios clasificados*
✓ *Telefonear a los contactos:*
    sospechosos/posibilidades/contactos
    y llamadas por primera vez
✓ *Concertar encuentros*
✓ *Revisar los consejos para las entrevistas*
✓ *Aprender sobre pruebas de selección*
✓ *Individuos que tiene como meta:*
    investigar, localizarlos y ponerse en contacto
✓ *Seguimiento*
✓ *Trabajar en 10 empresas-meta determinadas*
✓ *Enviar currículums*
✓ *Conectarse a Internet*
✓ *Actualizar carpetas y archivos*
✓ *Realizar un plan para el día siguiente*

¿Qué clase de persona que busca empleo es usted?

"Sólo hago lo que me gusta".

"Esto es mucho más duro de lo que me pensaba".

"Hago lo que puedo".

"Hago un poco por aquí y un poco por allá".

"Hago lo necesario".

"¡Estoy conociendo tanta gente maravillosa!"

"Hago todo cuanto puedo".

Imagínese que está en una entrevista y le preguntan: "¿Cómo se describiría a usted mismo como persona que busca empleo?"

Su respuesta: _____

Examine sus esfuerzos de búsqueda de empleo

Evalúe sus esfuerzos en la Muestra 1-22

Muestra 1-22

EVALUACIÓN DE LA BÚSQUEDA DE EMPLEO

Evalúese a sí mismo en sus actividades de búsqueda de empleo en una escala del 1 al 5, siendo el 5 la puntuación máxima y el 1 la mínima.

Motivación	1	2	3	4	5
Compromiso	1	2	3	4	5
Empresa	1	2	3	4	5
Entusiasmo	1	2	3	4	5
Objetivos:					
Puestos de empleo	1	2	3	4	5
Empresas	1	2	3	4	5
Investigación:					
Empresas	1	2	3	4	5
Individuos	1	2	3	4	5
Asociaciones	1	2	3	4	5
Técnicas telefónicas:					
Llamadas por primera vez	1	2	3	4	5
Llamadas recomendadas	1	2	3	4	5
Comunicación por escrito:					
Cartas de presentación	1	2	3	4	5
Currículums	1	2	3	4	5
Cartas de agradecimiento	1	2	3	4	5
Seguimiento	1	2	3	4	5

Antes de tomarse mañana el día libre, basándose en sus resultados, escoja dos áreas en las que cree que debería ser más efectivo. Enumérelas:

1. _____

2. _____

¿Qué va a hacer hoy para mejorar su efectividad en estas áreas? Sea específico. Por ejemplo, si usted ha fallado un poco en sus cartas de agradecimiento y necesita realizar más llamadas telefónicas buscando contactos, comprométase a terminar las cartas y a hacer al menos 30 llamadas hoy, o las que necesite para ponerse en contacto con 10 sospechosos, posibilidades o contactos.

Enumere sus compromisos de hoy:

1. _____

2. _____

¡Tenga en cuenta que esto no significa que eso es cuanto va a realizar hoy! También tiene que hacer que el resto de platillos de su búsqueda de empleo sigan girando. Sólo significa que dedicará especial atención a esas dos áreas.

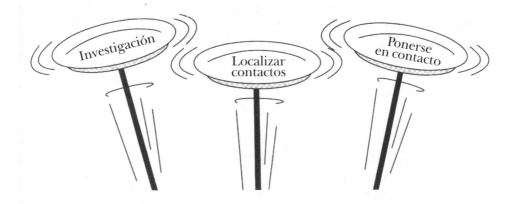

Uno de los trucos malabares más difíciles es el de los platos de porcelana que se mantienen sobre un palo mientras van girando y, para añadir más dificultad al número, suele haber más de un plato girando. La persona irá corriendo de aquí para allá en el escenario, ocupándose de cada platillo para hacer que giren de forma que no se caigan. Cuando el público cree que ya no es posible que haya más platos, el malabarista se pone uno en la punta de la nariz o en la cabeza.

Ese truco malabar es una metáfora de su búsqueda de empleo. Cada área requiere la atención necesaria para que la mantenga "girando".

Entusiasmo: un requisito inestimable

Tradicionalmente, la mayoría de la gente tenía una idea parecida con respecto al trabajo. El trabajo era algo que usted hacía porque era su obligación con su familia y con la sociedad. La gente trabajaba toda su vida esperando la recompensa de la jubilación, y muchas veces en el lugar de trabajo sólo se hablaba de la jubilación:

> *Sólo quedan tres años y medio para marcharme.*
> *Mil cuatrocientos veintitrés días y ya está.*
> *Tengo muchísimas ganas de jubilarme para poder pasar*
> *   más tiempo con mis nietos.*
> *Voy a jugar a golf cada día.*

En realidad, hasta hace poco, la gente que decía que disfrutaba con su trabajo era percibida como extraña. Hoy en día los trabajos se han diversificado más y ha habido una transformación en la que se otorga más valor a los trabajadores con conocimientos, por lo que la actitud hacia el trabajo se evalúa de forma mucho más cuidadosa por las empresas cuando se trata de realizar contrataciones.

¿Qué ventajas tiene el entusiasmo?

Las empresas suelen intentar indagar más allá de las habilidades de los candidatos para saber si muestran entusiasmo positivo por la empresa y los productos o servicios que produce. Hoy en día las empresas más importantes buscan a candidatos que realmente quieran trabajar para ellas. Tanto si el producto o servicio es papel higiénico, café, hojas de maquinillas de afeitar o servicios financieros, las empresas buscan personas que tengan ilusión por trabajar para ellas.

Cómo conseguir tener entusiasmo por una empresa

La clave es responder a unas cuantas preguntas antes de empezar a perseguir un trabajo en una empresa:

¿Cuál es la misión o el objetivo de la empresa?

¿Cuál es la historia de la empresa? ¿Ha hecho público alguno de   sus propósitos?

¿Cómo es la dirección? ¿Qué le parecen a primera vista? ¿Cómo hablan? ¿En qué universidades se licenciaron?

¿Ha salido en el periódico nombrada la empresa hace poco? ¿Por qué razón?

¿Se anuncia publicitariamente? ¿Qué opinión tiene de los anuncios?

¿Compra usted sus productos o servicios? ¿Por qué sí o no?

¿Conoce a alguien con una firme opinión (positiva o negativa) sobre sus productos o servicios? ¿Qué razones sustentan esa opinión?

¿Ha ganado la empresa algún premio de calidad?

Mientras responde a estas preguntas debería empezar a desarrollar respeto e ilusión por la empresa y su deseo de formar parte de ella debería aumentar. Cuanto más sepa de la empresa, gracias a su investigación y encuentros, más entusiasmo tendrá respecto a la posibilidad de pasar a ser un miembro. Ésa es la evolución del entusiasmo.

Ahora, tanto si es consciente como si no, su conducta en los encuentros será un genuino reflejo de su entusiasmo respecto a la posibilidad de llegar a ser un empleado. Lo que le hará sobresalir sobre el resto de los candidatos (que bien podrían estar más cualificados para el puesto que usted) es su auténtico entusiasmo por incorporarse.

Mientras intente encontrar respuestas a estas preguntas en el proceso de búsqueda, estará cumpliendo dos objetivos:

1. Al llevar a cabo la investigación se estará preparando para el encuentro con la empresa en particular donde quiere trabajar.

2. En el transcurso de su investigación, descubrirá otras empresas que podrían despertar también su interés.

El verdadero entusiasmo es un atributo que vale la pena desarrollar en su personalidad, no sólo para resultar un candidato más convincente, sino también para añadir una dimensión que haga que disfrute de su trabajo.

Entusiasta competición

¿Se siente entusiasmado con un trabajo? ¿Con una empresa? ¿Le encantaría concentrar sus esfuerzos en lo que le dicta su corazón? Existen muchas generaciones de candidatos con diferentes necesidades, expectativas y experiencias. Algunos candidatos creían (hasta hace poco) que si eran leales a su trabajo, el trabajo también les sería leal. "Trabajo de por vida, o al menos hasta la jubilación" era la creencia más extendida. Otros candidatos contemplan las empresas como escalones, un trabajo les lleva a otro y éste a otro y así sucesivamente. La búsqueda de trabajo planificada es el camino que han elegido, sin ofrecer lealtad ni esperarla. Un tercer grupo de candidatos está entremedio: ofrecen lealtad cuando conviene a sus propósitos y si les es devuelta la agradecen, pero siempre están en busca de otros proyectos más interesantes.

Los candidatos ambiciosos trabajan de buena gana (es más, eso es lo que esperan) 50, 60 ó 70 horas a la semana. Otros candidatos, no menos ambiciosos, no se encuentran en una posición de poder trabajar tanto, no por falta de entusiasmo, sino porque tienen otros compromisos aparte del trabajo. En "Ponerse en marcha" le pedimos que considerase si vive para el trabajo o trabaja para vivir. Si usted tiene que enfrentarse a otros candidatos que dedican con gusto toda su vida al trabajo, ¿qué quiere hacer? Si usted tiene mayor experiencia, ¿cree que las empresas querrán pagar por esa experiencia o cree que optarán por el trabajador inexperto, adicto al trabajo, que cree que largas horas de trabajo equivalen a lealtad?

Hoy en día, con los constantes cambios que experimenta el mercado laboral, es incluso más importante determinar cómo puede añadir valor a una empresa y ¡vendérselo! En muchos casos, no basta con tener experiencia si no puede cuantificar cómo puede añadir valor a la empresa.

Encontrar a quién llamar

¿Se trata de que *no cuenta con suficientes nombres*, o tiene más que suficientes, pero es de esa gente que *odia tener que hacer llamadas*? La primera situación es el resultado de una creatividad pobre y la segunda es más complicada, pero seguramente se deba al miedo a ser rechazado.

Considere cada transacción como un ejercicio de poder. Poder, sencillamente definido como la habilidad para conseguir que los demás hagan lo que usted quiere. Hacer llamadas de teléfono a personas que no conoce podría ser un ejercicio en el que usted carece de todo poder, mientras que la persona al otro lado del hilo telefónico es la que concentra todo el poder (puede aceptar o rechazar su llamada o rechazar cualquier cosa que diga durante la conversación). Podría incluso tener menos poder, si aún cabe, si utiliza un teléfono móvil, ya que la probabilidad de desconexión añade un elemento más sobre el cual tiene poco control.

Déle la vuelta a la situación para sentir que tiene influencia sobre los demás en el teléfono, haciendo que escuchen lo que tiene que decirles. Intente conseguir que la persona al otro lado del teléfono acceda a su petición (seguramente a encontrarse con usted para conversar sobre la posibilidad de un puesto de trabajo en esa empresa o en otro lugar).

Su objetivo es *persuadir*, pero no crear adeptos. Para realizar llamadas de teléfono efectivas, necesita conseguir que la otra parte esté de acuerdo. Ése es un paso más en un proceso que incluye hacer la llamada telefónica, ponerse en contacto con la persona que desea, hablar con esa persona, conseguir su acuerdo y, por último, conseguir el encuentro que solicitó.

Este proceso requiere mucha energía y concentración de esfuerzos. ¿Por qué debería aceptar una persona quedar con usted? No pase por alto estos esfuerzos, sino que debería contemplar cada "victoria" como un gran logro.

Sea un astuto oyente. Evalúe cuidadosamente cada llamada de teléfono para ver *la actitud* de la otra persona ante el hecho de ser persuadida y *la habilidad* que tiene para poder ayudarle. Se necesitan ambos elementos para que esta técnica sea útil en la búsqueda de empleo.

¿Le parece difícil conseguir 30 nombres a quien telefonear a diario? Reconsidere estas oportunidades:

Listas de antiguos alumnos. Agendas de antiguos alumnos

Iglesia, sinagoga o listas de miembros de afiliaciones religiosas

Grupos de *chat* de Internet

Compañeros de gimnasio

Gente que comparte sus mismas aficiones: por ejemplo corredores, nadadores, cantantes, etc.

Cualquier otra lista de miembros

Periódicos diarios y semanarios

Revistas y otra prensa periódica

Listín telefónico, sobre todo las Páginas Amarillas

Su búsqueda de empleo consiste, en gran medida, en realizar llamadas que le garanticen sospechosos y contactos porque, sin ellos, es imposible progresar en sus esfuerzos.

■ ¿Dónde ha estado esta semana?_____

■ ¿Dónde fue ayer?_____

■ ¿Cuánta gente se ha encontrado que no se pensaba encontrar?____

■ ¿Cuántos nuevos nombres ha recolectado gracias a encuentros con otra gente?_____

■ ¿Cuántas nuevas empresas-meta ha "descubierto" saliendo   de casa?_____

■ ¿Adónde va a ir hoy?_____

Piense en alguna de sus salidas en las que no consiguió conocer a ningún contacto o posibilidad. ¿Qué podría haber hecho de forma diferente?

_____

Si observa sus planes para hoy, ¿qué más puede hacer para conseguir más contactos?_____

No se desespere. Si lo hace, la gente lo notará tanto si usted quiere como si no, y ése es un mensaje que *nunca* debe transmitirse, ya sea consciente o inconscientemente. Lo importante es que debe recordar seguir buscando entre la gente que le apoya, aquéllos que siempre le echan una mano o que se podrían convertir a esta categoría.

Escriba guiones

Considere todas las formas en que la gente dice "no" y qué respuesta puede ofrecerles para que se transforme en un "puede" o "sí".

POSIBLES GUIONES PARA REALIZAR LLAMADAS TELEFÓNICAS

"Me gustaría quedar con usted, pero no tengo tiempo".

Permítame que le sugiera un encuentro muy breve al principio (o final) de su día. Le prometo que sólo necesitaré diez minutos de su tiempo.

"Me halaga creyendo que conozco a mucha gente, pero no es cierto".

Le agradezco mucho haber aceptado mi llamada. Por favor, sugiérame el nombre de dos personas a las que podría acudir para que el encuentro resultase mutuamente beneficioso.

"Me gustaría mucho quedar con usted, pero ahora estoy colapsado".

¿Cuándo cree qué las cosas volverán a su curso normal? Puedo sugerirle inicialmente que nos encontremos la semana del _____ y, si no le va bien, lo podemos cancelar.

Añada sus propias frases:

_____

_____

_____

_____

_____

_____

_____

Sitúese en un ambiente efectivo, incluyendo una "apariencia de poder", es decir, lleve algo que le haga sentir efectivo. Si le preocupa ser efectivo por teléfono, no intente hacer esas importantes llamadas con un cigarrillo en la mano, en pijama, con el pelo revuelto, o con los dientes sucios. No se sentirá efectivo ni con control de la situación.

Establezca una conducta agradable. Sea educado y positivo. Perciba este ejercicio como una serie de retos. Ofrézcase a sí mismo pequeñas recompensas periódicas por cumplir con sus objetivos y horarios.

Consiga que la gente quiera ayudarle

Piense comprensivamente en un interés propio. La gente con la que se ponga en contacto necesita sentir que al ayudarle también se estarán haciendo un favor a sí mismas. Con todos los problemas que tienen, lo que menos necesitan es una llamada suya y, aún menos, una solicitud de que hagan algo por usted.

Piense en usted como una solución. Una vez fuimos testigos de una situación en la que un distinguido candidato mencionó durante el transcurso de una entrevista con el propietario de la empresa que poseía la solución a sus problemas empresariales. Tomó rápidamente un papel y afirmó que la solución estaba en ese papel. Cuando le preguntaron qué había escrito, dijo que sólo revelaría la solución si le contrataban. Consiguió el puesto. Con esta historia no pretendemos que actúe de la misma manera. Sencillamente queremos demostrarle la importancia de rezumar control, aplomo y confianza en sí mismo. Si lo consigue, será percibido como una persona poderosa, al igual que el caballero del ejemplo.

Halagos. Inténtelo.

Recuerde incluir halagos en su conversación. Una vez más la investigación tiene sus recompensas. En primer lugar, a nivel de organización de la empresa, realice cualquier comentario que indique sus conocimientos sobre el funcionamiento de la ésta, que serán muy apreciados por cualquier persona que trabaje en ella (si no se le ocurre nada positivo o halagador, ¿qué hace allí?). En segundo lugar, utilizar el nombre de la persona con la que está hablando ya es un halago. A la gente le encanta oír su propio nombre y se sienten halagados cuando alguien que acaban de conocer lo recuerda y lo pronuncia correctamente. Cualquier comentario que demuestre un conocimiento profesional de la persona también será muy apreciado, y debe tener en cuenta que incluso una pequeña mención a un artículo de periódico, a un discurso, a una entrevista televisiva no pasará desapercibida. Hoy en día, con Internet y el resto de medios audiovisuales quedan muy pocas razones para no conocer los hechos claves en una empresa ni su administración superior.

¿Cómo puede saber si alguien quiere ayudarle o no? Hay algunos indicios de gente reticente a ayudarle, entre los que se incluyen:

- Su tiempo es más valioso que el suyo. Le mantienen esperando al teléfono. Incumplen sus promesas de acceder a un encuentro.

- No le llaman como habían prometido.

- Le dicen que no cuenta con lo necesario (o cualquier otra expresión) para tener éxito en _____, sin ser ellos expertos en el área y sin ofrecerle sugerencias para mejorar su candidatura.

- Su lenguaje corporal muestra desinterés o distracción.

- Ellos mismos están buscando empleo y lo que necesitan es que usted les ayude.

- Parecen muy entusiasmados a ayudarle, pero por cualquier razón, sus posibilidades, contactos y otras sugerencias ofrecidas nunca parecen llegar (prometen, pero nunca llega nada). Sin duda éstos son los más difíciles de descubrir.

Sea un oyente cauto y paciente. A menudo es difícil determinar quién le será de verdadera ayuda en su búsqueda de empleo. Como ya hemos mencionado, debe recordar la regla 80-20 (el 80% de los resultados provienen del 20% de los esfuerzos), por lo que cuanto más afine en señalar a quienes le pueden ayudar y sepa cultivar esas relaciones, más efectiva será su búsqueda de empleo.

Recuerde que usted ha establecido una lista de tareas ambiciosas y que dentro de 30 días no quiere verse obligado a decir: "Todavía no tengo empleo porque he malgastado mi tiempo en los sitios inapropiados".

**LAS QUEJAS MÁS IMPORTANTES
CON RELACIÓN A LAS ENTREVISTAS**

- Entrevistador poco preparado o que no sabía centrarse en el tema.

- No se han podido obtener impresiones por parte del entrevistador.

- Descripciones poco claras sobre el puesto.

- La entrevista empieza con retraso.

- No saber cuál será el próximo paso en el proceso.

- Proceso de contratación largo y complejo.

Riesgos y tácticas de las entrevistas

El entrevistador poco amistoso. ¿Qué puede hacer cuando llega entusiasmado y preparado para realizar una entrevista para un puesto de trabajo que cree que le va como anillo al dedo y el entrevistador es su gran obstáculo? Ya hemos citado que el esfuerzo no equivale a éxito, pero incluso sabiéndolo puede sentirse desmoralizado. Tenga diferentes tácticas preparadas para poner en marcha y destacar sus habilidades al máximo a pesar de que el entrevistador sea un inepto.

Aperitivos. Si le invitan a comer (o incluso a un aperitivo) como parte del proceso de selección, tenga cuidado. No baje la guardia en lo que puede parecer una situación relajada. Sobre todo, debe recordar que no ha ido al lugar para comer (la excepción es cuando realiza una entrevista con una empresa de comida o bebida. *Sí, claro que me encantaría tomar un poco de M&M, ¿un refresco? Sólo si es Pepsi*). Tenga cuidado no vaya a tirar o derramar algo.

Entrevistas en grupo. Puede contemplar este tipo de entrevistas como una ventaja o un inconveniente. Pueden ser oportunidades para sacar el máximo jugo al candidato y muchas recuerdan escenas de antiguas películas en las que los interrogadores intentaban que la persona se derrumbase emocionalmente. Por otro lado, también podrían ser una oportunidad para poder contar su historia sólo una vez y que sea escuchada por todo un grupo. Recuerde que no tiene elección, así que acepte el reto e intente que sea un buen tiro a portería.

Visita a la empresa. Últimamente parece que hay una tendencia a animar a los candidatos a pasar un día en la empresa. Se trata de una oportunidad para que el candidato determine si el ambiente laboral se adecua a lo que busca. Intentarán ver si "encaja" en la empresa, así que tendría que actuar como si ya formase parte de ella. Observe el grado de formalidad. Si son formales, sea usted formal. Si, por el contrario, todos se llaman por su nombre, siéntase cómodo haciendo lo mismo. Sea un buen oyente y no intente resolver ningún problema en esta visita.

Situación estresante. No sólo las entrevistas a la hora de comer son estresantes, sino que muchas oficinas son un pésimo lugar para intentar vender su candidatura debido al ruido ambiental, las interrupciones y el mobiliario incómodo (su silla es muy baja y el entrevistado parece un gigante detrás del escritorio o es demasiado pequeña para su trasero), además del reflejo del sol que le da en los ojos y que proviene de las cortinas de detrás del entrevistador o del humo del cigarrillo del entrevistador.

¿Qué puede hacer? Sea práctico. Si no puede ver u oír al entrevistador, dígaselo. *Perdone, querría oír sus preguntas, ¿le importaría que cerrase la puerta?*

Si también le molesta que fumen, sería adecuado que lo resolviese en ese momento. *Perdone, pero soy alérgico al humo de cigarrillo. ¿Le importaría no fumar mientras realizamos esta entrevista?* Seguramente, usted no será la primera persona en reprocharle su hábito como fumador y, de nuevo, si se trata de un tema importante para usted, podría ampliar la conversación y tratar la política de la empresa en cuanto a este aspecto. *¿Tiene el departamento en el que podría trabajar una política a favor del tabaco?*

Entrevistas (estructuradas). Son entrevistas con preguntas preparadas por adelantado. Esta técnica suele indicar que el entrevistador se toma en serio las entrevistas con los candidatos. No se ponga nervioso, puesto que lo que debe hacer es escuchar atentamente, tal y como lo hará el entrevistador cuando sea su turno.

Entrevistas (no estructuradas). Tenga cuidado con este tipo de entrevistas porque el entrevistador puede no estar lo suficientemente preparado o experimentado. El entrevistador le hará cualquier pregunta que considere apropiada y dejará que su respuesta le conduzca a la siguiente pregunta. Al entrevistar a distintos candidatos, el entrevistador tendrá dificultades para recordar qué dijo cada uno de los entrevistados sin tomar notas en su presencia o en cuanto acabe el encuentro. Hay una historia (real) de un profesional de Recursos Humanos que contrató a una persona para su propio departamento y descubrió, cuando la persona apareció, que no era la misma que él había dado la orden a sus empleados que contratasen. El entrevistador estuvo muy ocupado tomando notas en su entrevista sin preparación, lo que en un principio había preferido porque creyó que daba mayor espontaneidad.

Entrevistadores problemáticos. Incluso cuando no se menciona el asunto del tabaco y las oficinas son fantásticas, hay otros obstáculos que salvar. Noticias sorprendentes: ¡No todos los entrevistadores son competentes! Un experto laboral advirtió a los solicitantes que asumiesen que se encontrarían con un entrevistador incompetente, para estar preparados.

El último problema se plantea al final de la entrevista cuando cree que se marchará sin ninguna idea sobre cuál será el próximo paso o cómo lo ha hecho. Se trata de entrevistadores que no se comprometen y no le dan ni un sí ni un no... así que no se vaya sin hacerle unas cuantas preguntas:

"¿Hay muchos más candidatos para esta entrevista?"

"¿Cuándo quieren ocupar el puesto?"

"¿Cuál es el próximo paso? ¿Realizaré una entrevista en el departamento adecuado o con personal del departamento central?"

"¿Cuándo se tomará la decisión?"

"¿Cuándo me dirán algo?"

"¿Cuándo podría llamarle para comprobar mi posición? ¿Le parece bien el _____ ?"

Muestra 1-23

MOVIMIENTOS DE DEFENSA EN LA ENTREVISTA

- **Poco preparado.** "Se suponía que examinaría su currículum en detalle, pero... Dígame por qué tiene esta entrevista".

Su respuesta: *(nombre) mencionó que nos encontrásemos para _____.* *¿Es también lo que tiene entendido? Deje que le ofrezca un breve resumen de mi currículum para mostrarle por qué podría serle de utilidad.*

- **Distraído:** "Un momento, voy a contestar esta llamada" "Cómo íbamos diciendo... ¿Por dónde iba?"

Su respuesta: *Yo (usted) le iba a mencionar...* (Asegúrese de recordar la idea que iba a mencionar antes de la interrupción. Será una oportunidad para demostrar que, además de ser útil, también es un buen oyente).

- **Argumentativo:** "Así que es amigo de _____. No me muevo en ese tipo de círculos".

Su respuesta: *En realidad fue una coincidencia que nos conociésemos. Normalmente no dedico mucho tiempo a _____. Decidí ponerme en contacto con él/ella cuando supe del puesto vacante aquí en _____.*

- **Pensamientos ocultos:** "Hmmm".

Su respuesta: *¿Hay algo que he dicho o escrito que quiera que discutamos con mayor detenimiento?*

- **Acaparador de conversación:** "Ah, sí, recuerdo cuando realicé esa entrevista aquí. Fue..."

Su respuesta: *Agradezco que comparta esta experiencia conmigo. Parece que le ha ido bastante bien. Espero que con la experiencia que poseo en _____ y mi interés en progresar en mi profesión aquí tenga la mismas oportunidades (intente reconducir la entrevista).*

- **No se involucra en la entrevista:** "No sé por qué está aquí".

Su respuesta: *(nombre) mencionó que podría reunirme con usted con el propósito de _____ (sea breve y vaya al grano).*

Pruebas

El proceso de aceptación y selección de personal requiere una serie de pasos con el fin de "dejar que entren en el proceso" (aceptar) o "seleccionar" candidatos.

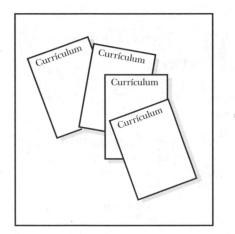

ACEPTACIÓN:	SELECCIÓN:
Recoger currículums	Escoger a los candidatos

El proceso de búsqueda de empleo implica tener que realizar innumerables pruebas. Resulta fácil bajar la guardia si no reflexiona sobre todas las tareas que le piden que realice en ellas.

Si usted considera la búsqueda de empleo como una prueba continua, entonces tendrá un criterio. El punto de vista de la empresa es que cuantas más pruebas pase una persona, más fiable será la evaluación y, por lo tanto, más probabilidades habrá de que se contrate al candidato más adecuado. Tenga en cuenta que para llegar hasta la entrevista usted ya ha tenido que pasar una serie de pruebas:

1. Su carta de presentación ha sido leída.

2. Su currículum ha sido leído.

3. Su carta de presentación ha sido aprobada.

4. Su currículum ha sido aprobado.

5. Se pusieron en contacto con usted.

6. Usted recibió el mensaje.

7. Usted accedió a la entrevista.

8. Usted realizó la entrevista.

Durante este proceso también tiene que considerar si desea trabajar para la empresa, puesto que habrá ido recopilando información adicional sobre su actitud frente a los trabajadores debido a las pruebas formales.

La importancia de las pruebas en el proceso de selección

Las pruebas deberían someterse a un mayor escrutinio, pero parece que en la actualidad siguen sin cumplir los parámetros de *fiabilidad* (que predigan exactamente la habilidad del candidato para el puesto) y *validez* (esencialmente que los resultados se obtengan gracias a medios legales en vez de ilegales). Para que una prueba sea válida debería evaluar la conducta o parte de una conducta requerida para desempeñar el puesto de trabajo vacante a un nivel estándar o satisfactorio.

Algunas pruebas con las que quizás se encuentre

A continuación le ofrecemos una serie de pruebas con las que quizás se encuentre durante su búsqueda de empleo. Cuando lea sobre ellas, considere por qué las han incluido como pruebas. Esté alerta cuando le presenten más de una, preste atención a las instrucciones y plantee cualquier pregunta antes de empezar la prueba.

Trabajos de prueba. La empresa le pide que realice muestras del trabajo que tendría que realizar normalmente si le contratasen. Si el puesto es administrativo y se requieren sólidos conocimientos de informática, entonces la prueba tendrá que hacerse en un ordenador (con unos programas y un modelo similar al que tendría que utilizar) y el material que le ofrecerán será muy parecido, por no decir idéntico, al que tendrá que realizar si obtuviese el puesto. Como candidato, tendría que estar satisfecho de poder demostrar su habilidad de trabajar al nivel solicitado, además de poder tener la experiencia de hacer un trabajo similar al que realizaría si ocupase el puesto. Otra prueba que se suele realizar a menudo es la de procesamiento informático de textos.

Evaluación de compañeros. Se trata de la evaluación que realizan los trabajadores que serían sus compañeros si usted ocupase el puesto. Así, tendrá que reunirse no sólo con el directivo del departamento, sino también con el resto de trabajadores para que todos determinen si es adecuado para el puesto. Puede que se reúna individualmente con cada uno o que tenga que realizar una entrevista en grupo, a veces incluso ambas cosas. Es una excelente oportunidad para conocer a los que podrían ser sus compañeros antes de empezar. No se trata de un procedimiento demasiado común, pero usted debería acogerlo con los brazos abiertos. Debe recordar ser breve en sus respuestas, escuchar atentamente y otorgar a estos encuentros la importancia que merecen por dos razones. En primer lugar usted debería asumir que la persona encargada del departamento tendrá muy en cuenta la opinión de sus compañeros, así que no debe relajarse. En segundo lugar, es una buena oportunidad para obtener información de primera fuente sobre sus posibles compañeros. Necesita ser efectivo con ellos desde el principio para garantizar que se sentirá bien en el puesto. Considere si se trata de un grupo en el que podría encajar bien.

Pruebas de conocimiento del puesto. Son pruebas para determinar únicamente cuál es su nivel de conocimiento. Son adecuadas si el puesto de trabajo requiere ciertos conocimientos para su desarrollo, por ejemplo exámenes para abogados o contables. Muchas de las pruebas que se realizan para poder ser funcionario también son pruebas de conocimiento. El problema reside en que muchas veces el intento de medir el conocimiento global se confunde con la habilidad para llevar a cabo un trabajo. Por ejemplo, para obtener el carné de conducir hay que pasar primero una prueba teórica, pero muchas veces el conocimiento teórico no se refleja en la forma en que una persona conduce.

Pruebas generales. Es una oportunidad para que el candidato realice las tareas del puesto a modo de prueba. Es preferible trabajar con muestras porque es una oportunidad para desarrollar el trabajo y mostrar lo que podría realizar en una situación real o simulada de trabajo. Por ejem-

OLIMPIADAS DE CANDIDATOS
A UN PUESTO DE TRABAJO

800 METROS DE OBSTÁCULOS

Trabajos de prueba

Conocimiento sobre el puesto de trabajo

Evaluación de los compañeros

Pruebas generales

Lista de intereses

Centros de valoración

Solicitudes y formularios

Experiencia

Universidad

Análisis de caligrafía

Comprobación de referencias

Edad

Pruebas de personalidad

Pruebas de sinceridad

Pruebas físicas

plo, a los cajeros de los bancos les ofrecen una serie de transacciones bancarias que deben realizar como prueba. Muéstrese positivo ante una oportunidad de saber cómo sería realmente su puesto de trabajo.

Centros de valoración. Incluyen diversas pruebas con diferentes ejercicios y suelen entregarse a candidatos que aspiran a posiciones directivas en empresas de gran envergadura. Requieren sofisticados métodos de evaluación por lo que su coste es prohibitivo.

Solicitudes y formularios. Se trata de cualquier documento que intente obtener información personal y profesional del candidato. Siempre que soliciten información sobre usted, debe ser conciente de los detalles que desea incluir y de los que desea excluir. En realidad cualquier información biográfica puede ser utilizada para descartar o admitir a posibles candidatos en cualquier fase del proceso de selección. Los currículums cobran mayor importancia cuando se tiene en cuenta que cualquier dato que proporcione (o que omita) puede actuar a su favor o en su contra.

Recuerde que cuando proporciona un currículum está proporcionando detalles sobre su formación y pasado laboral que ofrece *de la forma que usted ha elegido*. Por el contrario, cuando le piden que rellene un formulario, tiene que completar los datos *de la forma que la empresa ha seleccionado*. Cuando escribe *ver resumen* en el formulario, está intentando que la empresa acepte su formato. No está de más intentarlo, pero no se moleste si le piden que vuelva a proporcionar datos que ya ofrece en su currículum.

Comprobación de referencias. Los candidatos al puesto no perciben la comprobación de referencias como pruebas, pero sí lo son, ya que se utilizan como un factor para aceptar o rechazar al candidato. Tenga cuidado con quién incluye en su lista de referencia y asegúrese de que les pregunta con antelación si no les importa que así lo haga (tenga cuidado incluso con anteriores o actuales empresas). No incluya camareros o dentistas como referencias a menos que quiera un puesto como camarero o como dentista.

Experiencia. No se suele pensar en la experiencia como una prueba, pero suelen ser los datos que examina de forma más detenida el departamento de Recursos Humanos cuando intenta realizar la selección para el puesto vacante. ¿Cómo pueden saber cuál es su experiencia antes de la entrevista? Lo pueden averiguar a partir del currículum que ha presentado. En su currículum debería incluir sólo la experiencia laboral relevante y no debería camuflar los puestos. Si fue un vigilante salvavidas en verano, dígalo así y no intente embellecer la profesión.

Nota media de la carrera universitaria. Si lo incluye está bien, aunque sugerimos que lo omita a menos que fuese un genio. Ésta es nuestra recomendación incluso cuando se acaba de licenciar. Cuando ya lleve dos años fuera del sistema educativo lo debería omitir siempre. Si la empresa está interesada, ya le preguntará.

Lista de intereses. Puede que le pidan que tome un papel y un lápiz y realice una lista de preferencias. Normalmente se hace con puestos de ventas o de atención al cliente. Le recomendamos que lleve a cabo estas pruebas sin devanarse los sesos intentando determinar qué es lo que anda buscando. Si cree que sabe cuál es la respuesta que quieren, désela si quiere el puesto.

Análisis de caligrafía. Sí, no se suele hacer, pero, aún así, puede que le pidan que escriba a mano para que se analice su caligrafía. Esta técnica es más popular en algunos sitios que en otros. La gente que vende esta técnica promete que podrán predecir a partir de una muestra de caligrafía todo tipo de conducta desviada, desde la conducta criminal hasta los pequeños hábitos personales.

Edad. Esta información suele obtenerse sutilmente o a partir de un candidato que se preste a ofrecerla. Cada vez más, en nuestra sociedad se alaban los valores asociados con la juventud y la gente mayor se ve perjudicada. Sea cuidadoso y desvele sólo la información que desee. Legalmente, las empresas no pueden discriminar debido a la edad, siempre y cuando sea mayor de 18 años. Hay muchas formas para saber su edad, así que tenga cuidado. Si pone una fecha de graduación en su currículum, la empresa contratante y su personal pueden estimar su edad. Si ha listado cada trabajo que ha realizado, también será muy sencillo asumir su edad (empezó a trabajar a los 18 si no fue a la universidad o a los 23 si fue).

Pruebas de personalidad. Suelen ser pruebas que se realizan con lápiz y papel para determinar sus rasgos de personalidad. Puede que le entreguen una serie de preguntas y le prueben para un trabajo de ventas. También se suele someter a este tipo de pruebas a los ejecutivos y candidatos a trabajar en grupo.

Pruebas de sinceridad. Se trata de pruebas que se realizan con lápiz y papel que se han desarrollado para intentar identificar sus valores éticos. En Estados Unidos, una importante empresa distribuidora desarrolló estas pruebas y ha estado utilizando todo tipo de análisis estadísticos para determinar su validez y fiabilidad. Los distribuidores afirman que, además de determinar los valores éticos del individuo, también pueden averiguar si toma substancias, sin necesidad de realizar análisis de orina.

Pruebas físicas. Puede tratarse de reconocimientos médicos o de ejercicios relacionados con el puesto de trabajo, y normalmente tienen como propósito evaluar su condición física general o averiguar si toma algún tipo de fármaco o droga. Si la prueba está relacionada con el puesto de trabajo, será impuesta a todos los candidatos para cualquier puesto que requiera esfuerzo físico. Por ejemplo, para ser bombero hay que estar en excelentes condiciones físicas y pasar ciertos requisitos físicos. Además de un examen de salud, muchos cuarteles de bomberos han introducido las pruebas físicas para determinar si los candidatos podrían aguantar el desgaste físico que requiere esta profesión.

La relevancia de recordarle este tipo de pruebas es que usted se mantenga alerta y preparado para pasar con éxito cualquier examen que le impongan. Sea consciente de que, en el fondo, cualquier proceso de búsqueda de empleo consiste en superar una serie de pruebas.

Primera semana: séptimo día

Actividades diarias durante la semana

✓ *Tómese el día libre. Se lo merece*

✓ *Póngase al día en cuanto a periódicos, revistas*

✓ *Disfrute. Haga ejercicio, dé un paseo...*

✓ *¿Técnicas para aliviar el estrés?*

✓ *Repase su estado financiero*

✓ *Examine la realidad*

✓ *Realice planes para la semana que viene*

Al final... ¡un merecido día de descanso!

Tanto si se trata del día en que se da un respiro habitualmente como si no, usted se merece tomarse un día libre. Su familia, amigos, esposo/a, vecinos y animales también se han ganado un día libre de su búsqueda de empleo. Hoy, trataremos otras áreas que pueden influir en su búsqueda y que también debería tener en cuenta.

Cuide de sí mismo

¿Está cuidando de sí mismo? ¿Sale a la calle cada día, no sólo a buscar trabajo, sino también por salir? Estar con un ordenador o un teléfono durante todo el día no es divertido (y lo sabemos porque es como escribir este libro). Nuestro objetivo al escribir este libro tenía dos sentidos: ayudarle a encontrar un puesto de trabajo y ayudarle a mantener su sano juicio. Aunque tenga que trabajar muy duro, también necesita un descanso, ya sea un largo paseo al final del día, ir a dar una vuelta en bicicleta por la mañana o hacer ejercicio. Verá como se siente mejor si se cuida físicamente.

Aumente su interés

Salir, conocer a gente y disfrutar hará que sea una persona mucho más interesante (y también un candidato más interesante al puesto de trabajo). Tiene que evitar una visión cilíndrica, que es lo que ocurre si sólo piensa en su búsqueda de empleo. No debe olvidar que también tiene una vida fuera del trabajo.

No deje apartados a sus amigos, vecinos y miembros de la familia que no están involucrados en su búsqueda de empleo. Mantenga sus amistades. Si el hecho de no tener empleo hace que su sensibilidad esté a flor de piel o que todavía tenga dentro rabia, desconfianza y sentimientos negativos acumulados, tener a alguien que le escuche sin ofrecerle comentarios o consejos puede serle muy útil para liberarle de la tensión y las preocupaciones. Incluso los amigos que no le pueden proporcionar posibilidades, contactos o consejos pueden ser de gran ayuda al escucharle.

Riesgos de la búsqueda de empleo

El periódico *The New York Times* publicó un artículo humorístico realizado por una autora que trabajaba en su casa, en un apartamento en Brooklyn. Ella y su compañero eran prácticamente los únicos que estaban en casa durante el día. Pronto, los vecinos se dieron cuenta que ella se quedaba en casa mientras ellos estaban en "el trabajo". Aparentemente, los vecinos no consideraban que ella "trabajaba" en casa, ya que todo el mundo esperaba que les cuidase los animales, esperase a la gente que venía a hacer reparaciones y aceptase los paquetes que les llegaban sencillamente porque ella estaba en casa. Vivían en un edificio con 60 apartamentos y hubo una vez que tuvieron las llaves de más de 20. Un día encontraron una nota en el vestíbulo del edificio que indicaba que la persona que debía realizar una entrega a su apartamento lo hiciese al de esos vecinos que siempre estaban en casa. En esa ocasión, no conocían al vecino y ni siquiera se lo había pedido. No les molestó que un vecino se aprovechase de la situación, sino el efecto acumulativo que les quitaba mucho tiempo de trabajo.

No hace falta que viva en un apartamento de Brooklyn para que le pase lo mismo. Seguramente enseguida los vecinos se darán cuenta de que usted está en casa y que por lo tanto está disponible: para tomar cafés, para largas charlas y para diversos favores (pequeños o grandes). No queremos decir que tenga que darle la espalda a sus amigos y vecinos, pero sí que debe hacer hincapié en que está en casa trabajando y, por ello, debe determinar muy bien lo que está dispuesto a hacer y lo que no.

El tiempo vuela

Hay algunas cosas o personas que pueden absorberle demasiado tiempo y que, por consiguiente, podrían tener un impacto negativo en sus esfuerzos de búsqueda de empleo.

- **Su familia.** Tiene que quererles, pero, por otro lado, tiene que tenerles *informados* en vez de *involucrados* en cada aspecto de su búsqueda. Su tío Joe no tiene por qué saber cada conversación telefónica que mantiene. Su prima Sue tampoco tiene que llamar a diario para saber cómo le va. Si hay miembros de su familia en casa mientras está trabajando, ¡tenga cuidado! Por nuestra experiencia personal, hay un efecto de atracción a oír sus conversaciones, ver algún programa divertido, escuchar música que ponen, innumerables niños pasando delante suyo... incluso una pequeña pausa para tomar un tentempié puede convertirse en un importante acontecimiento social.

  También están los que dicen *como de todas formas estás en casa...* así que tendrá que recoger llamadas de teléfono, esperar a gente que realice las reparaciones y firmar paquetes. Usted será el primero en sorprenderse de que la situación haya llegado hasta tal extremo y que le haya comido tanto tiempo. Al principio de este libro recomendamos establecer un horario. Si usted ve que los demás le interrumpen durante el día, cuelgue su horario en un sitio bien visible .

- **Vecinos.** Ya hemos dicho suficiente. Usted está en casa, ¡pero trabajando! Sea educado, pero ayúdelos sólo en casos de emergencia.

- **Su casa.** Nunca pensó que preferiría fijar los azulejos del cuarto de baño a tener que hacer llamadas por primera vez, ¿a qué no? Ahora no es el momento adecuado para realizar proyectos o reparaciones en casa. Usted no quiere que su mente se evada de sus problemas, sino que esté concentrada en su búsqueda de empleo. Está muy bien arreglar el jardín los fines de semana o realizar proyectos en la casa, pero cíñase al calendario de trabajo que se ha fijado.

Energía negativa

Alguna gente no sólo consume su preciado tiempo, sino que además le absorbe su energía, elimina sus propósitos y mengua su determinación.

- **Los que siempre ponen pegas.** Sea lo que sea lo que esté haciendo, siempre creen que no funcionará. "Ellos"están seguros; lo hace todo mal. No es que ellos sean expertos en el tema, pero se creen que usted no puede salir adelante sin sus consejos, que siempre son lo opuesto a lo que usted está haciendo. No importa que haya conseguido entrevistas y tenga grandes posibilidades, porque ellos siempre ven el lado negativo y le dicen "espera y verás".

  Si usted quiere esperar y ver, escuchándoles hará que la maldición se cumpla. Es muy importante saber dónde encontrar contactos, pero es incluso más importante saber dónde no los va a encontrar. Si la gente no le ayuda a encontrar soluciones, entonces sólo le crearán problemas y usted no necesita esos problemas. Practique diciendo con actitud poco convencida *Hummm. Es un comentario interesante. Ya le echaré un vistazo* y cambie de tema.

- **Personal de selección incompetente.** ¿Quién les paga? Las empresas. Así, pues, ¿para quién trabajan? Está claro que no es para usted. Formule preguntas al personal de selección para ver si realmente tienen puestos de trabajo que se adecuan a sus posibilidades. Si le mandan a una entrevista sin más (los requisitos no se corresponden, la franja salarial no es la adecuada...) entonces peor para ellos. Si lo hacen dos veces entonces es peor para usted. No lo siga intentando con ellos. Hay algo que es cierto: hay muchas empresas de selección con personal competente que pueden serle de gran ayuda al buscar un puesto de trabajo adecuado a sus características.

- **Gente maleducada en todas partes.** Cuando tenía trabajo se las tuvo que ver con gente maleducada y ahora le pasará lo mismo. Hay gente que le cerrará la puerta del ascensor en la cara cuando ve que quiere subir y precisamente va un poco tarde (accidentalmente) a la entrevista. Hay recepcionistas que sólo están interesadas en sus llamadas privadas y no en su cita, así como personal que olvidó comunicarle al departamento de Recursos Humanos que el puesto se cubrió el día anterior y usted está ya allí, preparado para la entrevista.

Tanto si está inquieto porque quiere cambiar de empresa lo antes posible o porque está parado, la tensión abunda en todas partes y puede hacer que pierda la compostura. Si nota que la frustración se está apoderando de usted, vaya a dar unas vueltas a esa pista de atletismo cerca de su casa o cómase unas cuantas galletas.

Causas de estrés

En una encuesta para averiguar las principales causas de estrés en la vida, la pérdida de un esposo/a se situó en el número uno, la pérdida de trabajo en el número cinco y el cambio de trabajo en el número ocho. ¿Es de extrañar, pues, que sufra estrés cuando tiene que enfrentarse a entrevistas, realizar llamadas de teléfono o examinar los anuncios clasificados?

Tenga en cuenta que hay una línea muy fina que separa el tiempo que se merece del tiempo que está desperdiciando. ¿Bebe una taza de café tras otra o una bebida con cafeína tras otra? Eso puede contribuir a su nerviosismo. Tenga a mano una botella de agua puesto que uno de los primeros síntomas de deshidratación es la fatiga. No permita que todo el estrés que siente, junto con la novedad de trabajar en casa, le lleve directamente a la cocina (en muchas encuestas, el personal responsable de la contratación afirmó que, cuando podían, elegían al candidato "con aspecto más saludable"). La Muestra 1-24 enumera algunas ideas para reducir su nivel de estrés.

Muestra 1-24

CÓMO LIBERAR SU ESTRÉS

1. **Llamando a un amigo.** Los estados emocionales pueden ser contagiosos. Por ello, escoja un amigo positivo y alegre con quien hablar.

2. **Tres "R".** Rutina, repetitivo y actividades rítmicas. Quitar las malas hierbas, ordenar el cajón de los calcetines o doblar la ropa son actividades rutinarias que hacen que desconecte de su mecanismo de preocupaciones.

3. **Tenga una "libreta de gratitud". Escriba algo cada noche.** Escriba lo que le gusta de su vida y las cosas buenas que le han pasado durante el día. Repase la libreta cuando los problemas le estén afectando demasiado.

4. **Haga algo nuevo.** Haga algo diferente a lo que hace siempre. Ponga música, baile, masajéese la espalda, estírese en el suelo con los pies en alto. Rompa con la rutina.

5. **Sonría.** Lea las viñetas cómicas de los periódicos, vea los dibujos animados en la televisión o lea un libro de historias graciosas. Relaje su mente y libérela de los problemas.

6. **Sumérjase en un libro.** Lea un breve capítulo de una de sus obras preferidas de ficción. Un poema también puede tranquilizarle, pero si está verdaderamente estresado y no puede trabajar al máximo, tómese un descanso (sin sentirse culpable) y vuelva cuando haya refrescado la mente.

7. **Muévase.** Un paseo energético alrededor del edificio, diez minutos de "steps" o unos ejercicios de yoga harán que la circulación fluya adecuadamente y le liberarán de esa rigidez, tanto corporal como mental.

8. **Cambie de punto de vista.** Eche un vistazo por la ventana. Acaricie a su gato o perro. Mire a los peces en la pecera.

9. **Dieta adecuada.** Siempre que le sea posible, elija comidas fáciles pero vigilando los niveles de azúcar y grasas. No tome alcohol (cervezas y vino) durante las comidas y coma a sus debidas horas. Intente llevar un horario regular.

10. **Pase a la acción.** Intente hacer algo para solucionar el problema. Hacer algo le otorgará un sentido de control que hará que se libere de parte del estrés.

Lo importante en cuanto a la liberación del estrés es que usted se toma un respiro, pero no cesa tajantemente sus esfuerzos o se distrae tanto que se queda rezagado. Ignorar todo lo que debe hacer no hará más que crearle sentimientos de culpabilidad y mayor estrés.

Preocupaciones financieras

✓ *Hoja avanzada de cálculo financiero*

Cuando las finanzas son una causa de su estrés, la mejor solución es el conocimiento. Observe detalladamente las transacciones y las cantidades con el fin de decidir qué tendría que eliminarse y qué puede conservarse. Saber es mejor que preocuparse. Siempre que pueda, pase a la acción, ya que es el mejor remedio.

Si en la actualidad tiene empleo, intente mejorar su posición financiera antes de renunciar al cargo. Ver Muestra 1-25 para observar qué pasos hay que considerar antes de dejar su puesto actual.

¿Está parado en la actualidad? Dependiendo de su situación financiera, quizás quiera considerar algunas alternativas laborales ahora (ver Cuarta semana para alternativas laborales).

Analice sus derechos como trabajador. Por ejemplo, si disfrutaba de una póliza de seguro sanitario con su última empresa, asegúrese de que no renuncia a ese derecho al no recurrir a dicha cobertura mientras está parado.

Si su estado financiero constituye un problema para usted, complete la Hoja avanzada de cálculo financiero en la Muestra 1-26. Al considerar sus ingresos, no olvide incluir otras fuentes que pueden estar disponibles en caso de que las necesitase.

Algunas posibles fuentes de ingresos:

■ **Su cartera de valores:** acciones en bolsa, títulos de obligaciones, bonos, fondos mutuos. En vez de liquidarlos, investigue sobre los préstamos de margen para poder salir adelante.

■ **Pólizas de seguro de vida:** la mayoría de las pólizas permiten deter

Muestra 1-25

QUÉ HA DE CONSIDERAR ANTES DE RENUNCIAR
A SU PUESTO ACTUAL

✓ Conserve dinero. Aumente sus cartillas de ahorro.

✓ Deje la tarjeta de crédito en casa. No acumule recibos que después tenga dificultad para abonar.

✓ Si tiene que gastar, utilice dinero en efectivo.

✓ Acabe primero con sus préstamos a un alto interés.

✓ Consolide sus tarjetas de crédito y débito. Benefíciese de un préstamo a bajo interés para poder pagar todas sus deudas con el menor pago mensual posible.

✓ Aumente su retención de impuestos y haga una declaración tributaria en la que le tengan que devolver.

✓ Consolide su fondo de pensiones. Siempre puede tomar dinero si realmente lo necesita a un bajo interés.

---

minados préstamos del valor en efectivo. Averigüe de qué cantidad puede disponer antes de necesitarlo.

■ **Subsidio de desempleo:** si encuentra un nuevo trabajo la semana que viene, no habrá salido perjudicado porque seguirá teniendo la misma posición financiera. Sin embargo, debería informarse en su oficina de desempleo más próxima para saber qué documentos necesita para solicitar el subsidio de desempleo. Normalmente se tarda un par de semanas hasta poder recibirlo, así que no espere hasta el último momento.

Muestra 1-26

HOJA DE CÁLCULO FINANCIERO: VERSIÓN AVANZADA

Fecha:_____   Semana nº_____de la búsqueda de empleo

Ingresos mensuales:	Uno mismo	Cónyuge
Ingresos una vez deducidos los impuestos	_____ ptas.	_____ ptas.
Manutención/manutención hijos	_____ ptas.	_____ ptas.
Subsidio de desempleo	_____ ptas.	_____ ptas.
Ingresos de alquileres	_____ ptas.	_____ ptas.
Intereses/dividendos	_____ ptas.	_____ ptas.
Otros	_____ ptas.	_____ ptas.
Otras fuentes de ingresos	_____ ptas.	_____ ptas.

TOTAL INGRESOS NETOS   _____ ptas.
(de uno mismo y cónyuge)

Gastos mensuales:	Actualidad	Después recortes
Vivienda (alquiler o hipoteca)	_____ ptas.	_____ ptas.
Mobiliario	_____ ptas.	_____ ptas.
Comida	_____ ptas.	_____ ptas.
Transporte	_____ ptas.	_____ ptas.
Abono de plazos de préstamo	_____ ptas.	_____ ptas.

Gastos periódicos:

Seguro	_____ ptas.	_____ ptas.
Impuestos	_____ ptas.	_____ ptas.
Otros	_____ ptas.	_____ ptas.

Emergencia/Personal/Otros:

Cuidado de los niños	_____ ptas.	_____ ptas.
Ropa	_____ ptas.	_____ ptas.
Médicos	_____ ptas.	_____ ptas.
Personales	_____ ptas.	_____ ptas.
Ocio	_____ ptas.	_____ ptas.
Relacionados con la búsqueda de empleo	_____ ptas.	_____ ptas.

TOTAL GASTOS MENSUALES   _____ ptas.

Otras estrategias que puede considerar son:

- Ponerse en contacto con los bancos emisores de sus tarjetas de crédito, acreedores y empresas, si considera que no podrá hacer frente a los pagos en la fecha estipulada. Explíqueles que está buscando un puesto de trabajo y pregunte cuáles son las alternativas de pago disponibles en este caso.

- Consiga que le abonen viejas deudas. ¿Quién le debe dinero todavía de aquella época en la que usted se permitía prestar?

- Venda sus habilidades. ¿Tiene conocimientos de mecanografía, sabe cómo realizar la declaración de hacienda, jardinería, o puede dar algún tipo de clases particulares? Añada un suplemento a sus ingresos mientras se encuentra en periodo de búsqueda de empleo.

- Venda objetos viejos. Venda las herramientas de su garaje o, incluso mejor, deje que su familia realice la venta por usted, así podrán ayudarle de una forma muy concreta. De otro modo, puede resultar muy frustrante para ellos sentarse de brazos cruzados sin poder hacer nada por usted.

- Reduzca sus gastos, sobre todo en cuanto a lujos. Películas de cine, cenas en restaurantes, vacaciones, diversión y centros comerciales pueden tener un impacto muy negativo en sus finanzas. Recorte sus gastos cuando esté en casa, ya sea apagando las luces de las habitaciones que no utiliza, bajando la calefacción o el aire acondicionado, o utilizando los electrodomésticos sólo cuando realmente los necesite y haciendo un lote completo (lavaplatos, lavadora, secadora).

- Compre comida guiándose por una lista. Se ha acabado el comprar compulsivamente. Utilice cupones, compre sólo una vez a la semana, pague en efectivo y céntrese en las ofertas. Elimine esos caprichos tan caros (además de ahorrar dinero también ahorrará calorías).

Compruebe la realidad

Para usted hay una solución sencilla a sus problemas de estrés: encontrar un puesto de trabajo. Usted posee las herramientas necesarias, tiene un plan y cuenta con la motivación para obtener resultados satisfactorios. Nosotros creemos en un método de trabajo llamado "trocear", que consiste en dividir una gran tarea en trocitos pequeños y trabajar en cada una de las partes hasta que se completa la gran tarea.

Usted está (o, al menos, debería estar) avanzado en su búsqueda de empleo y ya empieza a obtener frutos. Se trata, por lo tanto, de un problema que está resolviendo. Si tiene otras preocupaciones o temores relacionados con el proceso de la búsqueda, examínelos en este momento. Determine lo que puede hacer ahora y lo que tendrá que esperar. Por poner un ejemplo, a usted quizás le gustaría mejorar su apariencia física. No puede realizar un cambio radical de la noche a la mañana, pero puede empezar ahora mismo a hacer ejercicio, mejorar su dieta y sentirse bien sobre los cambios que están aconteciendo en su vida.

Muestra 1-27

COMPROBAR LA REALIDAD

¿Cuáles son sus principales preocupaciones o temores?
Enumérelos a continuación

Temores o preocupaciones	Posibles soluciones	Pasos que está tomando

Segunda semana

Actividades diarias
durante la segunda semana

- ✓ *Repasar el plan de hoy*
- ✓ *Evaluar el progreso de la semana*
- ✓ *Evaluar los esfuerzos*
- ✓ *Vestirse. Salir*
- ✓ *Hacer investigación diaria*
- ✓ *Contestar a los anuncios clasificados*
- ✓ *Telefonear contactos:*
    sospechosos/posibilidades/contactos
    y llamadas por primera vez
- ✓ *Concertar citas*
- ✓ *Encontrar individuos que puedan ser de ayuda:*
    investigar, localizarles,
    ponerse en contacto.
- ✓ *Seguimiento*
- ✓ *Trabajar en 10 empresas-meta determinadas*
- ✓ *Enviar currículums, cartas de presentación*
- ✓ *Conectarse a Internet*
- ✓ *Actualizar carpetas y archivos*
- ✓ *Realizar un plan para el día siguiente*

Si ha ido siguiendo el programa durante los últimos siete días, ha realizado llamadas telefónicas a diario, ha enviado su currículum y ha recibido respuestas, va por el buen camino. Puede que algunas de las entrevistas que haya realizado no le hayan conducido a ninguna parte, pero algunas siguen pareciendo prometedoras.

Aún así, debe continuar generando contactos y teniendo como meta nuevas empresas y nuevos puestos de trabajo.

Hoy, deberá repasar la Empresa-meta (Muestra 11), la Carpeta de Búsqueda de empleo (Muestra 26), la Carpeta de currículums (Muestra 27) y la Carpeta de entrevistas (Muestra 28).

- ¿Qué nombres ha dejado atrás?
- ¿Puede contactar con alguien esta semana?
- ¿Le parece mejor alguna de las empresas listadas ahora que ya ha explorado el mercado laboral?
- ¿Sigue teniendo 10 empresas-meta?
- ¿A quién le debe una llamada de teléfono o una nota de agradecimiento?
- Examine los artículos, revistas y folletos que ha ido recopilando. ¿Qué puede hacer esta semana para avanzar en su búsqueda?
- ¿Cuántos nombres sigue teniendo en su Lista de sospechosos prioritarios (Muestra 1-11) que no ha podido o querido contactar?
- Si observa el Evaluador de contactos (Muestra 1-8), ¿qué otros nombres puede trasladar a la posición de prioritarios? (Eche un vistazo a las sugerencias de la Muestra 1-10, para encontrar nuevos nombres).
- ¿Ha ido investigando regularmente? ¿Cuándo fue la última vez que fue a la biblioteca para buscar nuevas empresas o que se conectó a Internet para encontrar nuevas metas?
- ¿Con cuánta gente se ha reunido o ha conocido esta semana exclusivamente para conversar sobre su búsqueda de empleo? ¿Ha anotado sus nombres en sus carpetas? ¿Les debe alguna llamada telefónica o alguna carta de seguimiento?
- ¿Cómo ha sido su horario de trabajo? El Primer día, usted se estableció un horario de trabajo regular para su búsqueda (¿no fue así?). ¿Cómo le ha ido? ¿Ha sido capaz de seguirlo? ¿Sigue creyendo en él? De no ser así, revíselo *ahora mismo* para hoy y para toda la semana.
- ¿Ha enviado y expuesto su currículum en los sitios de Internet que había escogido? (Vuelva a Carpeta de currículum en Internet).
- ¿Ha visitado de forma regular los anuncios clasificados en la red, así como otros sitios relacionados con las ofertas laborales? ¿Ha obtenido respuestas favorables hasta el momento? ¿Cuándo fue la última vez que examinó las ofertas laborales en Internet? Mantenga un recuento de

todos los sitios web que visita y anote los que le parecen útiles o no para evitar repetir errores. Clasifique como "FAVORITOS" aquellos sitios que considera que debería visitar regularmente.

■ ¿Ha identificado a alguna persona que cree que podría proporcionarle contactos? (ver Red de contactos, Quinto día).

■ ¿Se ha puesto en contacto con usted alguna empresa de selección? ¿Trabajaban por tarifa anticipada o por comisión? ¿Cuál es su situación con ellas? Revise la Carpeta de empresas de selección (Muestra 1-21)

✓ *Autoevaluación*

Complete la evaluación personal de la Muestra 2-1. Debería actualizar esta prueba de autoevaluación cada semana para poder estimar los esfuerzos de su búsqueda de empleo.

Muestra 2-1. Formulario de autoevaluación. Primera parte

Nº semana	1	2	3	4
Nº de llamadas de teléfono realizadas				
Nº de llamadas satisfactorias				
Nº de posibilidades desarrolladas				
Nº de encuentros concertados				
Nº de encuentros llevados a cabo				
Nº de currículums enviados				
Nº de currículums expuestos				
Nº de anuncios clasificados				
Nº de seguimientos realizados				
Nº de seguimientos por hacer				
Nº de segundas entrevistas concertadas				
Nº de segundas entrevistas llevadas a cabo				
Nº de ofertas recibidas				
Nº de ofertas aceptadas				

Muestra 2-1 (continuación). Formulario de autoevaluación. Segunda parte
Añadir cualquier actividad adicional

N° semana Semana de:	1 Fecha:	2 Fecha:	3 Fecha:	4 Fecha:
N° de empresa-meta				
N° de organizaciones con las que ha contactado				
N° de individuos que tiene como objetivo				
N° de individuos con los que ha contactado				
N° de asociaciones que tiene como meta				
N° de asociaciones con las que ha contactado				

Qué es lo que le ha sido útil y por qué

Es importante plantearse estas preguntas en este momento. Necesita determinar cuáles de los elementos que acaba de revisar han funcionado y por qué.

En primer lugar, debería revisar los contactos y sospechosos. ¿Cómo localizó a cada uno de ellos? ¿Buscó los nombres usted mismo o le fueron facilitados por alguien? ¿Quién fue la fuente del contacto? En segundo lugar, ¿en qué se basa para considerar que le han sido útiles? Identifique cuál debe ser su siguiente paso, el cual debería estar directamente relacionado con los esfuerzos que ha realizado para cada contacto.

Qué no ha funcionado y por qué

Tras revisar lo que ha funcionado, dedique unos minutos a identificar qué es lo que no ha funcionado. Empiece con su lista originaria de sospechosos potenciales. ¿Quiénes son y qué ha provocado que su trato con ellos no fuese satisfactorio?

SOSPECHOSOS QUE LE HAN FALLADO

1. ¿Recibieron su mensaje?
2. ¿Les dejó un mensaje?
3. ¿Realizó una llamada telefónica?
4. ¿Escribió a la persona adecuada?

¿Recibieron su mensaje? Literalmente, la principal razón por la que le han fallado puede ser el hecho de que usted no haya sido capaz de llegar hasta la persona adecuada. Puede que haya realizado las llamadas, pero que no haya podido hablar con ellas. Puede que haya dejado un mensaje, pero que nunca le hayan respondido. La regla de oro aquí es que no debe asumir nada. ¿Le dejó a alguien un mensaje? ¿Le preguntó su nombre? ¿Identificó alguna relación con la persona: hijo, suegra...? ¿Está seguro de que la persona con la que intentaba hablar ha recibido su mensaje? ¿Dejó su mensaje en un buzón de voz o habló con algún ayudante? ¿Preguntó algún nombre y lo anotó junto con el día y la hora de la llamada? Incluso con esta información, ¿está seguro de que el mensaje llegó a buen puerto? Tampoco asuma que la carta que envió haya sido recibida. ¿Confirmó que la persona en cuestión realmente recibió su carta? ¿O sigue inmóvil encima del escritorio del ayudante o la secretaria?

Ahora es el momento de fortalecer sus habilidades telefónicas, tanto personal como profesional. Para ello, siga este simple procedimiento: cada vez que oiga la voz de una persona al otro lado del hilo telefónico, acostúmbrese a solicitar su nombre por dos propósitos principales:

En primer lugar, hace que esa persona se sienta importante porque usted quiere saber su identidad. Además, con la solicitud "¿Con quién hablo?" usted hace patente que sabe quién está tomando su mensaje.

En segundo lugar, usted establece un vínculo con esa persona, que puede llegar a ser un intermediario de utilidad. Cuando llame por segunda vez, se puede dirigir a esa persona por su nombre, preguntando a continuación "¿Qué hora sería la más conveniente para poder hablar con ____?"

El único riesgo es que la persona empiece a reconocer su voz en repetidas llamadas, pero ese es un riesgo que vale la pena correr. Usted no es un misionero, así que si el guardián le impide llegar hasta su posible contacto, entonces se encuentra ante un elemento incontrolable y necesitará tratar la cuestión de forma diferente (llamar cuando ese guardián no se encuentre) o intentarlo con otro posible contacto.

¿Consiguió hablar con la persona deseada? Si nunca pudo hablar con la persona que quería, necesita estimar si esa persona le hubiese intentado ayudar de haber recibido el mensaje. Lo primero que debe calcular son las posibilidades que tenía de hablar con esas personas. Incluso de haber cogido la llamada, ¿cree que hubiesen accedido a hablar con usted? ¿Por qué intentó llegar hasta ellas? ¿Hace tanto tiempo que intentó contactar con ellas que ya ha olvidado las razones para realizar la llamada? ¿Hay alguna otra forma de contactar con esas personas?

¿Llegó a hacer la llamada? Esta pregunta puede parecer un poco ridícula, pero, con todos los asuntos que tiene pendientes y que lleva a cabo, es muy posible que en un momento de trabajo acumulado se haya distraído y haya olvidado realizar la llamada, a pesar de que cree que lo hizo.

Por esta razón es conveniente que lleve la cuenta de todas y cada una de las llamadas que realiza en su Carpeta de búsqueda de empleo (Muestra 26). Si observa que no ha llevado un recuento consistente de llamadas en su carpeta, ponga remedio a la situación en este preciso momento, anotando todas las realizadas, todos los encuentros y todos los currículums y cartas de presentación que ha enviado, empezando hoy mismo. ¿Por qué intenta memorizar toda esta información, cuando puede utilizar su energía mental para otras tareas?

¿Escribió a la persona adecuada? ¿Está intentando ponerse en contacto con la persona apropiada? Examine las copias de las cartas de presentación que ha enviado. ¿Realizó la llamada de seguimiento que prometía en las cartas? ¿Prometía realizar una llamada en la carta? ¿Cuál fue el resultado de la llamada telefónica?

Si carecían de ofertas laborales en ese momento específico, ¿intentó averiguar si sería posible en el futuro? ¿Pidió referencias de otros puestos de trabajo vacantes? ¿Otros nombres con quien ponerse en contacto? Siempre debe intentar obtener información cuando realiza una llamada.

**FUNDAMENTOS DE LAS
CARTAS DE PRESENTACIÓN**

◆ **¿Por qué escribe a esa persona?**
(¿Con qué propósito? ¿Por qué a esa persona?)

◆ **¿Qué puede hacer usted por el lector?**
(¿Qué soluciones puede ofrecerle? ¿Por qué deberían contratarle?)

◆ **¿Qué medidas propone usted?**
(¿Qué va a hacer para realizar un seguimiento?)

¿Está seguro de que el Sr. o la Sra. _____ sigue siendo responsable del departamento en el que está interesado? Si esa persona no responde, inténtelo con un nivel superior, diríjase al supervisor. ¿Está ignorando el departamento de Recursos Humanos? No lo haga. Envíeles también una copia de su carta de presentación y de su currículum (añada el nombre del encargado de Recursos Humanos en la parte inferior de su carta).

Perfilando un buen plan

¿Se acuerda de la regla 80-20 ("Ponerse en marcha")? Si dedica su tiempo a explorar caminos y personas que le están aportando resultados eficientes, usted irá identificando otras fuentes. Hubo una persona que iba a recoger a sus hijos después del colegio e hizo saber a los padres de otros niños que estaba buscando trabajo. De los cuatro padres a quien comunicó la situación, dos resultaron ser buenos contactos. ¿Se trataba de suerte o era una verdadera oportunidad para encontrar más contactos? Cuando se dio cuenta de que de todos los esfuerzos que había realizado durante cinco días, la mitad de sus contactos habían provenido de este grupo, decidió ir a llevar a los niños al colegio también por la mañana.

✓ *Evaluar los esfuerzos*

¿Se va a felicitar a usted mismo por haber dedicado diez horas al día a su búsqueda de empleo, por tener concertados tres prometedores encuentros para la semana que viene o por un segundo encuentro en una misma empresa? ¿Está siendo efectivo o eficiente?

Eche una ojeada tanto al tiempo total que dedica cada día a los esfuerzos relativos a la búsqueda de empleo como a sus resultados. Si usted es displicente con el tiempo que tiene que dedicar, seguramente le costará más encontrar contactos, por lo que realmente debe anotar el tiempo que dedica a su búsqueda. Evalúe sus esfuerzos examinando el plan diario o el horario que estableció y calculando el número de horas que destinó a la investigación, así como cualquier contacto importante o resultado obtenido. Complete el formulario de Análisis de esfuerzos (Muestra 2-2).

Con todo, no es suficiente. También debe determinar la calidad de los resultados obtenidos con los esfuerzos realizados. ¿Está encontrando contactos? ¿Está concertando encuentros? Si tras cinco días no ha conseguido concertar ningún encuentro, necesita encontrar la razón. ¿Es una semana de vacaciones y no hay nadie trabajando? ¿Está sentado a la espera de llamadas? ¿Ha respondido a anuncios de periódicos y ahora está esperando que le llamen? ¿Ha encontrado una distracción tras otra porque se ha corrido en el vecindario la voz de que está en casa y, por lo tanto, disponible para cualquier visita inesperada o para servir como ama de llaves para cualquier entrega y tarea?

✓ *Realice los cambios pertinentes*

Es mejor tratar esos asuntos y distracciones ahora que todavía no es tarde para realizar modificaciones y reorganizarse.

En primer lugar, elimine todas las distracciones. Necesita decir "no" a su familia y amigos. Usted no está en casa para realizar las tareas que ellos creen convenientes incluso si parece que está disponible para hacer cualquier favor. Nadie tiene que depender de usted, porque usted tiene que dedicarse a encontrar un trabajo. Tampoco tiene que decir "no" tajantemente cuando le pregunten (aunque, si es capaz, sea directo), pero lo importante es que su tarea consiste en la búsqueda de empleo y no tiene que crearse obligaciones, ya que tiene que estar disponible para cualquier oportunidad que le surja. La familia, los amigos y los vecinos tienen que conocer y comprender esta realidad.

Muestra 2-2

ANÁLISIS DE ESFUERZOS				
Nº semana	1	2	3	4
Total de horas dedicadas a la búsqueda de empleo				
Nº de horas realizando llamadas				
Nº de horas hablando por teléfono				
Nº de horas buscando contactos				
Nº de horas investigando sobre empresas				
Nº de horas escribiendo cartas de presentación				
Nº de horas revisando sus currículums				
Nº de horas encontrándose con posibles contactos				
Nº de horas destinadas a las asociaciones profesionales				
Nº de horas dedicadas a la investigación o a exponer su currículum en Internet				

En segundo lugar, dedique unos minutos a realizar un análisis. Examine el porcentaje del día que dedica a cada tarea. Se supone que cada día debe realizar una serie de actividades, incluyendo la observación de periódicos y revistas, llamadas telefónicas e investigación. ¿Cuánto tiempo dedica a cada tarea? De las que hemos mencionado, la tarea que suele agradar menos es la de realizar llamadas telefónicas, pero también es la más importante porque sin llamadas no hay sospechosos, sin sospechosos no hay contactos, sin contactos no hay encuentros, sin encuentros no hay entrevistas y sin entrevistas no hay ofertas de trabajo.

En tercer lugar, examine el tiempo que dedica a la observación de periódicos y revistas y a la investigación. ¿Qué resultados ha obtenido que prueben sus esfuerzos en este ámbito? Estas actividades deben ser realizadas con el fin de identificar a gente y empresas a las cuales llamar con el propósito de obtener posibles contactos laborales, ya sea directa o indirectamente. Si estos esfuerzos no están dando frutos, cambie sus fuentes. Visite la biblioteca y hágase amigo del bibliotecario. Averigüe cuáles son sus sugerencias y, de paso, compruebe la disponibilidad de los ordenadores. Puede que sea una gran alternativa a trabajar en casa porque hace que salga y le aparta de aquéllos que esperan que les haga favores.

✓ *Planifique esta semana*

La semana pasada llevó a cabo numerosas tareas, así que benefíciese de la experiencia adquirida. No tropiece en la misma piedra. En el Sexto Día, usted examinó sus esfuerzos y se comprometió a poner medidas en aquellas dos áreas que requerían una atención inmediata. ¿Cuáles han sido los resultados de esa atención especial? ¿Continúa teniendo bajo control esas áreas delicadas?

No permita que pasen otros siete días sin obtener resultados que demuestren su esfuerzo. Para evitarlo, prométase a usted mismo en este momento que llevará a cabo la misma revisión a diario y que realizará las modificaciones pertinentes.

Sea honesto. Está bien sentirse satisfecho de sus logros, pero también tiene que saber eliminar aquellas actividades (y personas) que consumen su tiempo y que parece que no le proporcionan contactos ni resultados. No se sienta desanimado, ya que se trata sólo de porcentajes matemáticos. Una persona normal conoce a unas 500 personas. Tan sólo se consigue mejorar en la habilidad telefónica a medida que se van realizando llamadas. No tenga vergüenza al rechazo en una primera llamada a una persona desconocida, porque seguramente nunca llegará a conocerla.

Usted tiene un plan de trabajo muy ambicioso y también una meta muy clara. Para poder alcanzarla, necesitará centrarse en su propósito y ser productivo. Si tiene problemas para ponerse a trabajar por la mañana, siéntase culpable si no ha realizado al menos tres llamadas telefónicas antes de ponerse a trabajar con papeles o antes de desayunar. Si le cuesta realizar tareas que requieren concentración por la mañana, haga un poco de investigación o escriba unas cuantas notas de agradecimiento antes de ponerse a trabajar a todo gas. También podría ir a correr un poco después de haber realizado varias actividades. Debe intentar vestirse y salir de casa cada día a la misma hora. A pesar de que signifique que deberá toparse con la flota de automóviles que circulan a esas horas, salga de casa. Si está cansado porque cada noche se queda a ver las noticias de la última emisión, acostúmbrese a ver una sesión más temprana o considérelo un lujo, ya que le supone una barrera.

Cuando consiga concertar una entrevista, ¡no se quede ahí estancado! Continúe haciendo llamadas telefónicas y realizando seguimiento de contactos, además de intentar conseguir más entrevistas. Lo importante es identificar cualquier oportunidad que pueda hacer que sus esfuerzos en la búsqueda de empleo sean más productivos. ¡Ya sólo le quedan 24 días! Y tiene muchas cosas por hacer.

Clínica de búsqueda de empleo

Si cree que hay problemas concretos en su búsqueda de empleo que le están creando obstáculos, busque soluciones.

¿Cuál cree que es el/los problema/s?

Edad (demasiado mayor): ¿Está preocupado porque cuando realiza entrevistas siempre le atiende una persona a la que usted le dobla la edad? Acepte el hecho o no resultará efectivo. Hay dos edades que hay que considerar: la cronológica y la profesional. Algunos sectores, como los medios audiovisuales o Internet, son bastante nuevos y, por ello, atraen a los jóvenes empresarios. Otros sectores, como el ocio, a pesar de llevar funcionando bastante tiempo, cada vez atraen a gente más joven. Considere su apariencia y su forma de vestir: ¿es apropiada para el ambiente en el que intenta integrarse? De forma coloquial, ¿qué pinta tiene? ¿Y la gente con la que se tiene que encontrar? ¿Tiene la misma apariencia que usted y parece que ya esté prácticamente trabajando con ellos? Hoy en día, los ambientes de trabajo y el abanico de vestimentas es más amplio que nunca y, por esta razón, y vestirse de acuerdo al estilo de la empresa. Si hace ejercicio, siempre cuenta con un punto a favor, sea cual sea la empresa con la que se debe entrevistar, ya que le aportará una apariencia energética y le ayudará a estar alerta.

Asimismo, hay que observar sus habilidades profesionales. ¿Están actualizadas y adecuadas al puesto? Si usted ha dedicado los últimos 14 años de su vida profesional a trabajar de inspector de proyectiles y ahora intenta cambiar de profesión, deberá determinar exactamente qué quiere hacer y dónde. Incluso si ha trabajado en el sector de las telecomunicaciones para una misma empresa durante los últimos 20 años, puede que ahora se haya quedado sin trabajo, pero desee continuar en ese sector. Para ello, deberá asegurarse de que sus habilidades están al día. Muchas veces, las empresas eliminan puestos de trabajo porque creen que ya no se necesitan. Si usted estaba en uno de esos puestos eliminados, significa que ya no necesitan sus habilidades para realizar dichas tareas. Usted necesita entender por qué sus habilidades ya no son valiosas para la empresa y debe determinar qué nuevas habilidades deberá adquirir para realizar tareas necesarias en cualquier empresa.

Edad (demasiado joven): El polo opuesto es que o usted es cronológicamente demasiado joven o no posee las habilidades profesionales requeridas. ¿Ha visto alguna vez un anuncio en el que se necesite rápidamente un cocinero y no requieran experiencia? Lo mismo se puede decir de un dependiente o de una recepcionista. Pero ¿cómo puede conseguir experiencia, sea cual sea el puesto, si nadie le contrata y no puede introducirse en el mundo laboral? No sea tan negativo. Las investigaciones demuestran que los departamentos de Recursos Humanos suelen contratar a personas con experiencia (normalmente son más conservadores y buscan a una persona que se adecue a los requisitos del puesto), pero los empresarios suelen priorizar el potencial. En este caso, demuestre que está muy interesado, que aprende muy rápido, y pruebe que es un ganador nato, si le ofrecen la oportunidad. Si la persona capacitada para contratarle tiene una actitud bastante flexible, sólo necesitará persuadirla y usted lo puede lograr. La otra alternativa es saltarse algunos pasos y formalidades e intentar un encuentro directamente con el encargado del departamento.

Sexo: Si la persona con la que se reúne considera que ese trabajo sólo puede realizarlo un hombre (o una mujer), tiene que intentar buscar las causas de ese escepticismo. Si en esta época la discriminación salta a la vista y es descarada está ante un verdadero dinosaurio. Determine si en realidad quiere estar asociado con esta persona y la empresa que representa. De no ser así, acabe el encuentro de forma educada, pero rápida ("Uy, ¡madre mía! Ya son las _____. Tengo que irme. Tengo otra cita").

Minoría: Si la persona con la que trata parece incómoda porque usted pertenece (o no pertenece) a una minoría protegida (por ejemplo, los bajos son una minoría que no está protegida por ningún estatuto), intente determinar si su impresión ha sido correcta. Al igual que mencionamos en el caso del sexo, usted está tratando con un dinosaurio. Si ha comprobado que estaba en lo correcto, entonces debería decidir si quiere estar asociado con una empresa que tolera esa conducta.

Fuera del mundo laboral durante mucho tiempo: Normalmente se considera "demasiado tiempo" más de seis meses. Si usted se encuentra en esa situación (los formularios y los entrevistadores le pedirán que revele las circunstancias que rodean a una persona desempleada durante más de seis meses), prepárese para explicar qué estaba haciendo y para proporcionar referencias que garanticen sus afirmaciones.

Despedido de su último empleo: No sea más honesto de lo estrictamente necesario y recuerde que éste no es el momento para poner verde a su antiguo jefe o empresa. Si las circunstancias de su marcha fueron aceptadas mutuamente y usted dimitió de su cargo, entonces podríamos decir que renunció a su puesto; si su despido se debió a recortes de plantilla, aporte esta razón. Si realmente le despidieron por una causa, no aporte de forma voluntaria más información de la necesaria. Si su marcha se hizo pública, entonces debe ser más sincero (será favorable para su credibilidad) y aportar la información antes de que la empresa sepa las circunstancias por otro medio (con ello no sugerimos que tenga que mentir en el proceso de búsqueda de empleo, pero siempre tiene que determinar cuánta información quiere revelar).

Cambio de profesión: Si se ha formado en las habilidades que requiere la nueva profesión y está convencido sobre lo que quiere hacer, no tendría que constituir un gran obstáculo. Sin embargo, no espere que automáticamente su remuneración se equipare a la de la profesión que deja. Explíquele a su posible supervisor lo que le gustaría hacer en vez de preguntar sobre los puestos vacantes. Si está asistiendo a clases o está recibiendo una formación adicional, destaque este punto.

Trabajos poco continuos: Puede que sea la primera impresión, pero en algunos sectores se trata de la naturaleza de los puestos de trabajo. Por ejemplo, en el sector del ocio, muchas veces se selecciona a gente que empieza para que realice un periodo de prácticas. En la industria del cine, a menudo se contrata a la gente sólo por el periodo de duración de la película. Por estas razones, no tiene por qué asumir que le consideran una persona poco continua en su profesión, a menos que se lo destaquen en una entrevista. Si ha entregado un currículum funcional no tiene por qué revelar la discontinuidad de sus empleos a primera vista, pero este hecho saldrá a la luz cuando rellene un formulario o cuando realice una entrevista en profundidad. Siempre que le sea posible, destaque la continuidad de trabajos en un mismo sector o en una profesión.

Anclado en su último puesto durante demasiado tiempo: La vieja regla de permanecer mucho tiempo en un puesto de trabajo para demostrar estabilidad se ha definido en la actualidad como una señal de agotamiento y pereza por parte del empleado. Hoy en día, la norma general es estar cinco años trabajando para la misma empresa. Si está más tiempo, ya no se le verá como una persona activa y energética. Sean cuantos sean los años que dedicó a una misma empresa, si considera que estuvo demasiado tiempo deberá estar preparado para aportar una visión positiva: "...a pesar de que pasé todos esos años en la misma empresa, de hecho realicé una gran variedad de trabajos y las modificaciones experimentadas en el mercado me ofrecieron las mismas oportunidades (por no decir más) que si hubiese cambiado cinco veces de trabajo". Revise su vida laboral en relación a la empresa para la que ha trabajado durante tanto tiempo y destaque todos los cambios y ascensos. Destaque cualquier logro sustancial o los proyectos principales en los que trabajó.

Su primer empleo: Si se encuentra con actitudes de resistencia debido a su inexperiencia, intente ganar oportunidades y sobrepasar a cualquier otro candidato relacionando experiencias pasadas (por ejemplo, instituto, trabajo de verano, actividades voluntarias) con el sector y el puesto de trabajo al que quiere acceder.

Formación o educación errónea: Si cree que usted tiene la educación o la formación inapropiada, necesita determinar las razones. Sólo si sabe identificar las razones e intentar paliarlas, la persona que ha destacado el tema sentirá que usted reconoce su preocupación y sabrá tomar medidas al respecto. Cuando usted sepa identificar las causas y encontrar una respuesta que empiece con "pero" y que le ayude, seguramente la persona adecuada considerará si hay alguna circunstancia adicional que hace que sea una buena idea darle una oportunidad.

Poco cualificado: En este caso, la impresión que tendrá la persona que examine su candidatura es que no estará a la altura de las circunstancias y no desarrollará su trabajo satisfactoriamente. En estas circunstancias, al igual que ocurría con el candidato con una formación equivocada, debe estar de acuerdo con el entrevistador, pero debería añadir una descripción que hiciese que pareciese más capacitado y que le ayudase a persuadir a la persona que tiene la capacidad de darle una oportunidad. "Puede que no tenga experiencia con el programa QuickBooks, pero he utilizado ampliamente Quicken, y ambos programas son similares".

Demasiado cualificado: La percepción es que el puesto de trabajo no es lo suficientemente interesante, basándose en los puestos que ha ocupado anteriormente. Si esta primera impresión es adecuada, pronto volverá a encontrarse inmerso en su búsqueda de empleo. Sin embargo, si tras conversar sobre el puesto, considera que hay suficientes retos como para aceptarlo, dígalo e identifique cuáles serían. Destaque las contribuciones que podría realizar y el valor que podría añadir a la empresa.

Apariencia física (demasiado grueso o demasiado delgado): ¿Qué aspecto físico tienen sus entrevistadores? ¿Se trata de un puesto como recepcionista de un gimnasio? Entonces la apariencia física puede ser importante si parece que su cuerpo pide a gritos ejercitarse en las máquinas para adelgazar. Si usted está mucho más en forma que los que le entrevistan y no le da ninguna importancia a ese hecho, en ese caso tiene mucho ganado. Si ellos están como toneles y usted no, también está bien, pero si se trata de gente en forma y usted no lo está, quizás tenga problemas.

Fumador o no fumador: Se trata de un asunto "que echa humo" que no hay que subestimar. Si se trata de una preocupación para usted, ya sea porque es fumador o por lo contrario, determine cuál es la preferencia del equipo de trabajo y de la empresa. Si usted no aguanta ser fumador pasivo, cuanto antes descubra qué tal está el panorama al respecto en la empresa, más tiempo se ahorrará. Si realmente desea el puesto, este tema no será determinante en su elección. Evite fumar (aunque lo haga normalmente) hasta que sepa claramente cuál es el ambiente de trabajo en la empresa y cuál es su actitud en cuanto al tabaco. Si sospecha que no se permite fumar (un gran signo en el vestíbulo que lee "En este ambiente se respira aire puro" puede ser una gran pista) y usted fuma como un carretero, seguramente no será la primera vez que se encuentre en esta situación. Si su entrevistador no fuma y usted llega a la entrevista apestando a

humo del último cigarro que se ha fumado antes de entrar, podría aca-
rrearle un impacto negativo.

Chivato: No presuma de ello, sino que debe rezumar humildad. Tampoco es conveniente que persista en el tema y debería evitar a toda costa
comentarios como "estoy seguro que aquí no hubiese ocurrido". Cuanto
menos diga mejor. Preséntese como una persona que "desea que todo se
hubiese podido evitar".

Discapacidad: Si usted tiene algún tipo de discapacidad, no tiene
por qué revelarlo. De hacerlo, la empresa necesitaría realizar *las adaptacio-
nes necesarias* para que puediese desarrollar su trabajo si le ofreciesen el
puesto.

Seguimiento, seguimiento y más seguimiento

¿Por qué es tan importante enviar una pequeña nota de agradecimiento? Con todos los consejos que ofrecen los libros e Internet sobre la búsqueda de empleo, cualquiera pensaría que los candidatos entenderían
su importancia, pero no es así. Muy pocos candidatos hacen un seguimiento tras una entrevista, enviando al entrevistador una carta de agradecimiento por el tiempo y la información que le aportó sobre el puesto. Una
pequeña tarjeta blanca, escrita a mano con unos cuantos comentarios pertinentes relacionados con la entrevista es una excelente forma para persuadir
al entrevistador y conseguir que tenga una opinión favorable sobre usted.

Por último, un aspecto relevante: *Si realmente quiere el puesto, pídalo.* Deje
que la empresa sepa que está ilusionado por trabajar para ellos. No permita que la entrevista se termine y el entrevistador sólo tenga vagas impresiones "*Creo* que le gusta el puesto" o "*Puede* que esté interesado". Explíquele
al entrevistador, una vez más, que usted es la persona adecuada para el
puesto y añada las razones por las que quiere trabajar para esa empresa.
Dígaselo al final de la entrevista y reitérelo en el cierre de su carta de agradecimiento.

Estereotipos

Un número de la revista *Fortune* (1/2/1999; "Acabado a los 40") incluía una historia en la portada sobre los obsoletos trabajadores de cuarenta años. El artículo sugería que las personas de cuarenta años están sobrevaloradas y sobrepagadas. Están sobrepagadas debido a las políticas de remuneración de las empresas, y no son productivas porque no han seguido el ritmo del mercado continuando su proceso de formación y educación a lo largo de su vida. Incluso la gente que posee un MBA está sobrepagada y obsoleta a menos que los individuos realicen esfuerzos constantes para estar al corriente de todo cuanto sucede en su ámbito. El punto clave, sea cual sea su edad (profesional y cronológica), es prestar una atención especial a la pregunta "¿Qué valor puedo aportar a la empresa?"

Primero, defínalo en términos de contribución y, a continuación, intente poner una etiqueta de precio. Se trata de un ejercicio que no sólo debería realizar en su búsqueda de empleo, sino también periódicamente mientras está contratado.

La mayoría de los obstáculos con los que tropiezan los candidatos tienen que ver con estereotipos. La mayoría de nosotros somos capaces de dejarlos de lado y tratar a las personas por lo que son, pero hay estereotipos difíciles de superar. Su único recurso es venderse a sí mismo como persona, porque nadie responde directamente a un estereotipo. Cada uno de nosotros cuenta con un talento o habilidad especial que puede añadir valor a nuestro trabajo. Si la gente está intentando adivinar en qué se diferencia de los demás, centre su atención en las diferencias positivas: ¿Qué tiene usted que podría mejorar el funcionamiento de la empresa? ¿Qué extras personales les puede ofrecer?

El punto de vista del departamento de RR.HH

Mientras que usted se preocupa por encontrar un puesto de trabajo, el personal de Recursos Humanos se preocupa por sus procesos de selección y contratación. ¿Son efectivos? ¿Están comercializando sus trabajos de forma adecuada? ¿Cómo podrían atraer a los candidatos apropiados? Si le da la vuelta a la tortilla y observa lo que el personal está haciendo, usted podrá reforzar su plan de marketing. Nunca debe olvidar que el personal siempre estará interesado en lo que usted puede hacer exactamente por ellos (qué valores aporta), es decir, quieren saber exactamente qué están comprando. Usted no puede vender únicamente el pasado ("Esto es lo que he hecho por los demás"), sino que también debe saber vender el futuro ("Esto es lo que haré por ustedes"). Ofrezca un ejemplo concreto: "Cuando me contraten, haré_____".

Venda sus valores de futuro. En nuestra turbulenta economía, hay múltiples oportunidades para gente flexible que no se aferra a hábitos, expectativas o imágenes. Estas personas se inventan a sí mismas y a sus profesiones, explorando nuevas cosas en ellas mismas y en su entorno, y les gusta correr riesgos.

QUÉ HACE EL PERSONAL DE SELECCIÓN PARA CONTRATAR: UNA OJEADA AL OTRO PUNTO DE VISTA

- **Renovar sus anuncios clasificados.** Las revisiones demuestran que exponen anuncios, pero no atraen contrataciones. Las empresas intentan que sus anuncios sobresalgan y, para ello, utilizan gráficos, humor o lugares destacados. Algunas empresas empiezan a anunciarse en carteleras (puede ser más económico y llamar más la atención que un pequeño anuncio en el periódico y además está vigente durante 30 días).

- **Ofrecer bonos por recomendaciones.** Las empresas ofrecen unas bonificaciones a los trabajadores para que presenten candidatos. Las empresas salen ganando porque estos candidatos suelen ser un buen fichaje.

- **Buscar contactos.** Cuando la administración superior viaja o está en reuniones de negocios, también están estableciendo contactos. Mantienen los ojos bien abiertos a posibles candidatos.

- **Contratar a recién licenciados.** Sólo suelen hacerlo empresas de poca envergadura. Las pequeñas empresas intentan destacar en las universidades y en las ferias de empresas que ofrecen puestos de trabajo que se celebran en las universidades.

- **Considerar su base de datos.** Examinar la base de datos hace que vuelvan a aparecer viejos currículums que pueden ser otra vez considerados. Algunas empresas entran todos los currículums que reciben en su base de datos y nunca los van descartando. De vez en cuando, un empresario echa un vistazo a la base de datos buscando posibles contrataciones.

- **Utilizar servicios de contratación en sitios web.** Cada vez más se utiliza este recurso, sobre todo cuando se trata de empresas del sector tecnológico. Sin embargo, hay sitios web para casi todo, desde empleados en restaurantes (www.starchefs.com) y camioneros (www.truckers.com) hasta para directores de funeral (www.funeralnet.com).

- **Foros virtuales.** Ofrecen una oportunidad a las empresas para "examinar las habitaciones" en busca de candidatos interesantes. Las empresas también lo intentan en los grupos de noticias, en los foros o en los *chats*.

TRUCOS PARA ORGANIZAR SU TIEMPO

- **¿Qué es lo que más odia tener que hacer? Hágalo antes que nada.** Aplazando lo inevitable sólo conseguirá que le esté rondando por la cabeza todo el día y, al final, lo dejará sin hacer. Intente que sea la primera cosa que haga y así se la habrá quitado de encima.

- **No cargue su horario excesivamente.** Sepa cuáles son las actividades prioritarias y cuáles son las que debería realizar. Si sobrecarga su horario queriendo conseguir muchas cosas y no lo puede seguir, puede arrastrar ese sentimiento de fracaso también en las entrevistas. Piense antes de decir "sí".

- **Tenga un plan de emergencia.** ¿Llega a una entrevista y le dicen que la han aplazado para dentro de una hora? Lleve un mapa del área para poder localizar una cafetería donde pueda leer el periódico o vaya a una biblioteca. ¿Puede hacer llamadas desde el teléfono del vestíbulo? También podría intentar encontrar nuevos contactos en ese tiempo.

- **Lleve consigo una libreta y una agenda.** No coleccione garabatos que ha escrito en pequeños papeles, mensajes telefónicos en trocitos de papel o en la parte posterior de otros mensajes. Puede ser muy caótico. Lo más recomendable es que escriba todo en una libreta y que anote sus citas en una agenda. Lo ideal son esas agendas que incluyen un listín telefónico y tienen separadores.

- **Empiece y acabe cada día estableciendo y revisando sus objetivos.** Al
  final del día, escriba lo que deberá realizar al día siguiente. Por la
  mañana, revise su agenda y la lista de "quehaceres" y vaya tachándolos a
  medida que vaya realizando las tareas. Añada las que vayan surgiendo.

- **Establezca objetivos a largo plazo.** Para la semana, el mes, el año.
  Planifique los pasos que tiene que seguir para poder conseguir esos
  objetivos y vaya revisándolos periódicamente.

Tercera semana

Actividades diarias para la tercera semana

- ✓ Revisar el plan de cada día
- ✓ Evaluar el progreso semanal
- ✓ Evaluar los esfuerzos
- ✓ Vestirse. Salir
- ✓ Realizar investigación diaria
- ✓ Contestar a los anuncios clasificados
- ✓ Telefonear a contactos:
      sospechosos/posibilidades/contactos
      y llamadas por primera vez
- ✓ Concertar citas
- ✓ Considerar formatos alternativos para el currículum
- ✓ Tener a individuos como objetivo
- ✓ Seguimiento
- ✓ Trabajar con 10 empresas-meta
- ✓ Enviar currículums y cartas de presentación
- ✓ Conectarse a Internet
- ✓ Actualizar carpetas y archivos
- ✓ Planear las actividades para el día siguiente

*La vida es como tocar el violín en público
y aprender a tocarlo sobre la marcha*

SAMUEL BUTLER

Lo que Samuel Butler dijo puede aplicarse también a la búsqueda de empleo, ya que se aprende sobre la marcha y muchas de las mejores lecciones se desprenden de los errores. Si usted no comete errores, entonces es que no se está arriesgando lo suficiente. Cuando hablamos de errores nos referimos a apostar por contactos que resultaron ser improductivos, llamadas de teléfono sin resultado o buscar sus contactos en un diámetro que iguala a la longitud de su brazo.

Si no está consiguiendo contactos, entrevistas o las respuestas que esperaba, si el mercado laboral parece estar saturado de candidatos en su ámbito laboral o si los puestos que le han ofrecido carecían de retos o la remuneración era baja, ahora es un buen momento para reexaminar sus metas originarias.

Clínica de búsqueda de empleo II

✓ *Actualice su autoevaluación y los formularios de análisis de esfuerzos*

Después de completar el Formulario de evaluación personal (Muestra 2-2) y el Formulario de análisis de esfuerzos de la segunda semana (Muestra 2-3), vuelva a los problemas que identificó a principios de la segunda semana. ¿Ha ido progresando?

Considere la respuesta que ha obtenido por parte de las empresas en relación con su solicitud:

■ ¿Qué razones expusieron para no contratarle?

■ ¿Qué comentarios realizaron sobre su currículum?

■ ¿Hicieron algún comentario sobre sus entrevistas?

■ ¿Qué sugerencias le aportaron?

■ ¿Le proporcionaron nombres adicionales para localizar a contactos u ofertas laborales?

Escriba las respuestas que ha obtenido hasta la fecha en el Formulario de análisis de respuestas (Muestra 3-1).

Muestra 3-1

ANÁLISIS DE RESPUESTAS		
Empresa:	**¿Entrevista?**	**Comentarios/Respuestas:**

Examinando las respuestas

¿Hay criterios uniformes? ¿Hay demasiadas empresas que afirman que usted no es lo que andan buscando en este momento? ¿Parece ser que los entrevistadores creen que no "encaja" en los puestos? ¿Está vendiendo las habilidades adecuadas a las empresas adecuadas?

✓ *Reafirme sus objetivos laborales y céntrese en ellos*

Reexamine su carpeta de habilidades (Muestra 3) que completó en "Ponerse en Marcha". ¿Merecen alguna modificación? ¿Acertó y fue realista en cuanto a las habilidades que puede ofrecer? ¿Son las habilidades que se necesitan en los puestos de trabajo que tiene como meta?

Se debe prestar atención especial al concepto del valor añadido. ¿Está vendiendo habilidades y potencial a esas empresas que están dispuestas a pagar por ellas? ¿Le han ofrecido un salario competitivo? ¿En alguna de sus entrevistas han discutido el aspecto salarial?

También listó Posibilidades laborales (Muestra 7). Eche un vistazo a la lista que elaboró. ¿Cuántos de aquellos objetivos laborales sigue persiguiendo? ¿Son deseables y probables?

Por último, reafirme su Centrarse en un trabajo (Muestra 13) ¿Siguen siendo las afirmaciones válidas para usted y para su búsqueda? Si quiere intentar modificar sus objetivos, hágalo ahora mismo y por escrito.

■ ¿Ha estado asistiendo a encuentros profesionales y seminarios para encontrarse con antiguos compañeros?

■ ¿Se ha puesto en contacto con la asociación de antiguos alumnos? ¿Cuenta con una agenda de antiguos alumnos? ¿Se ha puesto en contacto con alguno?

■ ¿Ha estado leyendo revistas y boletines sobre su ámbito profesional?

■ ¿Ha contestado a anuncios clasificados que ha encontrado en periódicos, revistas y publicaciones profesionales?

■ ¿Ha cumplido su objetivo de las _____ llamadas de teléfono cada día (al menos 30)? ¿Con cuántos contactos ha podido hablar?

■ ¿Le han invitado a entrevistas? ¿Eran las entrevistas para los puestos que usted deseaba?

■ ¿Ha estado escuchando la radio y la televisión local? Algunas veces hay programas orientados a gente que busca empleo. En ellos, los oyentes o teleespectadores son informados de ferias de empresas que ofrecen puestos de trabajo, sitios web dedicados a la colocación local y empresas que tienen puestos vacantes.

■ ¿Sigue teniendo diez empresas-meta en su lista?

Este libro puede ofrecerle sugerencias, ánimo y muestras, pero no es un sustituto a sus esfuerzos. Cuantos más contactos haga, más llamadas realizará y más entrevistas conseguirá. Recuerde que más entrevistas es sinónimo de más ofertas laborales.

✓ *Revisión de su carta de presentación*

Tome las copias que guarda de las cartas de presentación que ha enviado y sepárelas en tres grupos: las que han incitado algún tipo de respuesta, las que le consiguieron entrevistas y las que no incitaron ninguna respuesta. Compare el contenido y la forma de los tres grupos. ¿Observa algo en común? Si sus cartas funcionan, ¡no se le ocurra modificarlas! Si ha obtenido una respuesta superior al 5 ó al 6% se podrían calificar como "cartas efectivas". De diez empresas-meta, obtener una entrevista supondría un porcentaje del 10%. Intente cambiar las metas poco productivas por otras más viables. En este momento, debería haberse puesto en contacto con 15 ó 20 empresas que haya investigado.

EVALUACIÓN DE LA CARTA DE PRESENTACIÓN

❑ ¿Ha enviado la carta dirigida a una persona?

❑ ¿La ha enviado dirigida a la persona adecuada (persona encargada de la contratación, encargado de departamento)?

❑ ¿Establece el objetivo de la carta en un párrafo de apertura?

❑ ¿Definió claramente sus intereses en esa empresa en particular?

❑ ¿Indicó por qué estaba interesado en la empresa?

❑ ¿Se centraba la carta en las necesidades del lector, en vez de en las suyas?

❑ ¿Expuso sus habilidades de forma clara?

❑ ¿Supo relacionar sus habilidades con las necesidades de la empresa y subrayarlas?

❑ ¿Demostraba la carta sus habilidades? ¿Proporcionó ejemplos, en vez de repetir frases de su currículum?

Además de esos objetivos, usted también ha contestado a anuncios, ha indagado sobre sitios de ofertas laborales en la red y puede que haya expuesto su currículum en alguna base de datos en Internet. Al mismo tiempo, ha continuado poniéndose en contacto con gente, buscando alguna forma más directa de presentarse a las empresas que tiene como meta y trabajando contactos que le acerquen a las ofertas de trabajo que desea.

Si cree que su porcentaje de respuestas no es muy alto, sobre todo si ha incluido bastantes cartas de recomendación, ahora es el momento de modificar su estrategia.

Si sus cartas de presentación y sus currículums no están generando las respuestas que debería obtener, hay dos alternativas:

1. **Redefinir su búsqueda de empleo.** O bien los puestos que quiere no existen en el mercado actual o no se adecua a los requisitos de los puestos, ya sea por sus habilidades o educación.

   ■ ¿Se anuncian puestos vacantes como los que desea? ¿Qué mercado hay para esa profesión? En algunos ámbitos hay una superabundancia de profesionales en un área geográfica determinada, mientras que si se aparta unas 100 millas puede que haya escasez.

   ■ ¿Necesita actualizar sus habilidades? ¿Está utilizando la última tecnología en sus documentos? ¿Le está poniendo fecha el léxico que emplea? Observe los anuncios, las publicaciones profesionales y los cursos que se ofrecen en su profesión: ¡póngase al día!

2. **Vuelva a diseñar su carta de presentación o currículum en cuanto a forma o contenido.**

   ■ ¿Está su carta de presentación orientada hacia el lector?

   ■ ¿Está entregando su currículum en el formato adecuado para ese medio de transmisión?

   ■ ¿Está utilizando palabras clave en sus resúmenes escaneados y expuestos en Internet?

   ■ ¿Ha incluido verbos de acción en sus cartas de presentación y en los currículums que ha enviado por correo y fax?

- ¿Es su carta atractiva y concisa visualmente? (Intente que se reduzca a una página)

- ¿Ha incluido, cuando le ha sido posible, subrayados u otros aspectos formales para atraer la atención del lector en sus puntos fuertes?

- ¿Se ha centrado en sus puntos fuertes en cada una de las cartas y en los currículums?

En algunas profesiones en las que la creatividad es un requisito, un currículum y una carta de presentación poco tradicional podrían ser una alternativa positiva. Tampoco consideramos que sea bueno emplear trucos de promoción, pero convendría mejorar el estilo. Hay que mantener la sustancia, pero presentarla con brillantez y estilo.

Nota: Para aquellas personas que busquen empleos y que sean tecnófilos, en enero de 1999 salieron al mercado unas tarjetas de negocios informáticas creadas por Ember Media Corporation (New York). Estas nuevas tarjetas de negocios incluyen dibujos, gráficos e incluso un pequeño currículum. La DigiCard tiene el mismo tamaño y forma que una tarjeta de negocios normal, pero tiene un agujero en el medio para que se pueda insertar en el lector de CD-ROM de un ordenador. La tarjeta tiene una capacidad de 16 mega bites de información, suficiente para que una persona que busca empleo pueda exponer sus puntos fuertes reforzados con la tecnología punta en una empresa. Las tarjetas cuestan más de un dólar en Estados Unidos y ya han sido solicitadas como herramientas de marketing por muchas empresas. ¿Podrán las personas que buscan empleo beneficiarse de este invento?

✓ *Explore alternativas. Currículums creativos*

La mayoría del personal de orientación profesional está de acuerdo en que la forma de conseguir un puesto de trabajo es que la persona se corresponda con las necesidades de la empresa. Tanto si trabaja sus contactos y encuentra a gente que le puede conseguir directamente una entrevista, como si le recomienda un trabajador importante de la empresa o si prueba suerte, tarde o temprano la mayoría de gente que busca empleo (sean cuales sean sus contactos) tendrá que confiar en su currículum. La forma en que su carta de presentación y su currículum destaquen sus habilidades y sus puntos fuertes puede ser determinante a la hora de conseguir una entrevista o que le pasen por alto.

Si usted trabaja en un ámbito creativo o intenta trabajar para empresas que valoran la creatividad, entonces, además de dedicar muchos esfuerzos al contenido, la forma también será esencial a la hora de presentarse. Su currículum es su anuncio personal, y la presentación visual puede contar mucho si se trata de un elemento clave en la lista de compra de la empresa.

¿Cómo puede saber si una empresa valora la creatividad? Mire sus anuncios y los negocios que tiene. Incluso si no está buscando un puesto que tenga que ver con las artes creativas, si una empresa fomenta la creatividad, seguramente la valorará positivamente. ¿Sigue sin estar seguro? Investigue un poco. Averigüe los nombres de la administración superior e indague sobre su formación y pasado. ¿Puede extraer alguna conclusión de su pasado, edad o experiencia profesional? ¿A qué tipo de mercado van orientados su productos o servicios? ¿En qué revistas o periódicos se anuncian?

Si, después de haber investigado un poco, considera que un poco de creatividad atraería al lector (aunque puede que no atraiga al encargado de Recursos Humanos), hay que seguir dos reglas.

Regla nº 1. Tiene que ser bueno. No, bueno no, ¡fantástico!

Si tiene un aspecto desordenado, engañoso o de principiante, mejor que lo deje como estaba porque el único mensaje que transmitirá será: "No sé lo que estoy haciendo, pero estoy intentando cualquier cosa que llame su atención, a pesar de que tenga un aspecto horrible".

Puede realizar cambios sencillos en su currículum o carta de presentación.

■ **Utilice tablas de comparación para subrayar sus puntos fuertes.**

La empresa XYZ necesita:	Yo puedo ofrecer:
▲ Ampliar su mercado de venta	▲ Nuevas técnicas para nuevos medios de comunicación. He diseñado sitios web para ABC Inc., Go CO y otros clientes, logrando **incrementar sus ventas como mínimo un 15%**.

▲ Marketing efectivo

▲ El comercio en Internet es la clave del futuro. Se puede establecer un portal en seis meses que podría generar como media cinco dólares de ingresos por cada 25 centavos de costes de marketing.

▲ Anuncio de campaña integrado

▲ **Habilidad probada** con campañas nacionales para _____, _____ y _____. Las estadísticas demográficas demuestran que el ___del mercado gastaría _____anualmente y anunciando en _____, _____, y _____ la empresa XYZ resultaría un referente más claro para la población.

■ **Incluya testimonios** de empresarios y profesionales.

Experiencia:

Empresa ABS   *Cleveland, Ohio*   *1995-actualidad*

Vicepresidente, Funcionamiento empresa

Una vez más ha demostrado que la innovación es el secreto para mejorar. Los cambios que ha establecido en la línea de producción han sido muy beneficiosos, tanto personalmente para los trabajadores como en la calidad de los productos, al mismo tiempo que se reduce el tiempo de producción en un 12%. Extracto de una nota enviada el 12/5/98 de parte del Presidente y los directivos.

Uno de los analistas financieros más innovadores y dinámicos con el que he tenido el placer de trabajar

John D. Rockefeller

■ **Mencione a gente.** En muchas áreas creativas, **con quién** ha trabajado suele ser casi tan importante como dónde ha trabajado. A veces, es incluso más importante.

Trabajé con el Dr. M.K. Koppel en su proyecto de investigación para el departamento de ciencias de la informática de la universidad New York University. El título del proyecto era "DVD-TV y el futuro de Internet", publicado en enero de 1999.

■ **Utilice currículums con múltiples caras.** Si tiene el contenido adecuado y no entrega su currículum de forma electrónica (tampoco debe someterse a escáner) entonces hay diferentes formatos que podría utilizar.

1. Una minicarpeta de presentación entregada en una carpeta. Incluya 2 ó 3 páginas de currículum con muestras de sus trabajos y una tarjeta de negocios como presentación. Ver ejemplo en Muestra 3-2.

Muestra 3-2

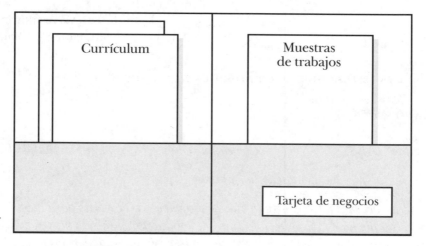

CARPETA DE PRESENTACIÓN DE CURRÍCULUM

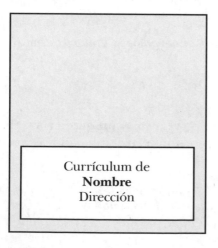

Cubierta con etiqueta

2. Un folleto de tres caras. Se trata más de una herramienta de venta que de un resumen, tal y como ilustra la Muestra 3-3. Puede incluir un dibujo o muestras fotográficas en la cubierta o dentro. Una presentación de este tipo debe ser atractiva visualmente y parecer profesional, así que no escatime en papel e impresión de buena calidad. Lo que está vendiendo es su habilidad para hacer una presentación como ésta, además de los contenidos (dibujos u otras piezas artísticas) incluidas en el currículum.

Muestra 3-3

	Objetivo	Educación
	Resumen profesional * *	Especialidad
Arquitecto George Adams 333 Main Street Stamford, CT 06902 203.333.5555 Adams@built.com	Experiencia	Afiliaciones profesionales

3. El folleto debería imprimirse en un papel de 11 x 17 cm, de forma que cuando se doble por la mitad parezca un librito. Dos páginas de currículum deberían incluirse dentro, tras una llamativa cubierta. Ver los ejemplos de la muestra 3-4.

Muestra 3-4. Cubierta

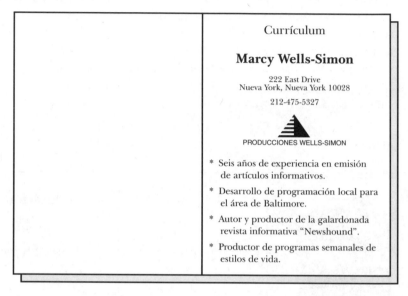

Currículum

Marcy Wells-Simon

222 East Drive
Nueva York, Nueva York 10028

212-475-5327

PRODUCCIONES WELLS-SIMON

* Seis años de experiencia en emisión
  de artículos informativos.
* Desarrollo de programación local para
  el área de Baltimore.
* Autor y productor de la galardonada
  revista informativa "Newshound".
* Productor de programas semanales de
  estilos de vida.

Cubierta

Muestra 3-5. Interior: dos páginas de currículum

OBJETIVO: EXPERIENCIA LABORAL:

EXPERIENCIA
COMO PRODUCTOR: EDUCACIÓN:

EXPERIENCIA
COMO REDACTOR: HABILIDADES/CAPACIDADES:

                                      ASOC. PROFESIONALES:

Interior: dos páginas de currículum

4. Utilice membretes de diseño o papel gráfico para el currículum y la carta de presentación. Muchas librerías también tienen papeles especiales para utilizar con impresora láser y sobres a juego.

5. Utilice el color de forma selectiva. Subrayar categorías o hacer gráficos a color puede mejorar la presentación. Si se decide por incluir color, la calidad de impresión se convierte en una necesidad. Colores amarronados o desiguales no van a impresionar a nadie, y tampoco le hará añadir color simplemente por el hecho de tener acceso a una impresora en color.

Hay una regla al utilizar formatos de currículum alternativos que, a pesar de no tener la importancia de la regla nº 1, también conviene seguir.

Regla nº2. Coordinar la carta de presentación y el currículum. Ambos deberían reflejar su estilo y su forma de ser.

Si usted es conservador, no intente utilizar una carta de presentación y un currículum llamativo y a la última moda porque, cuando llegue a la entrevista, el entrevistador se llevará una sorpresa y usted también. Intente ser usted mismo. Si usted no es una persona creativa y tampoco quiere venderse como tal, utilice los formatos de currículum clásicos que le ofrecimos en "Ponerse en Marcha". Una vez más, es el contenido el que venderá su candidatura. Si la creatividad es uno de los elementos que quiere vender, entonces inclúyalo en su currículum.

Ponga más "de usted mismo" en su currículum

Debido a consideraciones prácticas, así como a normas de determinados sectores, algunos currículums deberían incluir más datos personales. Información relativa al sexo, edad, altura, peso y apariencia física están consideradas la norma para personas que buscan un puesto en artes teatrales. Por ejemplo, si usted es bailarín, músico, modelo o intenta obtener un puesto en la televisión, su apariencia física tendrá tanto peso como su experiencia. Una fotografía favorecedora de 8 x 10 cm con su currículum impreso por el revés es lo que se espera recibir en estos sectores. No hay ninguna razón por la que el currículum del reverso no pueda ser tan atractivo visualmente como la fotografía de frente. Ver Muestra 3-6.

Muestra 3-6

Allison Winters

65 Timber Lane
Lake Placid, Nueva York
67890
456-789-1234
456-789-1235 fax

Resumen:
Instructora de ski con experiencia
Miembro del Equipo Olímpico de 1988
15 años de experiencia en la enseñanza

Experiencia laboral:

Empresa nº 1
  Logros:
Empresa nº 2
  Logros:
Empresa nº 3
  Logros:

Educación:

Habilidades:

Asociaciones:

Si su profesión está relacionada con las artes visuales, recuerde que su currículum puede ser un trabajo de muestra. Puede añadir dibujos en su encabezamiento. Fotógrafos, diseñadores gráficos, arquitectos e ilustradores pueden llamar la atención del personal de Recursos Humanos incorporando muestras de su trabajo.

Otra posibilidad es imitar la forma que se trabaja en el sector. Por ejemplo, un redactor de periódicos podría utilizar un formato de titular y columnas para presentar su currículum. ¿Está buscando un trabajo como relaciones públicas? Haga que su currículum parezca un gran estreno anunciado en la prensa. En Titan Sports (sede de la Asociación Mundial de Lucha) han recibido currículums a modo de cromos de las grandes estrellas de los deportes (en las que el candidato se incluía como la estrella y su experiencia estaba impresa en el reverso), un currículum a modo de cómic realizado por un artista para ilustraciones de publicaciones, y una maqueta de la cubierta de una revista en la que aparecía el candidato como la nueva amenaza en el mundo de la lucha. Puede que estos currículums llamen la atención del lector, pero lo más importante es que la experiencia y las habilidades se correspondan con los requisitos del puesto vacante.

Si su ámbito de trabajo está relacionado con las palabras, su currículum debe estar redactado de forma excelente. Escritores, redactores, publicitarios o cualquier otra persona relacionada con las letras tiene que prestar atención al contenido, ya que es una muestra de lo que sabe hacer.

Si su profesión está relacionada con las imágenes o gráficos, o busca un nuevo puesto en un medio de comunicación, su página web puede ser su currículum. Hay muchos recursos disponibles para tener un sitio web gratis, desde su servidor hasta muchos portales y sitios comerciales (por nombrar alguno GO Network, Geocities y Xoom). Haga una búsqueda introduciendo "páginas web gratuitas" y escoja uno. La mayoría ofrecen sencillos programas de edición de páginas web. Recuerde la falta de confidencialidad cuando expone su currículum en la Red. Si decide utilizar sus habilidades en lenguaje HTML, asegúrese de que es un sitio de calidad. A continuación le exponemos algunos sitios web que le pueden servir de ejemplo:

- members.aol.com/mlyn14/newRez/NewRezpage.html
- www.rodmandesign.com

Para observar más muestras de currículums, recurra a nuestro libro *"WOW! Resumes for Creative Careers"* (McGraw-Hill, 1997), donde encontrará currículums a tamaño real. El libro ofrece 75 muestras de currículums que pueden inspirar su creatividad.

Consejos de los expertos

A continuación le presentamos consejos de distintos expertos en orientación profesional y selección.

De Online Career Center (Centro de Orientación Profesional en Internet):

> *Las empresas buscan las palabras clave en los currículums. Por ello, es importante que ponga el máximo de palabras clave en su currículum... Recibimos más de 10.000 currículums cada mes... y aparecen en orden cronológico, así que el último que hemos recibido aparecerá en primera plana Es una buena idea conectarse y refrescar su currículum de vez en cuando, ya que aumentará las probabilidades de que las personas que buscan candidatos lo encuentren pronto.*

De Monster Board:

> *El error más grave o el mayor problema para la gente que busca empleo y que expone su currículum en la Red es el formato.*

De Dice:

> *El error más grave en los currículums que se exponen es la información tan inadecuada o imprecisa que aportan como método de contacto.*

De Boston Jobs:

> *El mayor error, al menos en mi sitio web, es que no ofrecen un resumen de las tareas que saben realizar.*

De Career Web:

> *Las personas que buscan empleo en Internet deberían aprovechar la ventaja de tener un "currículum que puede ser rescatado en búsquedas" y deberían utilizar palabras claves que definan sus habilidades. También... sólo deberían utilizar las abreviaturas más conocidas... Aporten una información de contacto precisa y exacta... ya que suele ser bastante frecuente encontrar direcciones electrónicas incorrectas.*

Cuarta semana

Actividades diarias para la cuarta semana

- ✓ Revisar el plan del día
- ✓ Evaluar el progreso semanal
- ✓ Evaluar los esfuerzos
- ✓ Vestirse. Salir
- ✓ Hacer investigación diaria
- ✓ Contestar a los anuncios clasificados
- ✓ Telefonear a contactos
- ✓ Concertar citas
- ✓ Considerar los objetivos laborales: necesidades y deseos
- ✓ Comparar ofertas de trabajo
- ✓ Seguimiento
- ✓ Considerar alternativas a la búsqueda de empleo/profesión
- ✓ Trabajar con las 10 empresas-meta
- ✓ Enviar currículums y cartas de presentación
- ✓ Conectarse a Internet
- ✓ Actualizar carpetas y archivos
- ✓ Planear las actividades para el día siguiente

¿Cree que está a punto de conseguir sus objetivos?

Si cree que pronto los conseguirá, ahora es el momento de añadir detalles para perfilar una respuesta satisfactoria.

✓ *Defina sus necesidades y deseos laborales*

No siempre se puede conseguir lo que se quiere... pero ¿puede conseguir lo que necesita?

Lo que todos necesitamos es comida, un techo y abrigo. Lo que todos *deseamos* es mucho más. Desde la remuneración o el estilo de funcionamiento hasta el prestigio, cada persona que busca empleo tiene una franja mental que puede variar: lo que desea o espera conseguir y lo que es capaz de aceptar. Entremedio están las compensaciones: más remuneración, pero menos beneficios de otro tipo; trabajo sin retos, pero con más viajes de negocios de lo que creía. Además, esta ecuación se puede ver alterada por el valor que la empresa sitúe en usted. ¿Cuánto estará dispuesta a pagar la empresa por tenerle?

Los detalles también pueden tener un lugar muy destacado. ¿Qué necesita o espera de estos elementos: remuneración, beneficios, situación geográfica, estilo de dirección, culturas, posibilidad de ascensos, horario laboral, horas extras, tiempo de transporte?

¿Cuál es la remuneración normal que se concede en el mercado por este tipo de puesto? Si la gente que sólo cuenta con cinco años de experiencia puede hacer el trabajo con la misma competencia que alguien que lleva 20 años en el sector, ¿por qué debería la empresa pagar un extra por la experiencia si el candidato no puede ofrecer ningún valor adicional?

Complete un perfil de sus Objetivos laborales, Muestra 4-1.

✓ *Responda a las Ofertas de empleo*

Tenga cuidado con lo que espera. Después de todas las llamadas telefónicas, encuentros, cartas enviadas y entrevistas, usted ha conseguido una oferta de empleo. ¿Cómo son los detalles de la oferta? ¿Se corresponden con sus objetivos laborales (Muestra 4-1)?

Muestra 4-1

OBJETIVOS LABORALES

*Indique las franjas que tiene en mente para cada una de las categorías,
ya que tendrán propósitos de planificación y negociación.* **Las necesidades**
no son negociables, pero **los deseos** *pueden sacrificarse.*

Categorías:	Necesidades:	Deseos:
Fecha de inicio:		
Salario base:		
Título del puesto:		
Horario laboral:		
Estilo de dirección:		
Cultura:		
Posibilidades de ascenso:		
Bonos:		
Otros beneficios:		
Cuidado de los niños		
Seguros		
Participación de los empleados en beneficios empresariales		
Plan de pensiones		
Subsidio		
Vacaciones		
Reembolso de las clases de formación		
Aumento anual		
Transporte		
Plan de ahorros		
Descuentos a empleados		
Atención sanitaria		

Ofertas de empleo

Antes de nada, ¿se trata verdaderamente de una oferta de trabajo *bona fide*? Después de tantas entrevistas, puede que usted ya no esté seguro de lo que es una oferta de empleo. Le diremos lo que no es una oferta:

"Nos gusta mucho"

"Es fácil imaginarse que usted ya está trabajando aquí"

"Estamos interesados en usted"

"Creemos que encajaría muy bien aquí"

"Es un candidato prioritario"

Esas afirmaciones puede que le den un impulso a su autoestima, pero desde luego no son suficientes para que decida renunciar a su puesto actual o para que recoja sus currículums y decida dejar de enviarlos.

Asegúrese de que le han hecho una oferta de empleo. La forma más sencilla de confirmarlo es preguntar sobre la oferta por escrito. No hay necesidad de suavizar su punto de vista con algún comentario del tipo "No es que no confíe en usted, pero me gustaría discutirlo con mi cónyuge". Simplemente solicite una oferta por escrito y ya está. Si su empresa potencial no está dispuesta a entregársela por escrito, escuche atentamente a sus razones. Si continúa callado cuando hayan terminado, seguramente volverá a saber de ellos. Mantenga una postura escéptica si no le ofrecen una oferta por escrito, sean cuales sean sus razones. Una causa de retraso en la oferta por escrito es un interés de la empresa potencial de obtener una referencia sobre usted de su empresa actual. El candidato puede rechazar la posibilidad de renunciar a su actual puesto si no le ofrecen una oferta por escrito y, por lo tanto, también puede rechazar que se pongan en contacto con su actual empresa. La empresa que desea hacer la oferta puede dudar sin referencias y en ese momento entramos en el síndrome del dichoso dilema "¿Qué fue primero, el huevo o la gallina?".

Una vez haya solicitado una oferta por escrito, considere los detalles mientras espera a que le llegue la oferta. Apúntelos, si no lo ha hecho antes, y compare lo que la oferta por escrito incluye o excluye en relación con su compromiso oral. Toda oferta de empleo debería incluir unos detalles mínimos (Muestra 4-2). En la Muestra 4-3 se ofrece un ejemplo de oferta de empleo por escrito.

¿Se trata realmente de una oferta? ¿Y ahora qué?

El siguiente paso es comparar la oferta por escrito con lo que le comunicaron en persona. Si hubo algún comentario sobre otros detalles del puesto, debería ponerse en contacto (un ejemplo es si hubo alguna charla aparte sobre el nivel salarial). Si le ofrecen menos de lo que le mencionaron, pregúnteles las razones. Incluso si le pagan el máximo de la franja que expuso, pero sigue sintiendo que su remuneración no es justa, puede mencionarlo y especificar la diferencia deseada.

Otros detalles que pueden ser dignos de discusión, si usted está dispuesto y si cree que es apropiado en relación con el puesto que le ofrecen, son:

- Su situación en el lugar de trabajo (¿Cerca de su jefe? ¿Oficina? ¿Puede verla primero?)

- Plaza de aparcamiento

- Teléfono móvil, *beeper*, ordenador portátil

- Concesión de un cambio de situación física de trabajo

Muestra 4-2

**CONTENIDO BÁSICO DE
UNA OFERTA POR ESCRITO**

- Título del puesto

- Remuneración inicial
  Salario
  Bonos
  Incentivos
  Otros pagos
  Programas de beneficios (los detalles
  suelen adjuntarse en otra hoja)

- Fecha de inicio

Muestra 4-3

MUESTRA DE CARTA DE OFERTA DE EMPLEO
—Encabezamiento de la empresa—

Fecha

Sr./Sra. candidato/a
12234 Main Street
Ciudad, País 122343

Estimado candidato,

El propósito de la presente carta es perfilar el acuerdo al que hemos llegado en relación con su empleo en la Empresa _____. Nos complace comunicarle que hemos aceptado su candidatura al puesto de ____ que estará situado en nuestra ____ oficina y que se realizará efectivo el _____ de 200_. Le rogamos se presente a M___ a las 8:30 en el departamento de Recursos Humanos para rellenar documentos.

Su remuneración será de _____ recibida mensualmente. No podrá optar a un aumento salarial hasta _____ de 200_ cuando se deberá someter a un proceso de revisión.

El día que empiece a trabajar comenzará a tener derechos como empleado de la empresa. Dichos beneficios están sujetos a modificaciones.

Al igual que el resto de empleados, estará sujeto a un periodo de tres meses de prueba, que terminará el _____ de 200_. La empresa ____ se reserva el derecho de extinguir el contrato en cualquier momento del periodo de pruebas y su tarea será evaluada para determinar si cumple los requisitos de este puesto.

Rogamos firme a continuación y entregue una copia de esta carta como prueba de que ha leído y comprendido las condiciones en ella expuestas.

A la espera de sus noticias

Atentamente,

(Personal de Recursos Humanos)

■ Fecha de inicio de beneficios

■ Período de vacaciones (sobre todo si ya ha reservado un viaje a Bora-Bora justo para después de su inicio en la empresa)

- Período de pruebas. Si lo hay, ¿cuánto dura? ¿Cuáles van a ser los criterios para evaluar este período y quién será el encargado de emitir el dictamen?

- Copia de la descripción de la oferta de empleo

- Horario laboral

- Proceso de revisión salarial

- Ruptura. Si al final no van las cosas bien, ¿le pueden prometer alguna continuidad en los pagos durante un período determinado para aumentar su seguridad al aceptar el empleo? (En niveles directivos, si una empresa es adquirida por otra o hay una fusión, se garantiza el pago en el caso de que aconteciesen dichas circunstancias. El resultado es "un aterrizaje fácil", lo que algunos llaman "caer con paracaídas de oro").

Aprender a decir "No, gracias" o "Sí, pero..."

Se trata verdaderamente de una oferta de empleo; usted lo tiene bien claro y por escrito en sus manos. Usted está convencido, convencidísimo de que quiere ese puesto, pero hay dos pequeñas cosas que le molestan. ¿Cuándo vale la pena inquietarse por pequeños cambios en la oferta y cuándo se debe aceptarla sin más (o dejar pasar la oportunidad)? Observe sus Objetivos laborales (Muestra 4-1) y analice las ofertas de empleo específicas en comparación con sus propósitos (ver Muestra 4-4).

¿Son compatibles el puesto y la empresa con los objetivos que estableció en "Ponerse en Marcha"? Liste cualquier punto que debería ser objeto de negociación, así como sus objetivos en la Hoja de negociación (Muestra 4-5).

Negociaciones

Uno de los aspectos más importantes y emocionantes de cualquier búsqueda de empleo es el proceso de negociación que sucede a la oferta laboral. El lado más negativo es que, a menudo, las negociaciones no suelen resultar efectivas. Sin saber muy bien por qué razón, los adultos en nuestra sociedad no están preparados para saber negociar, a pesar de que es una habilidad que cada vez se requiere más en el ámbito profesional y personal.

Muestra 4-4

ANÁLISIS DE LAS OFERTAS DE EMPLEO

Haga una lista de los detalles de las ofertas de trabajo que ha recibido y compárelas con sus necesidades y deseos en la hoja de Objetivos laborales.

Categorías:	Oferta n.º1:	Oferta n.º2:
Fecha de inicio:		
Salario base:		
Título del puesto:		
Horario laboral:		
Estilo de dirección:		
Cultura:		
Posibilidades de ascenso:		
Bonos:		
Otros beneficios:		
Cuidado de los niños		
Seguros		
Participación de los empleados en beneficios empresariales		
Plan de pensiones		
Subsidio		
Vacaciones		
Reembolso de las clases de formación		
Aumento anual		
Transporte		
Plan de ahorros		
Descuentos a empleados		
Atención sanitaria		

Muestra 4-5

HOJA DE NEGOCIACIÓN

Empresa:_____ Fecha:_____
Puesto/Descripción trabajo:_____

Categoría:	Puesto ofrecido:	Lo que deseo:	Oferta final:

Usted ha logrado resultados satisfactorios en su búsqueda y ha conseguido que le hiciesen una oferta. Aún así, debe ser consciente de todo lo que le queda por hacer.

Está bien que tenga presente que todo es negociable, pero debería concentrarse en lo que realmente es importante para usted. Una vez haya expuesto un asunto sobre la mesa, será percibido como importante para usted. Ya que cada asunto es importante, concéntrese en los cruciales, no sea demasiado tiquismiquis. Por poner un ejemplo, antes de solicitar que le aumenten 1.000 dólares en su salario base, recuerde calcular cuál será su salario neto, tras la deducción impositiva, para determinar si esa cantidad vale la pena.

Piense positivo. Si acepta un empleo, está estableciendo una relación. Una oferta de empleo es una transacción muy positiva, y debería tenerlo en cuenta a la hora de discutir cualquier asunto. La empresa busca trabajadores contentos, así que en cuanto llegue a la empresa deberá empezar el día como un trabajador contento. Si hay algún aspecto de la oferta laboral que le hace sentir incómodo, debería discutirlo. De otra forma, su silencio será interpretado como una aceptación. Los problemas no se evaporarán por arte de magia y usted tendrá que cargar con ellos a diario.

Trate el asunto primero usted solo. Baraje las ventajas y los inconvenientes (no estaría de más escribirlos). Si tiene una persona en quien confiar o un miembro de la familia, pídale que interprete la otra parte en el asunto.

■ Contraofertas: mientras usted está considerando si aceptar (o incluso cuando ya lo ha aceptado y ha entregado notificación por escrito) o no aceptar el puesto, su actual empresa sube la apuesta para seguir manteniéndole como empleado. Antes de emocionarse demasiado, recuerde por qué inicio en primer lugar la búsqueda de empleo. ¿Qué razones tenía? Si la única razón para buscar un empleo alternativo era la económica, ¿le basta con la oferta que le hacen ahora para mantenerle?

Desconfíe un poco de esta oferta repentina. Puede que su empresa actual le esté ofreciendo esa cantidad suplementaria porque no estaban preparados para su marcha en ese preciso momento. Sin embargo, no dé por sentado que su puesto es seguro. Puede que se estén prometiendo a sí mismos que no volverán a permitir que esto vuelva a suceder y hay algo seguro: el nivel de confianza que tenían depositado en usted habrá decrecido y no volverá a los niveles anteriores rápidamente a menos que haya alguna compensación.

Las últimas investigaciones demuestran que las personas que aceptan una contraoferta permanecen en el puesto 18 meses tras su realización. Recuerde que la empresa que está rechazando debido a la contraoferta quizás no quiera volver a saber nunca más de usted.

✓ *Considere otras opciones*

Hasta ahora no ha recibido una oferta de empleo que considere aceptable. Vuelva al formulario de Evaluación personal (Muestra 2-1) y al formulario de Análisis de esfuerzos (Muestra 2-2). Repase su Análisis de respuestas (Muestra 3-1). ¿Hay un progreso lento pero firme? ¿Ha sido capaz de encontrar empresas-meta y contactos a quién perseguir? ¿Ha realizado una investigación activa y un seguimiento posterior para encontrar nuevas empresas y nuevos puestos vacantes?

✓ *Evalúe su progreso en la búsqueda de empleo*

1. **No se ha comido un rosco.** No ha habido ningún interés en su candidatura.

2. **Ha suscitado algo de interés,** pero no ha conseguido entrevistas ni ofertas de trabajo.

3. **Ha suscitado un interés moderado** en su candidatura. Puede que le lleve más tiempo, pero está seguro de que tiene más contactos en los que trabajar. Ha realizado algunas entrevistas prometedoras.

4. **Ha conseguido una respuesta bastante positiva.** Ha realizado bastantes entrevistas y le han presentado unas cuantas ofertas laborales, pero no le convenían por una serie de razones. Tiene concertadas más entrevistas.

5. **Ha conseguido una respuesta excelente.** Tiene más entrevistas concertadas y está considerando diferentes ofertas de empleo.

Si todavía no se ha comido un rosco (y ha estado trabajando concienzudamente durante las últimas tres semanas), necesita ser más honesto consigo mismo al analizar sus esfuerzos y sus hojas de trabajo para intentar apuntar a las razones. Quizás debería acudir a expertos en orientación profesional en alguna oficina municipal o en algún departamento de la universidad más cercana. Si por el momento ha suscitado interés, pero no ha conseguido entrevistas ni puestos vacantes, tampoco está en una situación mucho más ventajosa. En su caso, la oficina de orientación profesional también le sería de gran ayuda.

Si ha sido capaz de suscitar interés, pero está impaciente porque todavía no ha obtenido ninguna oferta de empleo, revise sus hojas de trabajo y analice la secuencia temporal desde el contacto hasta el encuentro. Repase sus notas para determinar qué podría hacer para acelerar el proceso. Puede que se trate de una época errónea para contratar personal en un sector determinado o que el tiempo para completar el proceso sea más largo de lo normal en ese sector.

Si ha obtenido respuestas bastante positivas o incluso excelentes, siga trabajando de la misma manera. No cese ahora. Asegúrese de que sigue teniendo diez empresas-meta. Es muy probable que le presenten más de una oferta al mismo tiempo. Ésa sería una situación ideal porque podría comparar los puntos fuertes y débiles de cada oferta.

Recuerde que, sea cual sea la respuesta que haya obtenido, debe considerar las siguientes opciones:

■ **Permanecer en su puesto actual.** Si su búsqueda de empleo ha sido prácticamente como ir de escaparates, al menos le ha servido para tener más contacto con la realidad. Si usted no vende las habilidades que el sector requiere, en ese caso, o bien sus habilidades o bien su conocimiento profesional necesitan ayuda. Actualice sus habilidades desde hoy mismo (si todavía no lo ha hecho) y observe todo cuanto ocurre en su profesión. Repase sus objetivos a largo plazo (Objetivos laborales, Muestra 9). ¿Qué está haciendo en estos momentos para conseguir sus objetivos futuros? Juegue un papel activo en asociaciones profesionales, asista a cursillos o considere un empleo suplementario.

- **Vuelva a preguntar.** ¿Realmente le dijo el entrevistador que estaba "a nada" de conseguir el puesto? Realice un seguimiento con una llamada de teléfono, explicando que sigue interesado en trabajar para la empresa y que si las cosas no funcionan con el otro candidato, ruega le tengan informado. Nunca se puede saber qué puede pasar cuando le presentan una oferta a otro candidato, puede que no la acepte, que no se adecue al puesto o que no haya estado a la altura de las circunstancias. Mantenga viva su candidatura. Puede que haya más ofertas de empleo.

- **Cambiar de profesión.** ¿Está siendo realista? ¿Está dispuesto a dedicar a su nueva profesión el tiempo y la atención que requiere para acelerar el proceso, llegar a ser competente y establecer los contactos profesionales que necesitará?

- **Aceptar un período de prácticas o aprendizaje.** Depende bastante del sector. Por ejemplo, en la profesión jurídica se suelen aceptar durante el verano a estudiantes recién licenciados de la carrera de derecho (o todavía cursándola) que parecen contar con un "gran potencial", para que trabajen en el gabinete jurídico y, a continuación, determinarán si les presentarán una oferta de empleo.

  En el sector del entretenimiento se suele utilizar esta denominación para clasificar a las nuevas personas en un puesto con contratos con fecha de terminación. Si no le presentan ninguna oferta de empleo antes de la fecha de terminación, la persona debe marcharse. En las universidades, sobre todo en Estados Unidos y en Inglaterra, cada vez es más común que se realicen estos períodos de prácticas para aportar al estudiante una "experiencia real" por la que obtiene créditos en su programa de estudios. Este período puede ser remunerado o no remunerado. La situación es realmente atractiva, y en Estados Unidos los institutos empiezan a seguir los pasos de las universidades.

- **Autónomo.** En vez de buscar un empleo, usted podría intentar ser su propio jefe. Venda sus servicios directamente. Eso es lo que hizo Dave Rodman. Puede visitar su currículum en www.rodmandesign.com. Puede que encuentre una persona con capacidad de contratación a la que le guste tanto su trabajo que decida contratarle.

- **Añada otra profesión más.** Si usted es como nosotros, un solo trabajo no le ofrece seguridad o satisfacción. Muchas personas siguen más de una profesión a la vez, ya sea por razones de seguridad financiera o para facilitar planes a largo plazo. Puede que den algunas clases en una universidad local, que ofrezcan exposiciones a cambio de una tarifa o que escriban libros o artículos además de tener una profesión a tiempo completo.

■ **Ponga en marcha una franquicia.** Puede que una franquicia sea una buena alternativa si usted tiene una vena emprendedora pero quiere tener la seguridad que le ofrecen otras personas que han tomado ese camino antes que usted. En esta situación, usted es el propietario y tiene control sobre su futuro al mismo tiempo que está realizando una inversión en sí mismo.

■ **Aceptar trabajos temporales.** Muchas empresas buscan trabajadores para un período de tiempo o un proyecto concretos. Si le preocupa su estado económico y quiere tener un punto de vista desde dentro (además de lograr contactos), busque anuncios clasificados que expongan este tipo de empleo o visite grupos de noticias en Internet introduciendo la palabra "trabajo temporal". Seguro que su periódico local contendrá diferentes anuncios de varias empresas de selección que buscan trabajadores temporales. Muchas obtienen una tarifa de colocación si le ofrecen un puesto permanente en la empresa gracias a su trabajo temporal.

El mundo laboral ha cambiado y sigue cambiando mucho, pero algunas cosas siempre serán las mismas. Mucha gente cuenta con habilidades obsoletas, pero en una economía dinámica siempre sucede. El mundo laboral sigue siendo un mercado en el que juegan las fuerzas de la oferta y la demanda. El concepto del valor añadido ha cobrado mayor importancia en la actualidad, pero siempre ha sido la base sobre la que las empresas se permitían pagar a otro empleado. A medida que crece una empresa, va absorbiendo ineficiencias en su seno, pero llega un momento en el que no puede soportar tanta carga. En ese momento, o se extingue la empresa o se reinventa a sí misma con diferentes empleados y diferentes tipos de trabajadores realizando tareas diversas, y cada vez con menos empleados.

Lo que ha cambiado es que las empresas están ahora mucho más preocupadas por su existencia que antes, y confían mucho en los trabajadores para conseguir maximizar su efectividad. Cada trabajador necesita ser vigilado cuidadosamente para asegurar esa efectividad.

Las empresas también son conscientes de que necesitan optimizar la efectividad de sus trabajadores como individuos, y que aquéllos que poseen un gran entusiasmo por su trabajo y fuertes valores morales respecto a éste son mucho más valiosos que los que tienen intereses fuera de la profesión o habilidades anticuadas.

Hoy en día, la diferencia la marca la tecnología y los servicios, que expanden las opciones y las oportunidades laborales. El reto de la persona que busca un empleo es saber controlar esa gran variedad de oportunidades y determinar qué es lo que mejor puede hacer en un mercado laboral contemporáneo. De igual forma que las empresas deben reinventarse a sí mismas para seguir consiguiendo logros y que sus negocios sean competitivos y viables, un buen candidato también debe reinventarse a sí mismo.

REGLAS DE JUEGO EN LA BÚSQUEDA DE EMPLEO

Mantenga sus contactos. Recuerde a quienes le han ayudado e intente ampliar su red de contactos añadiendo nuevas personas.

Conviértase en un mentor. Transmita esos contactos que le han sido tan útiles y los trucos para encontrar un empleo.

Muestre su agradecimiento. Recuérdeles a todos aquellos que le han ayudado su agradecimiento con una llamada o una nota.

Sea maduro. "Demuestre y que juzguen por sí mismos". No hable incesantemente sobre sus habilidades. Proporcione ejemplos de peso.

Elimine las palabras que expresan duda. Cambie "creo" por "sé", "considero" por "no tengo la menor duda", o "me parece que" por "es".

No se confiese nunca.

No se queje nunca.

No se rechace a sí mismo. ¿Cree que es el indicado para el puesto? ¡Luche por él! Si el entrevistador no lo cree así, no se preocupe, ya habrá otro puesto vacante.

Investigue. Localice a la gente. Póngase en contacto.

Envolverlo de forma presentable

Actividades diarias durante la semana

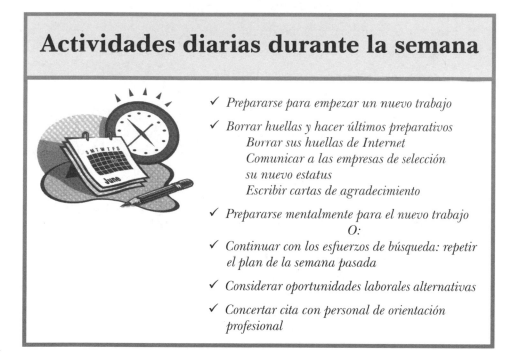

- ✓ *Prepararse para empezar un nuevo trabajo*

- ✓ *Borrar huellas y hacer últimos preparativos*
  Borrar sus huellas de Internet
  Comunicar a las empresas de selección
  su nuevo estatus
  Escribir cartas de agradecimiento

- ✓ *Prepararse mentalmente para el nuevo trabajo*
  O:
- ✓ *Continuar con los esfuerzos de búsqueda: repetir*
  el plan de la semana pasada

- ✓ *Considerar oportunidades laborales alternativas*

- ✓ *Concertar cita con personal de orientación*
  profesional

La seguridad laboral es un oxímoron

Si en estos momentos piensa "espero que no tenga que buscar empleo nunca más", entonces está claro que no ha aprendido las lecciones de este libro. Usted debería continuar practicando muchos de los ejercicios y hábitos que ha desarrollado con la lectura de este libro incluso habiendo logrado trabajo.

- ■ Planificar
- ■ Establecer objetivos

- ■ Trabajar para conseguir objetivos

- ■ Impartirse disciplina a uno mismo

- ■ Desarrollar una red de contactos

- ■ Mantenerse al día en su profesión y sector

- ■ Llegar a ser un mentor

- ■ Aprender nuevas habilidades

- ■ Mejorar o actualizar sus habilidades

✓ Mantener contactos

Contar la buena nueva. ¿Siente una gran liberación del estrés que había acumulado ahora que ya tiene un puesto nuevo? Después de toda la investigación que ha realizado, ¿cree que hay alguna publicación que podría hacerse eco de su nuevo puesto? Piense en las noticias sobre antiguos alumnos y en revistas profesionales o empresariales. Si consiguió el puesto gracias a un sitio web, pregúnteles si anuncian historias de logros. Puede que lo hagan y usted podría optar. ¿Y en las noticias locales?

Por último, considere si sería adecuado que el departamento de relaciones públicas de la nueva empresa lo hiciese público. No dé por asumido que lo harán ni que se les ocurrirá. Además, puede obtener una triple victoria si solicita su ayuda. Primero, demostrará una actitud profesional que impresionará al personal de la nueva empresa que conozca su solicitud. Segundo, si su propuesta es aceptada, estará creando nuevas relaciones y vínculos en la empresa y construyendo una base sólida sobre la que empezar a trabajar. Tercero, usted se estará haciendo eco de sus últimos logros en su carrera profesional a un amplio alcance.

✓ Escriba todos sus agradecimientos

Toda la gente que le ha ayudado a llegar donde ahora está debería ser informada de su nuevo puesto. Si le supieron dedicar tiempo para proporcionarle consejos, contactos o información, usted también puede dedicar tiempo a comunicarles que todos sus esfuerzos han tenido recompensa. Basándose en su nivel de contacto y el grado de ayuda que le han prestado, debe responder amablemente. Los contactos establecidos en la Red pueden recibir un correo electrónico, mientras que los individuos que le presentaron en la empresa y le recomendaron para el puesto podrían recibir flores o una botella de cava.

Piense un poco más. En su nuevo puesto ¿tendrá que tratar con alguno de los contactos que ya ha establecido? Acuérdese de ellos por dos razones: le ayudarán a ser efectivo en su nuevo cargo y a desempeñar las responsabilidades que conlleva, y puede que usted tenga la oportunidad de devolverles el favor que le hicieron en su búsqueda de empleo. Tenga cuidado, no estamos insinuando ningún tipo de corrupción o prácticas ilegales o poco éticas. Le estamos recomendando que utilice sus contactos profesionales de forma efectiva para que le ayuden a lograr éxitos en su nuevo puesto, es decir, establecer relaciones de negocios. El ejemplo más común es el de la profesión de Recursos Humanos en el que, cuando se produce una necesidad, se ponen en contacto con las empresas de selección porque saben que son más eficientes a la hora de seleccionar y contratar personal.

✓ *Intente ayudar a los demás*

Usted ha contraído muchas responsabilidades con su nuevo puesto, y la primera es consigo mismo. Sin embargo, no deje que sus nuevas actividades le absorban tanto como para perder totalmente el contacto con los nuevos puestos vacantes, ya que podría tener amigos o contactos a quien recomendar. Asegúrese de que son buenos candidatos, porque usted todavía está luchando por conseguir una reputación y credibilidad en la empresa. Recomendar a un excelente candidato le beneficiaría, pero recomendar uno que no llega al listón... bueno, ya sabe qué opinión se podría crear sobre la empresa que controla.

✓ *Borre sus huellas*

Vuelva a su Carpeta de currículums en Internet (Muestra 1-13) y borre todos sus currículums de los sitios web en los que los había expuesto o donde había introducido su información en una base de datos. Debería eliminar todas sus huellas.

Si ha estado trabajando con empresas de selección, póngase en contacto con la gente con la que ha hablado e infórmeles de su nueva posición. A pesar de que no le hayan ayudado mucho esta vez, no debería cerrarles las puertas completamente. Las cosas cambian constantemente y nunca sabe con quién tendrá que contactar otra vez (ya sea para usted o para un compañero).

✓ *Mantenga un recuento de sus logros*

Desde el primer día en su nuevo puesto, mantenga un archivo o una libreta en la que anotará los logros que va cumpliendo y los irá añadiendo a su lista, ya sea a mano o en el ordenador. Ese recuento será una verdadera oportunidad para ver reflejados sus logros y sus frustraciones diarias, al igual que sus errores, para poder establecer qué es lo que funciona y qué es lo que está creando problemas, en cuanto éstos surjan.

Un antiguo sabio dijo una vez que debería empezar a buscar otro puesto de trabajo desde el momento que consigue el que tiene en la actualidad. Tanto si usted cree que este consejo es acertado o no, debería diseñar ya mentalmente su nuevo currículum y carta de presentación, para cuando la necesite.

✓ *Aprenda nuevas habilidades*

Quienes olvidan el pasado están condenados a repetirlo.

Deje que las experiencias de esta búsqueda de empleo le recuerden la necesidad de mantenerse al día en su profesión y de estar preparado para seguir el ritmo del tiempo, haciendo un compromiso de aprendizaje a lo largo de la vida.

También tiene que encontrar tiempo para ejercitar su cuerpo y su mente. Piense en el NAFTA, North American Free Trade Agreement (Acuerdo Norteamericano de Libre Comercio) y todos esos rumores de los trabajos que se consiguen más allá de la frontera sur. Tanto si está de acuerdo como si no con las afirmaciones memorable de H.Ross Perot, se trata de una importante cuestión. Los puestos se sucederán mucho más rápido que antaño debido a la globalización y se trasladarán hacia donde haya más eficiencia. Milton Bradley anunció el cierre de su fábrica de baldosas de parqué en Vermont. Las baldosas se producirán en Asia, pero los arces se seguirán cortando en Vermont y se enviarán hasta Asia. Está claro que la mano de obra debe ser mucho más barata allí para que siga resultando efectivo el transporte de la materia prima de un lado para otro. ¿Qué otras razones podrían encontrar los antiguos trabajadores de esta empresa para seguir contratados? Usted necesita seguir creciendo profesional-mente para que, pase lo que pase en su profesión, no le coja desprevenido y con unas habilidades obsoletas.

✓ Actualice su currículum

Aunque no sea por otra razón, debería mantener su currículum actualizado para llevar a cabo un recuento de sus logros periódicamente. No asuma que cuando necesite una copia de su currículum una simple llamada al departamento de Recursos Humanos le solucionará la papeleta. Debe ser responsable de uno de sus documentos profesionales más preciados. Por supuesto, otra gran razón es que estará preparado cuando le surja otra oportunidad.

✓ Empiece a buscar empleo otra vez

¿Cuándo debería empezar a buscar de nuevo? La respuesta es cuando desee volver a iniciar este libro y decida que, por la razón que usted crea, está preparado para volver a empezar su búsqueda. No obstante, tendrá que ser consciente del tiempo y el compromiso que deberá dedicar a este proceso.

Cómo conservar su empleo
Detalles, detalles y más detalles
frente a arrogancia

Recientemente dos expertos profesionales pertenecientes a una importante empresa de selección de directivos discutieron lo que les agradaba y desagradaba de los candidatos en altos niveles. Entre las cuestiones que mencionaron incluyeron los errores tipográficos y la falta de cortesía profesional, como notas de agradecimiento, que no nos hemos cansado de repetir. Ambos aspectos resultan obvios, pero a la vez demuestran que usted puede salir victorioso en el competitivo mercado laboral sin trucos, simplemente prestando atención a los detalles.

¿Por qué siguen ocurriendo estos *lapsus*, incluso a niveles tan altos? El problema no es que la gente no tenga tiempo para dedicar a los detalles, sino que hay una cierta arrogancia.

El ordenador, la carta de presentación, el fax y el correo electrónico nos aportan excusas para no dedicar el 100% de atención a nuestros esfuerzos de búsqueda. Enviamos cartas realizadas en plantillas a innumerables direcciones y parece ser que eso nos da licencia para no hacerlo lo mejor posible. No se dedica la atención necesaria a la carta ni se orienta hacia el lector. En las respuestas a anuncios, también se suele subrayar menos el puesto y simplemente se hace una mención a "su anuncio" (a veces incluso entregando una copia del anuncio en la carta) sin llegar a especificar más. ¿Para qué esforzarse más?

Si no ha aprendido nada de este libro, al menos debería recordar que sólo hay una cosa que le separa del mundo como competidor y es: **usted.** Usted es quien hace que su esfuerzo sea único y depende de usted querer establecer un contacto único y destacable, prestando la debida atención a todos los detalles.

Durante su búsqueda de empleo usted se centró en la correcta ortografía y en anotar correctamente el nombre del entrevistador, su título y su dirección completa, además de enviar una nota dirigida a cada persona de la empresa que le ayudó. Hace poco, recibimos una carta de agradecimiento de un candidato que nos impresionó por su profesionalidad y por ser tan correcto en sus buenos modales. Hizo todo lo que debía, incluso pedía tarjetas de negocios a cada uno de sus entrevistadores. Sin embargo, nos sentimos bastante decepcionados porque nos envió una nota de agradecimiento en una copia de carboncillo que había enviado a cada una de las personas que había conocido. Además, bajo la nota había una solicitud para que *nosotros* enviásemos una copia de su nota a cada una de las personas mencionadas. ¡Qué pena! ¡Había estado tan cerca...!

Saber escuchar

A menudo, la gente queda tan fascinada con Nueva York que repiten su nombre dos veces. Escuchar es una habilidad tan importante que le pedimos que la tenga siempre presente para conseguir logros en su nuevo puesto. A continuación le presentamos otra triste historia de una persona que estuvo "tres meses y a la calle" en una empresa, cuando había dejado boquiabierto a todo el personal que había realizado el proceso de selección y contratación. Una persona llegó a decir que era la mejor candidata que había visto en su vida. ¿Qué pudo hacer que cambiase su opinión en sólo 60 días laborables? Su competencia profesional fue la que le consiguió el puesto, pese a que sus compañeros y superiores la definieron como una persona con pocas habilidades para el trabajo y muchas distracciones exteriores. Después de dos meses, de repente mencionó un viaje de avión que había preparado anteriormente. Varias veces, dedicó el tiempo del almuerzo a ir de compras y muchas veces se llegó a tomar hasta dos horas. Siempre cometía los mismos errores. Aceptaba muchas llamadas personales y la lista de problemas iba aumentando a pasos agigantados.

Cuando la despidieron, se sorprendió muchísimo. Sus superiores le habían ido diciendo que evolucionaba bien. Se había quedado hasta más tarde para corregir los fallos que había cometido. Nadie había realizado un comentario negativo en su cara. Aún así, la versión de la empresa no tenía nada que ver. El problema es que la verdad estaba entre esos dos extremos. El grupo en el que había entrado a formar parte la persona era un grupo muy bien avenido e intentaron evitar a toda costa comunicar malas noticias o dar una respuesta negativa.

La nueva empleada tampoco quedaba exenta de toda culpa. Además de aprovechar esta situación en la que los demás compañeros no querían confrontaciones, oía lo que ella quería oír. Se dio cuenta de que había cometido varios errores. También sabía que el tiempo que se tomaba para ir de compras era excesivo. En cuanto a las llamadas personales, consideraba que no era importante y admitió que tenía compromisos personales de vez en cuando. Cuando sus compañeros y supervisores le hicieron algún comentario, ella prefería no prestar demasiada atención, es decir, decidió no escuchar.

Uno de los cambios más importantes en la vida de una persona, según estudios psicológicos, es el cambio de empleo. Por ello, debe tomárselo como un acontecimiento serio que requiere atención constante y tacto. Escuchar es una de las habilidades que le ayudará a que esta transición sea efectiva y satisfactoria. Sin centrarse en esta habilidad, lo más probable es que tenga que releer este libro muy pronto, cuando vuelva a encontrarse sin trabajo... otra vez.

PRUEBAS LABORALES

- Haga bien su trabajo
- Sea activo en su profesión
- Aprenda sobre profesiones relacionadas
- Escriba o hable sobre su trabajo
- Sea activo en su comunidad
- Sepa escuchar

APRENDA A MOTIVARSE PARA TRIUNFAR. En una semana

Autor: *Christine Harvey*   **Formato:** 13x20   **Páginas:** 88   **ISBN:** 848088424X

La motivación es un factor clave para el éxito profesional y personal. Sólo se puede triunfar en la vida si uno cree en sus propias posibilidades y aborda las situaciones con optimismo. Partiendo de la idea de que la capacidad de motivarse está al alcance de todo el mundo, este libro ofrece una serie de sencillos consejos prácticos para vencer la pasividad y superar obstáculos muchas veces imaginarios.

Tanto si pretende motivarse a sí mismo como si su propósito es motivar a las personas que lo rodean

–empleados, compañeros, amigos–, las técnicas aquí expuestas le serán de gran utilidad.

APRENDA A PLANIFICAR SU CARRERA PROFESIONAL. En una semana

Autor: *W. Hirsh - C. Jackson*   **Formato:** 13x20   **Páginas:** 104   **ISBN:** 8480884320

Dedicamos al trabajo un tercio de nuestro tiempo, como mínimo. Eso por sí solo es ya una razón de peso para tratar de orientar nuestra actividad profesional hacia objetivos satisfactorios. Para ello nos conviene planificar paso a paso el futuro, crear las condiciones óptimas para el total aprovechamiento de nuestras aptitudes y el mejor desarrollo de nuestras posibilidades laborales.

Con la ayuda de este libro usted aprenderá a dirigir creativamente su carrera hacia el horizonte profesional deseado.

APRENDA CONFIAR EN SÍ MISMO. En una semana

Autor: *Dena Michelli*

Formato: 13x20 **Páginas:** 104 **ISBN:** 8480884266

En un mundo en el que tienden a desaparecer las rígidas estructuras jerárquicas, dando paso a una comunicación más libre y abierta entre personas de distintos rangos profesionales y sociales, resulta vital saber actuar con seguridad ante cualquier circunstancia y cualquier individuo. Partiendo de dicha idea, este libro se plantea como guía práctica para desarrollar la autoestima, aprender a exponer de manera convincente nuestros criterios, y conocer qué efecto causamos en nuestros interlocutores.

CÓMO REALIZAR ENTREVISTAS CON ÉXITO

Autor: *Glynis Breakwell*

Formato: 16x22 **Páginas:** 126 **ISBN:** 8480881119

Realizar entrevistas y ser entrevistado pueden ser unas tareas trascendentales en cualquier momento.

La capacidad y habilidad para la entrevista se utiliza en cualquier situación en que se intercambia y evalúa información, y a veces será usted el entrevistador y a veces, el entrevistado.

Los ejercicios y directrices que se encuentran a lo largo de este libro, están basados en la investigación aplicada y han sido diseñados para alentar la auto-valoración, para desvelar los estereotipos y las ideas equivocadas, y para poder comprobar los métodos y las habilidades que se describen en el mismo.

ÍNDICE: ¿Qué es entrevistar?. Entrevistas informales. Las entrevistas de selección «cara a cara». Paneles de selección y entrevistas en grupo. Entrevistas de evaluación. Entrevistas de investigación. Entrevistas con niños. Entrevistas con los medio de comunicación.

EL PLACER DE NO TRABAJAR. Un libro para estresados, parados, jubilados o cansados de trabajar

Autor: *Ernie J. Zelinski*   **Formato:** 16,5x23   **Páginas:** 242   **ISBN:** 8480882069

Este libro puede cambiar su vida para siempre. **EL PLACER DE NO TRABAJAR** trata de algo más que del disfrute del tiempo de ocio. En él se propone cómo aprender a disfrutar de cada parte de su vida (trabajo, paro, jubilación, ocio):

• Descubrir sus pasiones.
• Trabajar mejor, trabajando menos.
• Ser independiente financieramente, ganando menos.
• Eliminar el aburrimiento.
• Perder el miedo al despido.
• Disfrutar y preparar la jubilación.
• Pasarlo mejor con todo lo que se hace.

La vida es corta, ¡disfrútela!

OBTENGA EL SÍ: El arte de negociar sin ceder

Autor: *R. Fischer - W. Ury - B. Patton*   **Formato:** 16x23   **Páginas:** 220   **ISBN:** 8480881348

Un Método directo y universalmente aplicable, para negociar las disputas personales y profesionales, sin que se aprovechen de Vd. y sin enfadarse.

Este es el gran libro sobre Negociación de la Universidad de Harvard. Es una guía, clara y muy fácil de leer, que aborda la solución de conflictos de cualquier índole. Es igual de importante para la persona que desea seguir teniendo amigos, su propiedad y sus ingresos, como para el hombre de estado que desearía mantener la paz.

En definitiva, **Obtenga el SÍ** le dice cómo separar a la gente del problema, cómo centrarse en los intereses y no en las posiciones, cómo trabajar juntos para crear opciones que satisfagan a ambas partes, y cómo negociar con éxito con gente que es más poderosa, que se niega a jugar según las reglas, o que recurre a "trucos sucios".

1001 IDEAS PARA TRIUNFAR EN SU CARRERA

Autores: *Joe Tye* **Formato:** 16,5x23 **Páginas:** 266 **ISBN:** 8480883065

Este libro le proporcionará un montón de buenas ideas para conseguir lo que se propone. Desde la autoevaluación y el autoconocimiento hasta la gestión de contactos y la preparación del currículum, usted aprenderá las habilidades técnicas, emocionales y espirituales que se precisan.

Para ello, el autor le propone infinidad de ideas innovadoras y múltiples casos prácticos, así como la experiencia de conocidos líderes del mundo de la empresa.

ÍNDICE: Valorarse y conocerse a sí mismo. Controlar las emociones y los pensamientos. Controlar su espacio. Controlar su tiempo. Controlar su dinero. Planificar su carrera. La investigación. Establecer una red de contactos (Networking). Currículums y cartas de presentación. Las entrevistas1. En el trabajo. Hacer frente a los contratiempos. Instalarse por su cuenta. Servir y compartir.

EL PUESTO ES SUYO. Todas las claves para triunfar en una entrevista de trabajo

Autores: *C.-H. Dumon - A. de Bretteville* **Formato:** 16,5x23 **Páginas:** 160 **ISBN:** 848088

Póngase en la siguiente situación: su Curriculum ha atraído la atención del responsable de selección y le ha convocado para una entrevista. La mayoría de nosotros no estamos preparados para uno de los actos profesionales más importantes: la entrevista de trabajo. El desarrollo de la misma, es decir, una hora de su vida, puede ser decisiva para cambiar la trayectoria de una carrera profesional.

CÓMO POTENCIAR SU IMAGEN (Ideas y consejos para saber estar en los negocios)

Autor: *D. Robinson*   **Formato:** 16x22   **Páginas:** 142   **ISBN:** 848088116X

Existe un código no escrito, de buenas maneras en los negocios que, cuando lo siguen los individuos y sus empresas, les permite:

• Trabajar. Juntos, de forma eficaz y beneficiosa.

• Establecer y mantener, con éxito, relaciones a largo plazo.

• Mejorar su propio desarrollo y potencial de promoción.

Si usted no conoce este código, no significa que esté necesariamente, condenado al fracaso. Simplemente hace que tener éxito sea más difícil.

Dominar las reglas de la etiqueta en los negocios es un proceso sencillo. Cómo potenciar su imagen, es una guía práctica para dominar una amplia variedad de situaciones en los negocios, tanto difíciles como normales y habituales en las que la gente, probablemente, sea juzgada por su dominio del correcto comportamiento.